【第一部分】

2021年度魏晋南北朝史研究

2021年度魏晋南北朝史研究综述

刘 凯

2021年的魏晋南北朝史研究，在宏观理论探讨和具体问题考证方面都有较多突破，取得了丰硕的成果。多学科交叉方法的使用、史料的刊布与整理等都为学科发展提供了新的动力。以下分重要会议，史料整理与刊布，政治，制度，经济，社会，民族，天文与地理，都城、军事与法律，思想文化，中外交流和考古等共12个部分，分别进行介绍。

一、重要会议

本年度重要会议可分作3类，分别是纪念会议、学术会议与学会会议。囿于篇幅，仅列举代表性会议。

首先是纪念会议。本年度武汉大学召开“纪念唐长孺先生诞辰110周年学术座谈会”，追思先生学术精神，展望中古史发展。其次是学术会议。由中国魏晋南北朝史学会主办，山东大学历史文化学院与中国社科院古代史研究所魏晋南北朝史研究室承办的“史料、视角与方法：魏晋南北朝史专题研讨会”于4月在青岛举办，议题包括对20世纪以来魏晋南北朝史研究的回顾与展望、传统史料研究、出土资料的整理、研究理论与方法的反思；由中国社会科学院学部主席团主办、中国社会科学院古代史研究所承办的中国社会科学论坛（2021·史学）于8月在北京召开，论坛主题为“中古中国制度·礼仪与精神生活”，对魏晋南北朝时期的“编户齐民与国家治理”“考古与都城”“礼制史”“政治制度”“宗教信仰”“物质文化·知识史”等6个议题进行了探索。学会会议方面，中国魏晋南北朝史学会会员大会于11月以线上方式召开，选举产生了第13届学会理事会，理事会选举产生了新一届会长、副会长和秘书长。

二、史料整理与刊布

史料整理与刊布主要体现在史籍、碑刻与考古简报3个方面。

史籍方面。作为中华书局二十四史修订工程的成果之一，景蜀慧主持修订的《陈书》（中华书局，8月）面世。旧版“南朝五史”由王仲荦先生总负责，《陈书》由张维华点校，宋云彬编辑整理，1972年出版。本次修订，改以上海图书馆藏1933年上海涵芬楼影印中华学艺社辑印古书之九《陈书》为底本，充分运用本校、他校，审慎使用理校，充分参考学界校勘与研究成果，对原点校本作适当修订和完善，纠正错讹，如卷二七《江总传》末尾处有“江总持清标简贵”，原点校本专名线标“江总”二字，将“持”作动词解，而修订组注意到“总持”是江总的字，《陈书》各卷末的“史臣曰”于传主通常称名不称字，改作“江总持”三字连标专名线。在此基础上统一体例，弥补不足，形成了一个文本准确、校勘精良、标点合理的修订本。《陈书》点校本校勘记原有534条，修订本增加到960条。其中，修订本新增校勘记542条，删除原校勘记约110条，改写原校勘记约160条，修改补充原校勘记185条，沿用原校勘记73条。

佛教经典整理方面。苏小华校注《续高僧传校注》（上海古籍出版社，

5月）以再雕高丽藏本为底本，碛砂藏本为主要对校本，以日本藏天平年间写本残卷等为次要对校本，以日本宫内省图书寮藏宋崇宁藏本等为参校本，并参考了与《续高僧传》有关的其他材料。

墓志碑刻方面。赵超《汉魏南北朝墓志汇编》（中华书局，11月）修订再版。王连龙《南北朝墓志集成》（上海人民出版社，3月）由“凡例”“释文编”“索引编”“参考文献”4个部分组成，共计150余万字。该书以“释文编”为主体，对2018年前国内外刊行出版的金石志书、学术文集及著作、论文中公开发表的1468种南北朝墓志进行系统整理，可视为南北朝墓志文献集成。梁春胜《六朝石刻丛考》（中华书局，5月）主要从释录校正、字词考释、石刻辨伪等方面展开工作，全书共考释疑难字700余个，疑难和典故词语100余条，校正释录2000余条，鉴别伪刻70余方。

孙正军《近十年来中古碑志研究的新动向》（《史学月刊》第4期）综括近10年来中古碑志研究的4个新动向：祖先谱系的发现及建构过程的探讨，“异刻”（即非正常刻写）的确认，历史书写研究，考察碑志的政治景观效应等。新动向类研究推动碑志研究从单一的史料考证转向细腻周全的史学分析，但其施展场合受限且自身亦存隐忧，不能取代传统研究。二者互为补充，方可将中古碑志研究推向更高层次。

考古简报方面。涉及孙吴的简报有《浙江绍兴江桃村孙吴“嘉禾三年”墓发掘简报》（《东南文化》第4期）、《浙江杭州萧山老虎洞遗址东吴、南朝墓发掘简报》（《文物》第7期）。关涉西晋的有《河南洛阳市东花坛西晋墓葬发掘简报》（《考古》第3期）。涉及东晋方面有《湖南长沙连山东晋墓发掘简报》（《文物》第5期）。涉及南朝的有《江苏句容宝华牡丹西路六朝墓发掘简报》（《东南文化》第2期）、《湖北襄阳市贾巷墓地两座南朝墓葬的发掘》（《考古》第5期）。

北朝的发掘报告主要集中于北魏与西魏、北周。前者有《山西大同北魏贾宝墓发掘简报》（《文物》第6期）、《山西大同御东新区御昌佳园北魏墓

M113发掘简报》(《考古与文物》第4期)、《山西侯马虒祁北魏墓(M1007)发掘简报》(《文物》第2期)。后者有《陕西西咸新区摆旗寨西魏陆丑墓发掘简报》(《文物》第11期，同期发表张杨力铮《西魏陆丑墓志考释》)、《陕西西咸新区朱家寨北周墓发掘简报》(《文物》第11期)、《固原南郊发现的两座北朝墓》(《中国国家博物馆馆刊》第10期)。

赵郡李氏是北朝晚期鼎盛一时的大姓高门，北京大学考古文博学院等编著《赞皇西高北朝赵郡李氏家族墓地：2009～2010年北区发掘报告》(科学出版社，9月)是河北省石家庄市赞皇县西高北朝墓群Ⅰ区墓葬的考古发掘报告。正文系统地介绍了Ⅰ区M1、M2、M7、M8等4座北朝墓葬，附录收录了6篇相关研究文章，汇编了目前所见的北朝赵郡李氏墓志。

三、政治

本年度政治史热点并不在魏晋，也不在南北朝，而是集中于十六国，确切而言，是聚焦于汉赵开国皇帝刘渊。侯旭东《天下秩序、八王之乱与刘渊起兵：一个“边缘人”的成长史》(《史学月刊》第8期)试图跳脱学界长期关注的族属与血统问题，沉潜至历史现场，为刘渊起兵提出新见：南迁塞内的匈奴诸部成为西晋营造的天下秩序的一部分，留居洛阳的刘渊亦是其中一员；若无“八王之乱”导致的西晋崩亡的契机以及匈奴贵族刘宣等的启发劝说，刘渊不会走上起兵反晋的道路；刘宣等推举刘渊，主要看重的是他统领匈奴诸部显示的才干与积累的声望，而非其血统与出身，这是对匈奴旧有的推举首领传统的回归。李磊《刘渊的顾命大臣与河瑞、嘉平之际汉国的皇权重构》(《学术月刊》第9期)对刘渊顾命大臣在河瑞、嘉平之际政局中的作用进行探究，尝试阐释汉国皇权性格由刘渊时代的宗室共有权向刘聪时代的皇帝专制权的转化：河瑞二年(310)刘渊安排的辅政格局是元熙元年(304)以来汉国权力结构演化的结果，旨在维系五部屠各、六夷等诸种势力以及勋贵间的权力制衡。刘聪延续此政策，并将皇权从屠各刘氏的宗室权力中凸显出来，初步建构起具有专制性的汉国皇权。同氏《屠各汉国多族群政治体的瓦解及其原因探析——十六国建构多民族国家的首次尝试及其结果》(《东岳论丛》第5期）分析汉国的权力结构及其运行机制、社会经济对国政的耐受程度，由此解释汉国走向衰亡的体制性原因：平阳政权的覆灭是经济、社会、政治问题，并非族群政治所致。同氏《历史论述与地域统合：刘曜的国号选择与十六国新法统之创建》(《中国史研究》第4期）从具体处境出发考察刘曜立国之初拟定“赵”号的政治考量以及对其政权建构之意义。作者指出刘曜徙都长安、除宗庙、改国号，在以“夏后”为起点、纳“北夷”入华夏的历史论述中，视“赵”国为华夏正朔转换的标志，由此开启十六国的新法统。囿于现存十六国史料，对此时期谶纬公案的专门性考察有助于研究进一步细化，董刚《释汉赵刘曜光初四年玉石谶——兼论刘、石之争》(《学术月刊》第8期）重点关注汉赵光初四年(321）在终南山崩处发现的刻有谶言的白玉，指出中书监刘均对玉石谶所作的灾异型解读客观上成为此后刘曜、石勒二赵间交争的重要引线。同时，通过稽考刘均解谶的知识基础以还原出当时主流的祥瑞型解读，从中揭示汉赵政权在立国前史、符命继承、国号变更及战略方向上的自我申说及其理论建构的实态。

羯族建立的后赵同样受到关注。李磊《中华制度认同与后赵天王体制的演变》[《西南民族大学学报》(人文社会科学版）第6期］对后赵的天王王权结构及其运作方式进行探讨，澄清“天王”号的政治内涵与历史意义：在后赵的政治实践中，吏兵配属、宗室出镇存在着反噬王权的发展面相，这一矛盾既根源于视宗室为一体的天王体制，也根源于自我矛盾的魏晋旧制。李圳《羯族与后赵史研究》(人民出版社，10月）指出后赵学习汉魏职官制度的同时也保留了以“胡汉分治”为统治方针的单于台制度，其文化特点是在儒家同佛教冲突中交流共生。

热点的转移让本时段研究更为均衡，而传统热点时段魏晋依然有极具分量的论著面世。方诗铭《曹操·袁绍·黄巾》（增订本）（上海辞书出版社，8月）出版，新增4章，涉及刘备与“五虎上将”及诸葛亮的关系等内容。单敏捷《汉末刘焉父子时期巴蜀主要政治关系新探》（《北京社会科学》第11期）区分刘璋集团中巴蜀士人与外来士人在刘备进攻刘璋时的政治态度，有助于深化对刘璋时期主要政治关系的认识。付开镜等《三国人物政治心理与政治选择研究》（人民出版社，11月）分“重要人物”“其他人物”与“基层小民和士兵”3个部分进行例证分析，考察心理因素对政治选择的重要作用。福原启郎《魏晋政治社会史研究》（陆帅等译，江苏人民出版社，1月）从政治史（第一至六章）与社会史（第七至十一章）两个维度对曹魏、西晋历史展开研究。涉及论题包括复肉刑争议、魏明帝曹叡生平、西晋国子学创立、《晋辟雍碑》、“八王之乱”本质、“二十四友”、奢侈风气、西晋墓志等。作者试图通过考察这些具体问题，揭示曹魏、西晋时期的政治、社会特征，探寻魏晋国家体制崩溃的深层次原因，而其目的依然是延续并深化老一辈日本学者的研究：进一步认识六朝贵族制社会的本质。王永平《晋宋社会政治史论》（中国社会科学出版社，8月）围绕东晋、刘宋时期，特别是两晋之际与晋宋之际社会政治局势演化及其重要政治事件、现象、思潮、重要军政家族及其代表人物的表现与影响等进行专题性考论，主要涉及东晋门阀政治格局下皇权之表现、晋宋变革与皇权政治回归等议题。

南北朝方面。《文馆词林》收录的高允《南巡颂（并序）》为考证和平二年（461）北魏文成帝南巡的历史细节提供了重要线索，刘莹《文成帝和平二年南巡史事再考——以〈南巡碑（并序）〉为中心》（《历史研究》第3期）即以《南巡颂（并序）》为中心，指出该文对衡水之宴的记载，披露了有关北魏巡幸宴会筹备、参与人员、活动内容等重要信息，可推测出北魏前期交聘宴会的仪式场景；此次南巡既是北魏对其自身游牧传统的传承和发展，也吸收了华夏政治传统元素，呈现出游牧文化与华夏文化汇通交融的历史内涵。李宗俊《论北朝鲜卑姓氏的三次改易——从〈拓跋昇墓志〉谈起》(《中国边疆史地研究》第3期）在考释《拓跋昇墓志》的基础上，指出其为北魏皇族在北周恢复“拓跋”旧姓史事又添一实物证据。权家玉《地域性与南朝政局：围绕政权基础与军镇的考察》(社会科学文献出版社，9月）围绕南朝政权的建康化和南朝军镇的独立化展开，从政治、经济等领域考察作为政治中心的建康与军事区域的都督区在实力上的此消彼长，上编集中探讨南朝政权的建康化，下编主要论述南朝军镇的独立化，从宏观和微观两个层面对变动缘由进行了深入探讨。会田大辅《南北朝時代：五胡十六国から隋の統一まで》(中央公论新社，10月）正文分6章，依次考察了北魏统一华北、刘宋建立、孝文改制、东西魏斗争、“侯景之乱”与“另一个三国时期”(北齐、北周与陈），终章论述南北朝时代的活力，指出动荡时代也是汉族和游牧文化融合的转折点。

四、制度

制度史研究成果主要集中于官制与士族研究的传统领域，但“新路径”与“不均衡”成为年度关键词，昭示出未来研究亟需完善与提升的方向。

官制方面。楼劲《从“以官存司”到“以司存官”——〈百官志〉体例与汉唐行政体制变迁研究》(《历史研究》第1期）是长时段研究的典范，作者关注到汉、唐正史《百官志》官制记载体例有显著不同:《汉书·百官公卿表》《续汉书·百官志》记官而不及机构，以长官、佐贰、属官代表各自府署，可称作“以官存司”；两《唐书·百官志》则皆“以司存官”，即在各机构名下记其长官、佐贰及所属官吏，将之一概视为机构成员。作者考察后认为记载体例变迁的根本原因在于规范官制的法令及行政体制的演化：汉代官制记载依据以官员管理为中心而不及机构状态的官簿、秩律等文档、法令，唐代官制记载主要取本规范各机构官吏设置的职员令；汉唐官制记载体例及其来源的不同，体现了魏晋以来官制和对应法令形态的变迁，这一变化的转折点约在南北朝后期，由此达成的机构行政一体化，是汉唐间强化集权秩序和防止长官大权独揽的结果。阎步克《秩级与服等》（陕西人民出版社，8月）收录了作者在“秩级”与“服等”两大问题上的经典论文9篇，介绍了官阶制度以及服饰等级与官僚等级的关系问题，从常被忽略的细节方面论述政治体制。正如作者在序言中所说：“两组文章都体现了我的一种努力：从结构、功能视角解析研究对象，发掘、揭示各种类型的‘原理’。”佐藤达郎《汉六朝时代の制度と文化・社会》（京都大学学术出版社，2月）第一部分主要从官制与礼、历史意识的视角考察官制叙事的形成与发展，细分为9章，其中涉及本时段的有第七至九章，分别考察挚虞《决疑要注》、《续汉书・百官志》和晋官品令、王珪之《齐职仪》；第二部主要考察法律、文化、社会，共7章，与本时段相关的是第十五章，分魏晋、东晋南朝、北朝与隋3个时段考察魏晋南北朝史时代的教令。

通过观察古人建构、描述制度的知识史与仪式，可为官制史研究另辟新路径，吴晓丰《星象中的官制史：执法、上相与汉唐间的宰相制度变迁》（《文史》第3辑）的研究可作为示范。他尝试从梳理汉唐间正史《天文志》占例入手，通过星占实践的投射，观看中古宰相制度的变迁，以检讨星官理论与职官制度间的互动关系。文章指出，执法、上相与房、斗二宿是汉唐星占实践中常用来标识宰相身份的星象符号：汉代三公作为宰相，成为执法、上相等星变的事应对象；以尚书取代三公，重新界定星官理论中宰相的事应对象的更新进程完成于东晋南朝；北魏前期的占测，常采指涉模糊的占辞，事应对象多为宗王、代人贵族，迁洛后则将权力中枢边缘的人物排除在事应范围之外。吴杨《两汉三国章表制度新探》（《文史》第2辑）系统考察了两汉三国中央行政文书中使用范围最广的“章”与“表”，尝试揭示仪式对制度研究的意义。作者指出，三国以降，“章”的主要功能被“表”替代；“章”与“表”具有建立与维系君臣关系的功能，这种政治象征意义来源于伴随上“章/表”的仪式性动作，该动作与文书格式有着高度同一性。

不均衡也在官制研究中展露苗头，表现之一即在研究成果数量方面：北朝明显多于南朝。陈鹏《北朝碑石所见“民望”“平望”考》(《文史》第3辑）指出北朝碑石题名中存在“民望”“平望”等头衔，且至少存在郡、县二级，可能还有“州平望”一级；“民望”“平望”是北朝地方中正评定乡里大姓的结果。他们的评定，是北朝对中正举士的创新。姚立伟《宗主督护别解——以北朝墓志、碑记、造像记为中心》(《中国典籍与文化》第4期）指出北魏沿用宗主督护，是朝廷与地方势力博弈的结果；三长制的推行匡正了宗主督护所造成的统治难以深入乡里的弊端。张鹤泉《东魏北齐特进考》(《河北学刊》第2期）对东魏北齐特进的性质与品级、除授与转任以及受任群体诸问题作了系统探讨。姚乐《试析萧梁官班制度下的诸县分等》(《历史地理研究》第2期）分析萧梁县官选任和调动案例，指出“县制七班”“大县六班”在实际运行过程中会出现超班用人现象。

士族研究依然是本年度的热门领域。范兆飞《中古早期谱系、谱牒与墓志关系辨证》(《中国史研究》第2期）考证中古谱牒所应包括的基本要素，讨论它们在中古墓志等石刻资料中出现的位置、渊源及意义。作者指出，一个相对完整的中古谱牒，应该包括近世祖先的婚娶职状，分布于墓志的首叙、志尾或志阴等特殊位置，还包括姓氏起源、房支分化等内容，分布于墓志的铭序和志铭等正文部分，近世祖先的官职也经常出现在墓志正文。中古墓志在抄录并改写谱牒时，呈现出“功能分区”的特点。近世祖先的婚宦出现在首叙还是志尾等特殊位置，与不同地域、等级的家族呈现出对应关系。中古谱牒内容具有“公”和“私”的属性分野。墓志所载姓氏起源、房支分化等内容，史源驳杂，包括汉代碑刻、前朝姓氏书，抑或先秦两汉的典籍等内容。当然，也有大量墓志没有首叙和志尾，但相当一部分墓志正文都记载家族谱系。中古墓志记载谱系的形式与内容，与前朝相比，既有因袭，又有变化。

张梅《儒家文化传承视野下的西晋士人研究》（中国社会科学出版社，10月）指出衰世中士人的文化自觉是儒家文化得以代代相传的内在动因。王心扬《东晋士族的双重政治性格》（中华书局，4月）论证东晋当权士族既有限制皇权、维护士族统治的倾向，又有加强皇权、削弱士族的倾向。美国学者戚安道《中古中国的荫护与社群：公元400—600年的襄阳城》（毕云译，南京大学出版社，1月）考察了东晋至隋湖北地区的门荫制，在作者看来，荫护机制更侧重于荫客而不是护主，是“以地方州郡寒门视角纵观南朝历史”。

夏炎《〈朱岱林墓志〉与魏晋南北朝青齐家族再认识》[《南开学报》（哲学社会科学版）第3期]结合《朱岱林墓志》中的若干线索，还原作为青齐移民的乐陵朱氏家族的发展脉络，着重探讨乐陵朱氏迁居青齐的原因以及乐陵朱氏在青齐的居地位置，并通过分析乐陵朱氏的交友圈，揭示北魏后期青齐地区仕宦家族之间的交往特征。陈鹏《北朝顿丘李氏郡望形成考》（《中国史研究》第2期）考察顿丘李氏郡望历经北魏、东魏、北齐的形成过程。李傲寒等《都城社会与南朝吴姓士人的转型》（《学术月刊》第5期）指出进入南朝后，吴姓士人普遍把家族重心转移到建康，在迁徙转变中，吴姓士人的地方性趋于模糊，逐渐融入都城社会之中。

五、经济

经济史研究年度关键词是“回温”与“通贯”。作为传统板块分区中的重要组成部分，经济史研究在21世纪之后不复往昔繁荣，但本年度研究成果较为丰硕，回温趋势明显。而在研究成果中，贯通性的长时段研究与解决宏观问题的研究涌现，为传统研究注入活力。

土地制度是通贯研究的主战场。晋文《秦汉魏晋南北朝土地制度的嬗变》（《中国农史》第3期）对土地制度进行长时段考察，指出在民田占有制度上，秦汉魏晋南北朝时期是沿着土地国有为主变成土地私有为主，再从土地私有为主又变成土地国有为主的轨迹运行的。秦汉土地私有制导致的土地兼并是最终导致土地制度被完全破坏的主因。魏晋南北朝土地国有制的发展最终要让位于效率更高的土地私有制，这是历史和社会发展的大势。

北朝隋唐土地制度是社会经济史研究的重要内容。20世纪初，随着敦煌户籍资料的面世，中日学者对该问题产生极大兴趣，逐渐掀起研究北朝隋唐所谓“均田制”的热潮，其中研究的重点是北朝隋唐《地令》或《田令》实施状况，争论的焦点是规定的土地还受是否切实实行。杨际平《论北朝隋唐的土地法规与土地制度》（《中国社会科学》第2期）对此问题提出看法，认为《地令》或《田令》只是土地法规，属于上层建筑的范畴，并不决定土地所有制的性质。北朝《地令》既有授田与土地还受条款，又有不触动各户原有土地，进行户内调整，实际上无还无受的条款。这是执政者土地国有理想与土地私有现实矛盾冲突的结果。实施《地令》时，北魏、北齐都是双轨制：对代北拓跋族聚居区实行普遍授田制；对汉族聚居区则实行限田制，同时也实行户籍登记制度。隋唐对鲜卑族不再实行特殊土地政策。隋唐未见按《田令》规定给吏民实际授田与土地还受的实例。相反，可直接反映未曾实际授田与土地还受的实例却很多。唐《田令》废止于唐宋之际，而不是建中元年（780）。

财政方面。中国古代财政体制既有赓续不替的基本原理，也有因时更革的阶段性变化，变与不变的基点皆是如何保障国家治理。关于财政体制如何影响国家治理能力，王万盈《财政体制转型与北魏国家治理》（《史学集刊》第5期）选择从财政体制与税收嬗变视角下考究北魏国家治理问题，论述了北魏财政体制3次重要变化与国家治理能力相应提升的关系。刘驰《魏晋南北朝社会与经济探究》（社会科学文献出版社，5月）是作者对自己40余年学术生涯的一个回顾与总结，内容主要包括魏晋南北朝的社会阶级结构、工商业、历史人物研究等，其中4篇十六国经济的考察文章（官营手工业、金属货币、物资流通与丝织业）对廓清十六国经济有积极意义。

户籍方面。张荣强《〈西凉建初籍〉与魏晋时期的职役户籍》(《中华文史论丛》第2期）认为对照新近公布的《前秦建元二十年籍》，可明确《西凉建初籍》绝非民籍；隶属于民政系统的吏户户籍与隶属于军事系统的兵户户籍也不可能混编在一起。《西凉建初籍》中的“大府吏”实际上是凉州都督府的军事人员，“散”户当是因不符合征发条件而被免除现役的兵户。魏晋除了有集中居住的在营兵户，还有一部分兵户与民户杂居，隶属郡县管理。《西凉建初籍》作为专门的职役户籍，应该是敦煌行政机构编造的郡县兵户户籍。

六、社会

家庭与性别史。南恺时《中古中国的孝子和社会秩序》(戴卫红译，中国社会科学出版社，10月）是其博士论文与近年研究综合改写的成果，此前郑雅如曾有评介（《新史学》2006年第17卷第2期：《评介Keith Nathaniel Knapp, *Selfless Offspring: Filial Children and Social Order in Medieval China*》)。全书广泛利用孝子故事来讨论中古精英阶层家庭伦理，除了序章与结语，共分7章：第一章揭示促成孝子故事流行于中古前期的两大历史脉动：扩展家庭与儒家的胜利；第二章讨论孝子故事的起源及用途；第三章重点考察此时期的《孝子传》；第四到六章针对《孝子传》内容进行专题分析（第四章研究孝感奇迹，第五章讨论供养，第六章考察服丧与丧仪过礼问题）；第七章则分析孝德与性别的关系。郑雅如《情感与制度：魏晋时代的母子关系》(凤凰出版社，9月）从东晋于氏据“礼”抗争、上表争子的史例出发，指出于氏最终的失败表明母子关系对父系制度的挑战只是架构内的修正。陈娟《两晋南北朝隋唐婚姻制度研究》(安徽师范大学出版社，5月）以古代婚姻制度的发展变化为研究对象，分7章详细研究两晋至唐朝婚姻方面的继承与变化，特别梳理了“士庶不婚”“门第婚姻”“财婚”等特定婚姻的来龙去脉。王云菲《汉唐官文书中的妇女姓名书写》(《历史教学》第6期)对汉唐官文书上的妇女冠姓书写问题及其成因加以考察，指出由“书名”到“书姓”的变化，反映了文书制度相对滞后与从俗调节的两面。

环境史研究是近年来顺应时代发展而兴起的热门话题。李文涛《魏晋南北朝环境变迁史》(中州古籍出版社，10月)从魏晋南北朝时期的气候、水环境、植被、野生动物环境、矿产分布与利用、自然灾害类型与分布、地貌与土壤、环境意识与环境保护等多角度地研究此时期的环境变迁。

医疗史研究。郭晓涛《北周拓跋迪墓志所见消渴症发微》(《考古与文物》第2期)从北周拓跋迪墓志记载的消渴症出发，认为至少在战国此症就已被关注，到两汉产生了大量医方；从中古消渴症症状来看，其发生的原因或与服用寒食散的社会风气相关。拓跋迪墓志中透露的治疗理念说明对该疾病认知误区的存在及因应之策的错误，使得该病症在中古时期持续蔓延。文章呼吁疾病考古学应该在考古发掘中提高参与度和研究深度。王政《历代禳疫祷疾史料辑笺》(科学出版社，8月)第三章涉及魏晋南北朝禳疫祷疾史料，辑录范围主要是史籍、子书医籍佛典、诗文小说及其他。

饮食是社会史关注的传统领域，伴随科技的提升与介入，研究视角与成果多有转变与创获。张国文《多学科视野下的中国古食谱研究》[《南开学报》(哲学社会科学版)第3期]系统梳理多种自然科学方法在中国古食谱研究中的应用，如骨骼或牙齿的稳定同位素分析、植物微体化石分析、考古残留物分析等，古食谱研究的深度和广度得以提升。这对本时段饮食研究很有启示。范常喜《洛阳西朱村曹魏墓石牌“肉兜”“饼咸笼”考》(《中国农史》第2期)对M1号曹魏大墓与饮食器具有关的石牌铭文训释作了补充，指出143号石牌所记“肉兜”是指盛肉的篓兜；317号石牌所记“饼咸笼”“茅笼”都是指蒸饼用的笼屉，“兜自副”之“兜”疑指蒸笼顶部所配兜鍪、斗笠形的盖子。

博物学方面。石声汉《氾胜之书今释：辑徐衷〈南方草物状〉》(中华书局，11月）辑徐衷《南方草物状》一卷。作为我国古代一部重要的博物学著作，该书堪称中古时代岭南植物手册。原作者为东晋、刘宋之交的徐衷。石声汉辑草木类50种、鸟兽鱼蚌类17种、物产2种，并间有注释。郁冲聪《中古物产专志的产生与流变》(《中国历史地理论丛》第3辑）考察中古物产专志的产生原因及其早期撰述形态、重要特征及发展流变问题：汉唐间“异物志”勃兴，成为物产专志的主要撰述形式，具有地域明确、内容专门、命名方式统一等特点。这类著作适应了汉唐间知识学科和著述门类不断细化的趋势。

七、民族

民族史研究的年度关键词是“理论反思”与“跨学科”，具体而言，体现在以下3个方面：“大部头”、理论反思与拥抱前沿科技。

张久和、刘国祥主编的《中国古代北方民族史》丛书（科学出版社，8月）总计10卷，是本年度民族史研究的“大部头”。丛书对以蒙古高原及周边地区为主要活动地域，以游牧业为主要生产生活方式，持阿尔泰语系诸语言的草原游牧民族进行分卷专题考察，与魏晋南北朝时段密切相关的有《匈奴卷》(胡玉春)、《乌桓卷》(何天明)、《拓跋鲜卑卷》(梁云、白劲松）与《柔然卷》(袁刚)，其中关系最著者为后两者。这两卷分别对北魏建立之前的拓跋鲜卑历史与柔然的名称、来源、历史变迁问题作了较为全面的研究。于子轩《柔然文小考》(《中华文史论丛》第2期）关注突厥第一汗国时代两种新释碑铭，即布古特碑婆罗米字母部分和回斯·陶勒盖Ⅰ碑的语言，认为其是柔然文，它是柔然汗国内部的双语群体在5世纪汗国控制南疆北部绿洲之际，以绿洲中流行的梵文和吐火罗文B所使用的婆罗米字母为基础创制的。柔然文的发现有望成为早期内亚史研究的新起点。

理论反思。苏航《从价值同构看北朝的文化变迁和民族凝聚》(《历史研究》第4期）从“民族文化决定论”范式的内在矛盾入手，尝试以价值结构理论揭示文化变迁的结构性与方向性特征。作者指出，北朝文化与民族的互动过程显示民族与文化并不存在一一对应关系，中古史研究中长期盛行的“民族文化决定论”并无事实与理论依据。在多元文化互动的网络中，所谓“汉化主流”，是指中原“大传统”的高价值项以制度为媒介，被植入中原的非汉人群权威价值结构中，进而通过“典范化”方式，推动社会各方面不断接近中原文化主流形态的过程。其最终结果并非总是文化和民族的同化，而往往是多样化人群和文化在高阶价值形态趋同基础上的凝聚。中华民族多元一体格局和共同体意识的形成，正是建立在价值结构多元一体化的基础上。

自20世纪末以来，部分国外学者提出一种唐朝属于“拓跋国家论”的观点，这种理论背后蕴含的理念直接指涉唐朝的“内亚性”命题，作为隋唐制度渊源的魏晋南北朝时代，同样需对此问题给予重视。钟焓《“唐朝系拓跋国家论”命题辨析——以中古民族史上“阴山贵种”问题的检讨为切入点》（《史学月刊》第7期）通过对中古时期胡汉融合的贵族社会下“阴山贵种”和“陇西李氏”各自兴起背景的考察，确定这种观点是一种经不起实证推敲的杜撰性假说。通过阅读作者捕捉“阴山贵种”在中古贵族社会盛衰变迁、起伏显隐的历史线索，继而展开的破中有立的论证，我们始对前述“唐朝拓跋国家论”命题的谬误性和非历史性有了更为深刻的认识。

拥抱前沿科技。最具代表性的是以复旦大学韩昇教授担任首席专家的国家社科基金重大项目“三到九世纪北方民族谱系研究”。“民族谱系研究”是根据古代民族的某一较为稳定的要素，在相关人群中进行比较、分析，进而追踪一个民族的形成、演变与发展。本项目的最突出之处，是组织了包含历史学、考古学、遗传学、民族学、语言学等不同学科背景的研究团队。在扎实的考古学研究的基础上，充分辨析与北方民族相关资料，结合分子人类学证据探索北方民族在历史上的活动，进而探索其相互间的关系。该项目组于12月组织召开“多元文明与中华民族研讨会”，参会论文中与本时段相关联的有韩昇《北周武帝之死与北周的文化政策》、王辉《考古资料中所见汉晋时期河西走廊的文化交融和民族融合》、蒙海亮《蒙古高原人群互动与匈奴兴起——早期匈奴的谱系》、刘琪《建制与化民：关于民族问题的一个思考框架》、韦兰海《北族祖源叙事文本的历史人类学解读——以北魏拓跋力微的年表为例》、董刚《魏晋南北朝史籍所见稀引语音史资料及其音韵特征》、秦琼《文化交融视野下的中古汉地肉身葬》、文少卿《古丝路沿线人群的融合史研究》、生膨菲《农牧交融——北朝晚期关中地区贵族群体的食谱研究》。

此外，北魏对北疆各族早期历史记忆的整合是文化整合措施的一部分，为建构北魏的国家认同、巩固北魏统治奠定了重要的社会基础。彭丰文《北魏的历史记忆整合与国家认同建构——铸牢中华民族共同体意识的历史经验探究》[《西南民族大学学报》（人文社会科学版）第6期］从总结历史经验的视角，依次考察了拓跋鲜卑族源记忆的整合，“代”“魏”新旧国号的整合，以北魏国家祭祀体系为中心的北土旧俗与中原礼制的整合，以及北魏国家认同建构的历史经验。李贺文《北朝至隋唐陇右少数民族历史与文化：碑铭视角下的考察》（中国社会科学出版社，2月）在对陇右出土的30余通碑铭材料分析的基础上，从碑铭姓名体现的族属和文化价值、碑铭所见陇右胡族的汉化等方面进行了相关探讨。发型是族群的辨识标志，葛承雍《胡人发型：中古“剪头胡雏”艺术形象试解》（《故宫博物院院刊》第2期）认为“剪头胡雏”的胡人形象是剪发而非束发，此发型是有关底层胡人的直观艺术产物，说明当时入华胡人还未彻底“汉化”。

八、天文与地理

天文学方面。钮卫星《沿丝路跨文明传播的天文学及其在华影响之研究——相关研究综述暨本组专题论文导读》，申述在《中国科技史杂志》第

2期组织“中古时期中外天文学交流与传播”专栏的缘由。专栏所收4篇专题论文与魏晋南北朝时段相关者是宋神秘《中古时期黄道十二宫在中国的传播和汉化》，对中古黄道十二宫的名称、图像、顺序、分类和配属等进行分析：黄道十二宫在中古中国广泛传播，它的功能包括用作坐标体系、推算吉凶祸福、供人祈祷禳灾、代表天象，而计量天象详细位置或历法的功能被二十八宿代替。西方黄道十二宫的特征在中国有一定程度的保留，并与中国地支、星次、地域分野、方位等进行多样化的嫁接。刘次沅等《中国古代天象记录——文献、统计与校勘》（三秦出版社，3月）系统整理了自上古至元末天象记录。涉及本时段的有《四、两汉魏晋天象记录统计分析》《五、南北朝日月食记录》《六、南北朝天象记录统计分析》《十一、二十五史天象记录校勘举隅》《十二、魏晋天象记录校勘》《十三、北魏太安至皇兴时期天象记录的年代问题》《十四、二十四史天象记录与陈垣历表的朔闰差异》。

地理学方面。柴芃《“中州名汉”考——中古时期的地域问题》（《中国史研究》第1期）指出魏晋南北朝族群与地域名称有相互混用的现象，可分两种情况：将当地的特色族群名号施诸整个地域，如关中人称“羌”；以其原生区域名称命名族群，如河东及关中地区“蜀”人之得名。“中州名汉”的性质属于前一种情况。至于生长在中原的鲜卑及其他少数族被称为“汉”，则带有明显的地域歧视色彩，与其“汉化”程度并无直接关系。张仲胤《“皇居南迁”与东晋永和三年梁、益、荆三州政区边界调整》（《中国历史地理论丛》第4辑）通过考察三州所处地理位置，试图复原东晋系统调整西部政区边界的过程。

其次是《水经注》研究。李晓杰主编《水经注校笺图释·洛水流域诸篇》（科学出版社，5月）对《水经注》洛水流域（包括卷十五的洛、伊、瀍、涧水篇，卷十六的谷、甘水篇）文本重作系统校勘，对所涉的水道及城邑地望，逐一与今地比照，堪称迄今为止最为全面、系统、准确的《水经注》洛水流域的复原研究工作。编绘大比例尺《水经注》洛水流域图组，为深入研读《水经注》及探究中古历史地理提供了极大便利。李晓杰等《古本与今本：现存〈水经注〉版本汇考》（复旦大学出版社，10月）提出“古本系统”与“今本系统”的观点，择取29种有代表性的《水经注》版本，逐一进行探究，并加以比较，厘清各自流变。

再次是巴蜀地区研究。汪启明等《〈华阳国志〉系年考校》（中国社会科学出版社，1月）采用编年体，将《华阳国志》全书打散，按时代先后排序，结合出土文献对政治、边疆等问题进行考证。王炎等《蜀志类纂考释》（中华书局，7月）上编将历代蜀中古志列举为16个类目，按类梳理，以概括蜀志流变；下编辑佚、考释30余种蜀志史籍，尤以扬雄《蜀王本纪》、谯周《三巴记》、陈寿《益部耆旧传》、李膺《益州记》等为重点。

九、都城、军事与法律

都城与城市研究涉及考古、地理、文化等多要素，单列于此。魏晋洛阳宫是在东汉北宫的废墟上重建的，目前对其整体认识仍较模糊。陈苏镇《魏晋洛阳宫的形制与格局》（《考古学报》第3期）对魏晋洛阳宫的形成过程，宫门、殿门、中华门、上閤等门禁设施的位置及其所构成的宫内格局，皇帝办公和居住的场所及其变迁等问题提出新看法。同氏《魏晋洛阳宫禁军制度的变迁》（《中国史研究》第3期）基于对魏晋洛阳宫内部格局的研究，尝试对宫内禁军制度及其变迁作出更具体的描述。

关于东汉、魏晋洛阳城宫城的沿革脉络，有必要结合考古资料及文献资料重新审视。赵永磊《晋宋时期的洛阳城与魏晋太极殿所在基址辨析》（《考古》第10期）认为在汉魏洛阳城遗址研究中，魏晋洛阳城太极殿所在东汉旧址为关键性问题，而解决此问题的核心在于探明裴松之《三国志》注的史料来源。裴注所言魏晋太极殿位于东汉南宫崇德殿乃据戴延之等撰述为说。戴延之等所言乃就魏晋洛阳南宫而言，裴松之误会原作者本意，以所见“南宫崇德殿”视为东汉南宫正殿。魏晋太极殿、宫门、殿门的位置关系与东汉北宫德阳殿、崇德殿、宫门、殿门的排列顺序极为相近，充分说明魏晋洛阳城宫城当在东汉北宫旧基。若崇德殿在德阳殿西五十步的推论成立，魏晋太极殿较有可能在崇德殿旧址，也不能完全排除占压德阳殿故基的可能性。刘兵《再造洛阳城——匈奴汉国平阳城概貌初探》(《魏晋南北朝隋唐史资料》第43辑，上海古籍出版社，5月）认为汉国平阳城的总体规划和基本形制完全取则于魏晋洛阳城，表明匈奴汉国有意将平阳城建造成为另一座“洛阳城”以取而代之。然而不论是局部城市景观，还是汉化外衣下的相关制度，仍反映出五胡政权的特点及部族传统的遗留。

刘淑芬《六朝的城市与社会》(南京大学出版社，1月）考察六朝建康城的经济、社会、城市空间、居民、寺院等，并与洛阳城对比，以此论述六朝时期的社会经济、中古都城坊制。张学锋主编《“都城圈”与“都城圈社会”研究文集——以六朝建康为中心》(南京大学出版社，1月），以六朝建康为中心，借助考古学界首倡的“都城圈”概念，提出“都城圈社会”概念，将之视为魏晋南北朝都城研究的“另一种可能”。魏斌《城楼、沙洲与寺院：南朝夏口的城市风景》(《唐研究》等26卷，北京大学出版社，5月）探讨以夏口为代表的江南城市风景的形成原因。作者指出城内、城外两个区域，分别形成了黄鹤楼、鹦鹉洲、头陀寺3处名胜，背后分别可看到军事、行政和经济、宗教等不同力量的存在，但最终的名胜化还是与城内知识官僚有关。庞博《建筑、空间与制度：两晋南朝的“斋”》(《魏晋南北朝隋唐史资料》第43辑，上海古籍出版社，5月）对两晋南朝的“斋”的名称、功能及对制度的影响进行了系统考察。洪斌《东晋南朝东官郡名辨》(《历史地理研究》第1期）指出，东晋咸和六年（331）分南海郡立东官郡，郡名与所设盐官有关。魏建钢《谢灵运始宁山居地位置新考》(《中国历史地理论丛》第2辑）认为其地位于今绍兴市上虞区河浮村，章镇镇与冯家浦村之间。

刘壮壮《游牧行国到农耕邑居转型中的城市形态——迁都平城前拓跋政权的都城问题》(《中国农史》第1期)指出，拓跋代政权时期多都并立、都城地位极不稳定的现象是拓跋鲜卑政权从游牧迁徙的行国体制向城郭而居的居国体制转型中特殊城市功能利用的体现。山西中部汾水上游的孝文山周边、宁武天池和滹沱河上游的五台山等地，有不少关于北魏皇帝避暑、巡幸的传说和相关祭祀、信仰遗迹,不见载于北朝文献。魏斌《传说与历史：并肆地区的北魏皇帝遗迹》(《文史》第2辑)尝试分析传说和遗迹背后的区域历史脉络和历史情境，发现相关地点往往与牧场有关。孝文山东北侧至汾水两岸的牧场，迁洛之后可能是承接河西牧场的中转地，后成为唐代楼烦监牧所在。宁武天池从北朝至辽宋延续为重要的祭祀地点，其神圣性可能源于牧民在夏季牧场的祭祀活动，最终演变为天池神祠的信仰面貌。五台山周边原本是内迁北部匈奴的生活之地，在佛教、族群和政权力量的共同作用下，逐渐演变为唐代佛教圣山。这些鲜卑皇帝遗迹和传说背后，隐含着内迁部族和农牧交错地带的生计和文化习惯，提醒我们重新审视这类地方记忆和掌故的史料意义。牛润珍《东魏北齐邺京部行里坊与网格化管理》(《历史教学》第12期)认为东魏北齐邺京的网格化管理与其城制高度契合、统一，并影响东亚各国都城。段彬《东魏北齐时代的并邺道》(《中国历史地理论丛》第1辑)比较“两道三线”的关系，并基于后世的道路走向、当时的城址位置及佛教遗迹的分布，力图重建东魏、北齐并邺道交通体系的全貌。

军事方面。平田阳一郎《隋唐帝国形成期における軍事と外交》(汲古书院，1月)系统考察了北朝隋唐“帝国”形成期的军事与外交。全书分4个部分。涉及本时段的有第一部分(考察华北王朝交替和北方形势)三章，首章关注突厥他钵可汗的即位和高绍义流亡政权，第二章以北周千金公主的嫁女为中心考察周隋革命和突厥局势，第三章则以郁久闾可婆头的事迹为中心探讨柔然、突厥的交替，此中涉及北朝所见与“真”相关的官职，如大贤真、库真等；第二部分考察北朝末年军事制度的发展和士兵的实际状况，其中第一、二章与本时段相关：前者关注北朝末期的部曲，后者考察西魏北周时代的镇戍；第三部分关注作为游牧军事系统的府兵系统的发展，其中第二、三章涉及本时段：前者考察西魏、北周的二十四军与府兵制，后者以《于宽墓志》为切入点探讨北朝末期的亲信。另有结合考古学的研究成果，如刘德凯《汉晋时期马蹄形带具的考古学研究》(《东南文化》第2期）系统梳理马蹄形带具的纹样和形态等特征，揭示汉晋马蹄形带具的制作、流通、使用和埋葬这一动态过程。

法律方面。周东平等《北朝胡汉融合视域下中古“五刑”刑罚体系形成史新论——兼评冨谷至〈汉唐法制史研究〉》(《学术月刊》第3期）指出，在迟至秦汉时期律令尚未法典化的背景下，难以确认先秦乃至秦、汉初存在着规范的五刑刑罚体系；曹魏《新律》“更依古义制为五刑”的实践探索具有划时代的意义；北朝少数民族王朝对中古法律史影响的一个亮点，是胡汉融合对中古五刑刑罚体系的形成具有重要作用，举凡刑的意涵演变、北魏绞刑入律、流刑在北朝渐次进入正刑体系、鞭杖刑的转化、宫刑的一度死灰复燃等，无不与之相关。

十、思想文化

思想文化涵括众多，主要分作礼学与礼制、佛教、道教、儒家典籍与玄学、史学5个方面。

（一）礼学与礼制

礼学方面。吴丽娱《〈礼论〉的兴起与经学变异——关于中古前期经学发展的思考》(《文史》第1辑）认为《礼论》类著作开辟了经学诠释学的另一种路径和方式，其大量吸收魏晋故事和当世之儒的论议，带有变通性强的时代色彩，同时能够在经学理论与现实礼制的体用之间取得折中与协调，故影响和导致了南朝义疏学在诠释方法上的变化。特别是孔颖达《五经正义》采取兼用原则，融合南北学术，极大促成了隋唐经学的统一之路，不仅促成了唐前中期改撰经典的风潮，也促成了中唐乃至宋代经学的变古与“新儒学”的诞生。

杨华等编《中国礼学研究概览》（武汉大学出版社，4月）是一部内容博赡的学术综述著作，共分11章：首章概述礼学研究的通史、通论著作、资料整理和科研项目等，第二至九章分别介绍先秦秦汉、魏晋隋唐、两宋、辽金夏、元、明、清、晚清民国8个时期的礼学研究概况，第十章是对日本学界吉礼和凶礼研究的综述，第十一章则介绍了英文学界的成果。该书涵盖的礼学内容，不仅包括三礼文献研究，还包括礼制、礼典、礼仪、礼俗、礼论、礼法、礼乐等多个层面，是了解前贤治礼成就的必备资料，也是当今礼学研究最新进展的直接反映。第三章《魏晋隋唐时期礼学研究》由范云飞执笔，分别介绍了三礼文献、礼制、礼俗、礼法、礼典研究，综述翔实、系统，是难得一见的详略得当、博赡完备的礼学研究综述。王启发《中国礼学思想发展史研究：从中古到近世》（中国社会科学出版社，9月）选取魏晋南北朝至宋明重要礼学人物，对礼学及其思想的历史发展进行系统考察。涉及本时段的是首章《魏晋南北朝到唐的礼记学》，分别考察了王肃、熊安生和皇侃的《礼记》学，以及唐孔颖达的引述和评议。

礼制是处于直接的政治权力之外，但处处体现权力层级且覆盖全社会的制度设计，本年度成果涉及吉礼、凶礼、军礼、杂祀与礼乐。

吉礼的关注点主要在郊祀与明堂。曹魏至西晋的郊礼重构是中古礼制一系列变革中的重要环节，杨英《曹魏、西晋郊礼重构及其对郑玄、王肃说之择从》（《史学集刊》第5期）对曹魏郊礼、西晋《新礼》中郊礼的重构及它们对郑、王之说的择从进行了考察。作者指出，曹魏郊礼由魏明帝下诏制定，西晋郊礼则是世家大族统治者为了再造理想社会所撰《新礼》的组成部分。曹魏依郑说，《新礼》从王说。曹魏为施行“先祖配天”还进行了祖先系谱的重构。曹魏、西晋郊礼对郑玄、王肃说的择从以及西晋雅乐的重构，说明中古早期的国家礼制在整体重构过程中，各组成部分之间在不断调适。赵永磊《神圣与世俗：北魏平城明堂礼仪发覆》(《学术月刊》第1期）聚焦于平城明堂形制与明堂礼仪，切近审视礼仪与权力的互动关系。作者以太和十六年（492）孝文帝所行平城明堂礼仪为核心，通过平城明堂礼仪的神圣性与世俗性的两个面相，揭示孝文帝以孝治天下、以礼化民的政治理念。

凶礼的重头戏依然是丧葬。李梅田《葬之以礼：魏晋南北朝丧葬礼俗与文化变迁》(上海古籍出版社，4月）通过分析魏晋北朝墓葬材料的类型和文化因素，将墓葬分为12个区域，分别讨论了各区域墓葬文化的形成与互动，在此基础上讨论汉唐之间墓葬的礼仪空间、丧葬模式和丧葬观念的转变，并对墓室图像、碑铭和器物所反映的南北朝文化交流进行了个案研究。

军礼中的射礼有了长时段研究成果。辛康《从“亲万民”到“同邦国”——汉唐间射礼的变迁》(《魏晋南北朝隋唐史资料》第43辑，上海古籍出版社，5月）指出从郑玄“射礼入嘉礼”到杜佑“射礼入军礼”，汉唐间射礼发生了显著变化。北魏草原风俗马射的加入使传统射礼被改造，也使射礼的阐释语境发生变化：大射出现歧义，并与马射产生概念和知识上的联系。这种联系体现在北齐“二次射礼”“季秋大射”和北周“正月大射”“冬季大射”的射礼仪式中。隋唐对于北齐、北周射礼的继承分为现实和知识文本两个层面。汉唐间射礼归类变化的根源，并非单纯在于射礼程式中的“军事性”因素，更在于汉唐间射礼经学“知识总集”与现实制度实践互动关系的变化。

王朝祭礼之外有杂祀。刘凯《清整与转化：北魏杂祀简考》(《东岳论丛》第4期）将杂祀界定为不被中央政府实际掌控的祭祀，既涵盖“其神不在祀典”的“淫祀”概念，也包括地方政府承认的祀典之外的“地方祠祀”。杂祀与正祀虽有碰撞、冲突，却也可在一定条件下交融乃至转化。北魏杂祀是伴随着王朝正统祭祀的发展而变动的，可关注情形有三：以西郊为核心的原始祭典，从王朝正统祭祀转变成杂祀；嘎仙洞石室从游离于中央政权之外的杂祀，被收纳入王朝正统祭祀；与淫祀概念相类的杂祀，被政府清整的同时亦因政治实用主义而被纳入王朝祭祀范畴。北魏杂祀政策背后是潜隐的皇权及其壮大自身的政治意图，有意识也有能力完成杂祀的清整及其与正祀的相互转化，而东晋皇权在门阀政治中自顾不暇，甚至需要借助杂祀，以求取政治抗争上的有利形势。

五礼用乐研究有了系统论著。李敦庆《仪式理论视域下的魏晋南北朝五礼用乐研究》（中国社会科学出版社，9月）运用仪式理论，对魏晋南北朝五礼用乐进行系统考察。作者考察的角度有三：礼仪用乐的功能角度、礼仪与音乐互动的角度、歌乐一体的角度。

此外，尚有储晓军《魏晋南北朝民间信仰研究》（四川大学出版社，10月）考察了此时期的民间信仰状况，试图最大可能地勾勒出魏晋南北朝民众的精神生活面貌。

（二）佛教

佛教研究涉及经典与人物考察、碑铭与敦煌文书的利用、与皇权的互动、图像、佛像、瘗埋6个方面。

经典与人物考察。李灿《鸠摩罗什失传〈贤劫经〉译本的新发现——比定自日本博物馆和中国国家图书馆藏吐鲁番写经》（《文献》第1期）通过藏汉平行文本、语言等内外部证据，从国图和日本书道博物馆藏吐鲁番早期写经中比定出两件残片，推定其当是早佚的鸠摩罗什本《贤劫经》遗存，为研究5世纪佛教史和翻译史提供了重要的资料。阳清、刘静《晋唐佛教行记考论》（中华书局，11月）上编对晋唐佛教行记佚著及其撰者进行考说；下编则以现存文献为主，从文体、特征等方面进行文学阐释。陈志远

《傅大士弟子慧和小考》[《中山大学学报》(社会科学版)第1期]指出存在一个活跃于南方的和阇梨，此人是傅大士的弟子慧和，他早年在建康求法，后来到广陵等地讲法。其北上邺城的经历，在《续高僧传》有所暗示，或许出于道宣误判；又据北宋初年刊刻的《善慧大士小录》，可以断言《善慧大士语录》相关记述为后世杜撰。蔡彦峰《中古早期士僧交往与文学》(中国社会科学出版社，7月)从玄佛思想合流、早期佛教中心的形成、士僧群体的文学创作3个方面，探讨早期士僧交往的形态。

碑铭与敦煌文书的利用。姜虎愚《〈玄极寺碑〉与白鹿山的佛图澄传说——兼论中古早期的山林佛教问题》(《唐研究》第26卷，北京大学出版社，5月)以《玄极寺碑》为中心，聚焦佛图澄时代从邺城到洛阳之间的太行山东南麓地区，考察佛图澄的山林活动。北朝石刻碑铭里出现的大量由俗人担任的维那是佛教东传后组织形态发生的诸多变化之一，严耀中《北朝碑铭里的俗人维那》(《文史》第3辑)认为俗人维那显现与当时律学滞后、僧官制度、社会观念、基层信众普遍自行组织的邑义，以及二次灭佛事件的关联。武绍卫《无名僧人的名山事业：中古时期僧人的日常抄经与校勘活动》(《中国史研究》第2期)讨论英国大英图书馆藏S.102敦煌遗书，试图进一步将考察视野由敦煌个案扩展到整个中古时期僧人日常的抄写、校勘等活动：敦煌藏经洞文献绝大部分都是当时寺院僧人日常所用之物，站在他们日常生活的角度来处理敦煌文献，则可以对数量庞大的佛教文献所具有的史料价值进行深层次发掘。

佛教传入中国后，与王权产生了错综复杂的关系，二者的互动与交涉成为重要主题。刘威《中古王权与佛教》(商务印书馆，4月)从佛教适应王权、王权影响佛教两个维度出发，选取东晋至隋唐具有代表性的王权与佛教人物，总结王权与佛教关系的类型、模式及其特点和发展变化规律。兰陵萧氏作为齐梁皇室，在南朝政治史、佛教史以及文学史上有独特的位置。李猛《齐梁皇室的佛教信仰与撰述》(中华书局，11月)以齐梁皇室的佛教活动与相关撰述为主要线索，深入讨论了齐梁佛教、佛教影响下的士人思想变迁与诗文创作，以及内外典籍编撰等诸多领域的问题。

图像研究。赵昆雨《云冈石窟维摩诘图像研究》（《故宫博物院院刊》第7期）旨在调查云冈中、晚期洞窟维摩诘图像表现样式、题材内容。颜娟英《涅槃变图像的发展——从西魏麦积山石窟到初唐敦煌莫高窟》（《“中研院”史语所集刊》第92本2分）就现存北朝末期以来的石窟壁画，讨论从最初西魏麦积山至初唐敦煌涅槃变的快速变化与发展。作者指出，有关涅槃主题的教义在推广演绎过程中也随着政治社会环境变迁而不断地改变，其表现内容与手法既有传承延续，也会随着时代的巨变而产生质变。何利群《邺城遗址出土北齐石塔及相关图像的探讨》（《考古》第5期）指出，北吴庄出土石塔为北朝晚期邺下流行的单层覆钵式塔，时代应属北齐较早阶段，是北齐与西域佛教文化交流的重要实例。

佛像研究。吴虹《汉地二至六世纪佛像神圣观念新探》［《复旦学报》（社会科学版）第5期］认为5世纪是佛像从世俗转为神圣的关键时期，原因是5世纪法身观讨论将丈六佛像等同于幽玄法身，赋予了佛像神圣属性，促使造像和佛像崇拜广泛流行。此观点有助于重新考虑汉地偶像崇拜传统的确立。祁海宁《东晋阿育王像研究——以长干寺阿育王像为主》（《东南文化》第2期）发现3尊东晋阿育王像皆为托名伪作。美国学者常青《成都万佛寺药师佛像与南北朝药师佛信仰》（《故宫博物院院刊》第7期）指出成都万佛寺遗址出土的梁朝神像，可确定为药师佛并十二神王像，这是迄今发现的年代最早的药师佛并十二神王像。李裕群《浙江新昌千佛岩南朝龛像——南朝忏法流行的实物例证》（《文物》第2期）指出千佛岩大小岩洞龛像雕造于南朝萧齐永明年间，题材与忏法有关，是南朝江南地区忏法流行的唯一的实物例证。于春等《陕西泾阳太壸寺藏北周如来立像调查与研究》（《考古与文物》第4期）运用光栅扫描方法，对保定二年（562）如来立像进行三维建模、测量，并绘制考古线图，在此基础上对题记内容及相关问题进行讨论。

瘗埋有舍利与佛像两种。邺城遗址两座东魏、北齐皇家佛寺塔基的发掘为舍利瘗埋研究提供了崭新材料，沈丽华《中国早期舍利瘗埋方式再思》（《南方文物》第3期）基于对瘗埋活动的考古学分析，尝试对早期舍利瘗埋方式进行再探讨。作者指出，舍利瘗埋与表基立刹关系密切，瘗埋思想、表现形式乃至容器组合反映出西来传统与本土文化不断磨合的过程。黄盼《中国中古时期佛像埋藏的考古学研究》（《华夏考古》第5期）将佛像埋藏分为A、B、C三类：A类埋藏以破坏佛像或是将寺院土地改作他用为目的；B类埋藏是为避免灾难，僧侣或佛教徒为保护佛像而进行埋藏的行为；C类埋藏则是为处理不再使用的佛像，由寺院或是佛教信者主导实施的佛像瘗埋，与舍利瘗埋是两种不同的宗教活动。费泳《六朝佛教造像对朝鲜半岛及日本的影响》（中华书局，4月）勾勒出8世纪以前佛教造像在汉传佛教文化圈内的传播格局。

（三）道教

道教研究相对沉寂。美国汉学家柯睿是中古道教研究领域的代表人物之一，《舞马与驯鸾：柯睿自选集》（贾晋华等译，南京大学出版社，5月）精选作者汉学研究论文12篇，涉及中古中国的文学、宗教和文化史研究。与本时段相关者主要有《道教诗歌与追求神灵》《放逐边海，寄身蛮荒：江淹在闽南》。成汉巴蜀墓葬中出现了一批一手执蛇、一手执物并口吐长舌的物质文化遗存，张媛《巴蜀墓葬中的“操蛇神怪”与早期道教》（《华夏考古》第3期）探讨这类考古材料与早期道教之关系：操蛇神怪的集中出现，是早期道教信仰在巴蜀地区墓葬文化中视觉的、物质的、观念的显现。于赓哲等《从三官书到投龙：祛病及长生行为的阶层变迁》［《南开学报》（哲学社会科学版）第4期］以三官书和投龙仪式为视角观察疾病对道教发展的影响。作者指出，东汉后期持续的疫情在太平道和五斗米道的崛起中产生了不可忽视的影响，魏晋道教改革后丹药与投龙术逐渐成为道教上层路线的突出体现，河南嵩山峻极峰发现的武则天除罪金简和西安何家村发现的金走龙是自东汉末五斗米道三官书发展而来的投龙仪式的组成部分。

（四）儒家典籍、玄学

儒家典籍涉及注疏写本、《论语》与《文章流别集》。古胜隆一《中国中古の学術と社会》（法藏馆，12月）着眼于儒佛道、目录学、注释学、国家权力、地域性，论述中古时期的思想、学术诸问题，分析复杂多样的知识动态。全书分上、下两篇，共13章。上篇论儒道注释与学术史，下篇论儒佛道与中古社会。同氏《汉唐注疏写本研究》（社会科学文献出版社，5月）分为上篇“考证篇”和下篇“思想篇”，上篇是音韵学、文献考证等领域的成果，下篇是对汉唐经学注疏深入开拓的文章。作者能运用大量中日第一手资料“写本”作为研究的素材，是该书的一大亮点。

丁红旗《汉唐论语学史》（上海古籍出版社，11月）从汉唐《论语》注释的学术背景、各种《论语》注释对前代《论语》学的继承与更易、各种注释特色及影响等方面入手，展现了汉唐《论语》学发展的各种面向。作者对此前较少涉及的话题作出了深入研究，如东汉时期经学化的发展历程、魏晋对孔子及儒学的尊崇、西晋十六国时期政局与郑玄《论语注》在北方的传衍、北朝读习《论语》的情况、唐代《论语》读习的历史进程、晚唐科举主导下的经学改编等。戴卫红《吐鲁番文书中〈论语〉白文本——兼论汉末魏晋南北朝时期〈论语〉的研究及流传》（［韩］《木简与文字》第26辑）对吐鲁番出土《论语》白文本的习书和抄写，尤其是对关注很少的新获吐鲁番2006TSYIM4：5-1背面、2006TSYIM4：5-2背面古写本《论语·公冶长》《雍也篇》内容、书写特点进行总结，梳理汉末至魏晋南北朝隋唐学者《论语》注、疏以及研究的脉络，并探讨汉末魏晋南北朝《论语》注、疏向我国西北以及境外百济、倭国的流传。

挚虞《文章流别集》成书于西晋，与魏晋之际的学术新变有密切联系。

徐昌盛《〈文章流别集〉与魏晋学术新变》（上海交通大学出版社，3月）指出《文章流别论》体现了鲜明的宗经意识，而总集的形式也可追溯到经学的集解注书方式。《文章流别集》融文论、文选、文集为一体，标志着总集体例的成熟。

玄学方面，首先是记录魏晋风度轶事的《世说新语》研究。陈威（Chen,Jack W.）《轶事、网络、流言、表演——〈世说新语〉随笔》（哈佛大学亚洲中心，3月）借鉴社会网络分析、表演研究、仪式和悼念理论以及流言蜚语和声誉的概念，说明该系列的轶事是如何想象和代表政治、文化精英的。张伯伟《日本世说学文献序录》（凤凰出版社，6月）考订日本相关注释《世说新语》、仿《世说新语》著作的版本、特点、存世、价值等，较全面呈现了日本在《世说新语》研究上的成就贡献和面貌。其次，魏晋玄学方面，王晓毅《〈周易〉与魏晋玄学》（人民出版社，4月）探讨了魏晋玄学的5个时期（汉魏之际、正始、竹林、元康、东晋）《周易》与玄学思潮的关系。

（五）史学

史学研究涉及官修史体制、《后汉书》、《晋书》与《汉书叙例》研究。

聂溦萌《中古官修史体制的运作与演进》（上海古籍出版社，4月）提出"官修史体制"概念，指一套由制度保障的资料收集、整理、编纂机制及相关职官设置。在汉魏南北朝时期，中央机构的官修史体制逐渐将政务运作、文书与历史编纂的关联性变得制度化、惯常化。作者从两个角度对此进行考察：一是在纪传史的横截面中探讨体裁模板与史源如何相互适应，围绕四夷列国传、孝义类传、一般臣僚传记与相关政务运作的联动进行了讨论；二是考察纵向的史料加工编纂过程的发展，讨论了东晋与刘宋、十六国与北魏的修史，观察编年、纪传共同参与的史书编纂过程。

陈金星《神话思维与中古历史书写：以通行本〈后汉书〉为中心》（上海交通大学出版社，7月）以《后汉书》《续汉书》《宋书》等中古史书为研究对象，重点考察具有神话思维性质的历史文本。解远文《〈后汉书〉帝纪中祥瑞、星象、灾异的“微言大义”》(《史学月刊》第9期）探讨范晔《后汉书》帝纪中记载的祥瑞、星象和灾异的文化内涵与该书帝纪中序、论、赞等所表达的撰史意图之间的关系。范晔书中对光武、明帝执政风格苛刻的批评，反映了其对刘宋政权下的现实苛政的不满，这都可以看作通过《后汉书》的历史书写加上帝纪中论、赞的评价以影射现实的微言大义式的批评。陈铮《〈历代名画记〉引《晋书》考》(《魏晋南北朝隋唐史资料》第43辑，上海古籍出版社，5月）指出张彦远《历代名画记》中至少有9位画家传记引用了《晋书》，张彦远使用较早的《晋书》版本，主要是因为诸家晋史旧本与唐修本之间存在着一定差别，如臧荣绪《晋书》与何法盛《晋中兴书》中保留了一些名人参与画事的信息，而这些被唐修本删节的内容对于张彦远的画史书写工作有利。沈相辉《历史书写中前朝年号后置现象谫论——以〈汉书叙例〉“魏建安中”为切入点》(《史林》第5期）指出颜师古《汉书叙例》中“魏建安”之类的“错误”表述并不罕见，皆是将旧王朝年号系于新王朝下。后世国史书写中的起元前移与前朝年号的后置，实则恰反映了古人对新旧王朝权力转移的认识。

十一、中外交流

中外交流研究涉及《梁四公记》、东亚与海上丝绸之路。

《梁四公记》是唐代的一篇传奇小说，看似荒诞不经的内容背后，却包含南朝梁武帝时期欧亚大陆各地交通往来的众多信息和历史记忆。吕博《〈梁四公记〉与梁武帝时代的文化交流图景》(《历史研究》第1期）探讨《梁四公记》反映的梁武帝时代欧亚大陆文化交流的历史情景。《梁四公记》广泛涉及扶南、高句丽、扶桑、波斯等地的情况。结合梁《职贡图》等史料，可以勾勒出一幅宏阔的欧亚大陆文化交流、贸易往来的历史图景。在

《梁四公记》故事细节、历史记忆的背后，是6世纪以萧梁建康为中心的欧亚大陆物质与精神文化交流史。

东亚方面。门田诚一《魏志倭人伝と東アジア考古学》（吉川弘文馆，11月）旨在超越过去对《三国志·魏书·倭人传》不加批判和简单化的研究方法，从中国王朝与周边国家的国际关系、编纂的历史环境以及描绘的物质和文化历史的角度进行考察。安岳3号墓和德兴里壁画墓墨书铭文的发现，对于研究中古时期朝鲜半岛及汉人移民皆具有重要意义，杨军《安岳3号墓和德兴里壁画墓铭文新说——兼论4世纪朝鲜半岛的汉人遗民与移民》（《史学集刊》第5期）指出墓志铭所见冬寿和镇的官衔皆为高句丽所授。两墓铭文对照，既反映出高句丽管理中原移民方式的变化，也反映出中原移民对高句丽政权认同心理的变化。李大龙《试析高句丽建构建国神话的时代背景与目的》（《史学集刊》第5期）认为移植改造神话大致始于朱蒙被诱杀之后，而其完整和完善则是在《好太王碑》撰写成文和《魏书·高句丽传》成书之前。

伴随海上丝绸之路的研究，全球史的视角也开始展现。李伯重、董经胜主编《海上丝绸之路：全球史视野下的考察》（社会科学文献出版社，4月）是关于海上丝绸之路的论文集，展现了一种全球史的视角，与魏晋南北朝时段相关的有王小甫《阿曼与中国的早期交流》、王铿《六朝时期会稽郡的海外贸易——以古代中日之间的一条海上航道为中心》。

十二、考古

考古除了简报，还有墓葬、碑刻、吴简等方面的研究。

墓葬研究涉及曹魏墓葬、北朝陵寝、墓室壁画与墓葬观念等方面。曹操高陵出土石牌可见“渠枕一”文字，王子今《曹操高陵“渠枕”考》（《文物》第10期）推想此“渠枕”即来自“渠国”的玉料或次玉石料所制的

“枕”。王咸秋《洛阳西朱村曹魏一号墓墓主考》(《华夏考古》第3期）推断西朱村M1为曹魏平原懿公主曹淑和甄黄的合葬墓。付龙腾《略论北朝陵寝制度的发展阶段》(《考古与文物》第1期）对北朝陵寝制度发展阶段进行了初步概括。李梅田《北魏宁懋石室再检讨》(《故宫博物院院刊》第9期）认为宁懋石室开创了丧葬艺术的先例——以“主仆图”来表现内宅生活的场景，指出其可谓北魏迁洛前后丧葬艺术变迁、文化转型、匠作体制综合影响下的产物。同氏《“过渡礼仪”——解读墓室壁画的一个视角》(《南方文物》第4期）以法国学者范热内普提出的过渡礼仪理论解读汉唐时期的墓室壁画，认为墓室壁画是丧葬礼仪的结果，具有明确的叙事特征，不同时期的图式皆围绕生死过渡这一主题展开。当墓室被封闭后，以生死过渡为目的的仪式被“定格”为一个包含了画像和各类陈设物品的静止空间，空间内的各类遗存因生死过渡这一目的而彼此联系。用过渡礼仪理论来解读墓室壁画，可以发现画像隐含的特定叙事主题与逻辑，避免得出“事死如生”之类似是而非的结论。张金龙《忻州九原岗北朝壁画墓墓主人蠡测》(《文史哲》第2期）认为该墓墓主人最有可能的人选是高欢的妹夫厍狄干，下葬应在北齐文宣帝天保四年（553）秋。许飞《慎终追远：汉魏晋南北朝墓葬观念研究》(上海交通大学出版社，8月）通过出土的告地策、买地券、镇墓文等与丧葬相关的文书，总结了从先秦到魏晋南北朝时期的有关冥界的思想体系。

吴简方面。徐畅《长沙走马楼三国孙吴简牍官文书整理与研究》(中国社会科学出版社，1月）探讨孙吴县级机构的公文样态与文书行政。作者对竹简、竹木牍官文书进行复原与集成，并结合官文书与簿书，提出吴简为临湘侯国档案群，由此解析县级公文的类型与运转机制，复原政务办理程序。《中国中古史研究》第九卷为吴简专号，共收录吴简研究相关的学术论文和述评17篇，大体上反映了当今东亚学界吴简研究的新动态和新进展。其中有两个特点值得关注：一是吴简簿书整理与研究持续推进，利用若干簿书对某个问题展开综合性探讨逐渐成为吴简研究的新趋向。二是在结合吴简与其他出土文献研究汉晋历史问题的过程中，吴简研究时常成为出发点和必要参照，吴简的史料价值随之日益凸显。《长沙走马楼三国吴简·竹简［伍］》中聚集出现数量较多的中乡故户型和模乡新户型户品出钱简，凌文超《孙吴临湘侯国中乡、模乡户品出钱簿综合整理与研究》［《简帛研究二〇二一》（春夏卷），广西师范大学出版社，6月］对中乡故户型、模乡新户型户品出钱簿进行全面整理，综合考察在J22中遗存关系紧密的三乡五件户品出钱簿，认为户品出钱簿中的"故户"民不少担任吏卒，而"新户"可能无此任职资格；其"故户"民多见于嘉禾吏民田家莂，而嘉禾四年（235）田家莂未见记录"新户"民的明确简例，"新户"要取得合法"佃田"的资格需要缴纳比"故户"更多的户品出钱；户品出钱簿中的"故户"即户口簿籍中的"黄簿民"，而"新户"即"新占民"。连先用《吴简所见临湘模乡辖里与"同名里"现象考论》（《出土文献》第2期）在确认模乡辖里的基础上，探究吴简"同名里"现象的特点，尝试推求孙吴初期长沙郡临湘侯国各乡间存在大量"同名里"的现象的成因，作者认为由五一广场简看，东汉时期临湘境内并不存在"同名里"，并且诸乡所辖里名与吴初全然不同，这很可能是吴初临湘侯国推行户籍整顿的结果。

观察与展望

本年度魏晋南北朝史研究呈现以下特点：

（一）"板块"壁垒消融，传统领域的研究继续深化

传统研究大致分政治制度、经济军事、社会思想等几大类议题进行，有明显的条块分割。虽然研究面临选题殆尽、方法出新难等困境，但伴随研究的深化、方法的反思、学科壁垒的打破，传统"板块"领域的研究依然

在数量与质量上保持稳步增长。具体表现在政治研究热点转移，整体更为均衡；经济研究回温并有宏观问题的突破；制度研究找寻新路径；等等。

（二）学科交叉，“细小深”的研究为宏观研究丰满血肉

交叉学科的研究顺应了时代潮流的发展，有如火如荼之势，在此趋势下，古老的历史学科拥抱崭新前沿的科技成为可能，也必然会成为未来学科发展的主要出口，天文学的融入、民族学拥抱新科技都是此中典型，而这只是学科研究诸多尝试中的一种。目前的大趋势是20世纪80年代以来的“细小深”的研究已有聚沙成塔之势，加之检索技术的进步，学者的意识进一步解放，方法更加发散，以史料批判研究为代表的新方法成为潮流，吸引年轻学者投身其中，环境史应时发展，医疗史、性别史等“边缘二代”学科进一步崛起。“十年生聚，十年教训”，这些都为此后的宏观研究搭起框架并丰满血肉奠定了基础。

（三）理论反思：坚持本位中心，微观与宏观结合

年度研究成果并非仅关注魏晋南北朝史问题，而是在考辨史实的基础上，以史为鉴，发挥史学关照古今的功能，对关系民族、国家发展的重大理论问题进行反思。比如直探“汉化”问题的本质，就不能只停留在外在的宏观现象上，而要深入文化自身的微观结构中，用更为系统的概念和理论工具，对文化变迁过程和机制进行更为精确的分析，苏航的研究是为典范。而钟焓对“唐朝拓跋国家论”谬误性和非历史性的批驳，则是以微观和宏观结合的方法，申述民族、国家本位中心的观念。

2021年度魏晋南北朝史研究的新突破[①]

冯立君

介于秦汉、隋唐之间的魏晋南北朝具有“政治分裂与地域性增强、周边民族内迁、社会流动与大规模人口迁徙”等鲜明的时代特色。[②]魏晋南北朝史研究历来高峰林立，近年来又在中外学人的共同推动下日趋精细化。那么，在似已题无剩义的焦虑和困境中，2021年度中国魏晋南北朝史学界是否又有新的突破呢？下面对一年来的主要论著进行学术回顾，略分为国家与政治、社会与文化、边疆与域外（即“上”“下”“外”3个层面）进行评述总结。

一、聚焦于“上”：国家与政治

关于十六国北朝皇帝权威、正统性、王朝象征的研究持续升温，学者

---

① 本文系国家社会科学基金冷门“绝学”与国别史研究专项（19VJX032）阶段性成果。此篇讨论范围不包括中国台湾、香港、澳门地区研究。

② ［日］中村圭尔：《魏晋南北朝都城研究的另一种可能性》，载张学锋编《“都城圈”与“都城圈社会”研究文集：以六朝建康为中心》，南京大学出版社，2021年。

关注的焦点仍集中在直接或间接体现皇帝权力的祭祀与礼仪、巡幸与宴会、行政与财政体制、宫殿与禁军等方面，也有学者从北朝走向胡汉融合的历史趋势考察中古国家面貌。质言之，这一部分属于传统所谓政治史、制度史、礼制史等，即居于“上”者的研究。

北朝国家及其与隋唐国家关系等重大问题再次进入研究者视野。钟焓《“唐朝系拓跋国家论”命题辨析——以中古民族史上“阴山贵种”问题的检讨为切入点》[①]层层批驳唐朝是“拓跋国家”的观点，其核心论点为唐朝皇室族源是一度鲜卑化的汉人而非鲜卑人。作者选取的突破口是阐述僧人法琳口中所称“阴山贵种”与李唐先祖并无关系。文章论定，阴山先是北魏内部无法追溯至大鲜卑山且为后来归附的政治势力（例如六镇势力）的勋贵符号，而在西魏北周时期，宇文氏为了维持代北集团优势地位加速了关中郡望化，使得包括李氏在内的核心家族与阴山符号分道扬镳，而入唐后，阴山又成为归化的东突厥及其他北族人士的勋贵符号。文章注意到中古不同族群的政治地位和心态差异，以及北朝隋唐国家核心集团的华夏化趋向细节问题，对中外史家观点旁征博引，研究视野宏大开阔。苏航《从价值同构看北朝的文化变迁和民族凝聚》[②]论述北朝以“汉化”为主导的“多元一体化”最重要的历史结果不是“民族同化”，而是“民族凝聚”，亦即各民族通过在高阶价值上的同构化，从而形成“多元一体”的历史共同体。中原“大传统”与权威文化的结合，无疑是其得以发挥更大作用的重要途径。该文是近年比较少见的并非由史料推动的中古史研究，与钟焓一样都反对杉山正明和森安孝夫“拓跋国家”学说，强调厘清文化变迁主次，不能忽略关陇集团以外绝大多数社会成员的族裔和文化背景，以及统治阶

① 钟焓：《“唐朝系拓跋国家论”命题辨析——以中古民族史上“阴山贵种”问题的检讨为切入点》，《史学月刊》2021年第7期。

② 苏航：《从价值同构看北朝的文化变迁和民族凝聚》，《历史研究》2021年第4期。

层的权威价值结构已经与中原“大传统”合流的事实。

皇帝巡狩、祭祀、个人生命史仍是学者关注的焦点。刘莹《文成帝和平二年南巡史事再考——以〈南巡颂（并序）〉为中心》[1]揭举日藏弘仁本《文馆词林》保留下来的高允《南巡颂（并序）》文本，细审其中诸如皇太子拓跋弘参与南巡、巡幸路线、南朝使臣来访、衡水之滨举行宴会及诸臣请勒石纪念等信息，考证此次南巡活动的历史细节，并从衡水之宴的记载推测北魏前期交聘宴会的仪式场景，将文成帝南巡活动视为北魏游牧传统和华夏政治传统元素的融合。李磊《历史论述与地域统合：刘曜的国号选择与十六国新法统之创建》[2]从具体处境考察定国号为“赵”对政权建构的意义，推测“赵”与司马颙王号、司马颖统治区存在关联，有利于团结关中流人，且可接续北单于、汉皇帝之法统，还断言刘曜亡命朝鲜有“传奇性”，但未予论证。侯旭东[3]选取与民族史、政治史的不同视角，从刘渊个人具体政治际遇来理解其对晋朝天下秩序的观感，以及在“八王之乱”中与五部匈奴之间能够取得联系的原因，既分析被动的因素（受刘宣等推戴），也揭示刘渊个人的主动因素（劝说司马颖），与阶级矛盾分析中的必然性结论不同，具体论证有史料辨析和史学理论底色，使一些常见史料和已知事实展现出新的历史面相和人生启发。

汉唐的政治体制演变作为“国之大者”，一直是中古史研究优势领域，学者继续奋力探索贯通性问题和关键性问题。楼劲[4]关注汉唐行政体制和集

① 刘莹：《文成帝和平二年南巡史事再考——以〈南巡颂（并序）〉为中心》，《历史研究》2021 年第 3 期。

② 李磊：《历史论述与地域统合：刘曜的国号选择与十六国新法统之创建》，《中国史研究》2021 年第 4 期。

③ 侯旭东：《天下秩序、八王之乱与刘渊起兵：一个“边缘人”的成长史》，《史学月刊》2021 年第 8 期。

④ 楼劲：《从“以官存司”到“以司存官”——〈百官志〉体例与汉唐行政体制变迁研究》，《历史研究》2021 年第 1 期。

权格局，通过观察汉唐正史《百官志》官制记载体例，总结从“以官存司”到“以司存官”的变化，将其根本原因归于汉代官制记载依据以官员管理为中心而不及机构状态的官簿、秩律等文档、法令，唐代官制记载却主要取本规范各机构官吏设置的职员令，揭示汉唐间这一变化的背后是魏晋以来特别是南北朝后期官制和对应法令形态的变迁。杨际平《论北朝隋唐的土地法规与土地制度》[①]为旧题新论，即《地令》或《田令》是土地制度还是法规，是经济基础还是上层建筑。综览新旧史料，交织中外学人观点，揭示北朝《地令》体现了土地国有理想与土地私有现实的矛盾，而北魏、北齐实施的是鲜卑拓跋族聚居区授田制、汉族聚居区限田制的双轨制。《地令》或《田令》只是上层建筑中的法规，不决定土地所有制，未改变古代私有土地的绝对优势地位。王万盈《财政体制转型与北魏国家治理》[②]从财政体制与税收嬗变视角探讨北魏国家治理问题，通过分析平城、洛阳时代财政体制认为，随财政体制的转型和完善，国家财政收入虽一直上升，但因财政体制的南朝化等导致官员数量激增、寺院经济恶性膨胀、军费开支猛增，加上土地制度弊端，导致财富聚集于少数人，进而财政问题丛生，危害国家发展。

魏晋南北朝都城布局和宫殿、禁军相关问题关乎政治中心，同样得到学者持续关注。陈苏镇《魏晋洛阳宫的形制与格局》[③]广罗文献史料线索，结合考古发掘资料，勾勒复原魏晋洛阳宫的空间形制和历时变化。作者由对东汉洛阳宫研究积淀延伸至此论题，在宫殿功能研究上注意场所、历史人物、历史活动动态联系，较少拘泥于物质遗存本身。作者还在此基础上探讨洛阳宫禁军制度[④]，搜辑、细绎文献史料碎片，增加对相关制度的知识。

---

① 杨际平：《论北朝隋唐的土地法规与土地制度》，《中国社会科学》2021 年第 2 期。

② 王万盈：《财政体制转型与北魏国家治理》，《史学集刊》2021 年第 5 期。

③ 陈苏镇：《魏晋洛阳宫的形制与格局》，《考古学报》2021 年第 3 期。

④ 陈苏镇：《魏晋洛阳宫禁军制度的变迁》，《中国史研究》2021 年第 3 期。

赵永磊则关注晋宋占领洛阳特殊时期的太极殿[①]，认为解决东汉魏晋洛阳城宫城沿革的关键问题是魏晋太极殿旧址所在，选取的路径则是探讨对此最关键的史料——裴松之《三国志》注的史源以及晋宋时期洛阳城相关史料，由此综合多种文献细密辨析魏晋洛阳城宫殿、宫门、殿门。洛阳城考古发掘资料的运用则旨在探究宫城格局，与文献配合相得益彰。牛润珍《东魏北齐邺京部行里坊与网格化管理》[②]在作者以往邺城形制研究基础上再向前推进，通过古籍、墓志资料，梳理邺京六行、五十五里、九坊等史实，强调部、行、里、坊四级按地块区划分级设官管理的体制。

国家礼仪、皇帝祭祀、宫廷乐舞也多在政治中心举行，这些问题同样有新的研究。赵永磊[③]分析东晋南朝、十六国明堂与汉魏明堂的关系，彰显明堂在政权正统上的重要性，再结合《魏书》《北史》《礼记·月令》等史料，探究正朔相争背景下平城明堂形制与《月令》明堂的关系，揭示孝文帝塑造华夏正统的政治心态。在此基础上，审视太和十六年（492）平城明堂华夏礼仪宗祀明堂礼与养老礼中孝文帝的神圣与世俗两种形象。刘凯[④]将北魏杂祀界定为不被中央政府掌控的淫祀和地方祠祀，论述北魏杂祀与王朝正统祭祀随形势变化常发生逆转，北魏强势的杂祀政策背后是皇权及其政治意图。杨英[⑤]选取曹魏、西晋郊礼，重新审视中古礼制史的两次变革背后的理论依据。牛敬飞《两汉魏晋庙数刍议》[⑥]总览汉唐皇帝庙数变化，提示注

---

① 赵永磊：《晋宋时期的洛阳城与魏晋太极殿所在基址辨析》，《考古》2021 年第 10 期。

② 牛润珍：《东魏北齐邺京部行里坊与网格化管理》，《历史教学》2021 年第 6 期。

③ 赵永磊：《神圣与世俗：北魏平城明堂礼仪发覆》，《学术月刊》2021 年第 1 期。

④ 刘凯：《清整与转化：北魏杂祀简考》，《东岳论丛》2021 年第 4 期。

⑤ 杨英：《曹魏、西晋郊礼重构及其对郑玄、王肃说之择从》，《史学集刊》2021 年第 5 期。

⑥ 牛敬飞：《两汉魏晋庙数刍议》，《孔子研究》2021 年第 1 期。

意不同经学流派影响庙制的同时，不应忽视历代皇帝突出皇权的政治诉求。还有文章关注魏晋飨礼中文、武二舞的变化，其脱离汉代经学传统，转变为对帝王功德的颂扬，汉代祭祀、宾客之礼所用雅舞强烈的政治象征意味亦不复存在。①

二、探索于“下”：社会与文化

在中古中国内部，居于上者为皇帝权力圈层和国家行政体系，居于下者则为广大社会阶层，他们的文化与生活方式是中古史研究另一大宗。举凡社会经济、社会阶层、思想信仰与知识文化、艺术皆归入此列。不过，国家政治的影响有时显得无所不在，未必都能将“上”与“下”完全区隔，如此划分只是叙述方便而非历史事实使然。

社会阶层、社会经济方面，学者注意多方利用新史料，揭示长时段问题或具体史实问题。例如范兆飞《中古早期谱系、谱牒与墓志关系辨证》②针对先行研究提出中古谱牒所载内容问题，并结合传世文献和新出资料考证中古谱牒基本要素，归纳这些要素在墓志石刻资料中的位置、渊源及意义。认为相对完整的中古谱牒应包括墓志的首叙、志尾或志阴等特殊位置的近世祖先婚娶职状，以及墓志铭序和志铭等正文部分的姓氏起源、房支分化等。陈鹏《北朝碑石所见“民望”“平望”考》③逐一驳斥前人将北朝碑石题名中的“民望”“平望”视为朝廷评定的士族郡姓、部族酋长的说法，考证其是北朝地方中正评定包括地方士族著姓、非士族的豪强和部族酋豪在内的乡里大姓的结果。

---

① 闫宁：《魏晋飨礼文舞武舞体系建构及其经学背景》，《北京舞蹈学院学报》2021年第4期。

② 范兆飞：《中古早期谱系、谱牒与墓志关系辨证》，《中国史研究》2021年第2期。

③ 陈鹏：《北朝碑石所见“民望”“平望”考》，《文史》2021年第3辑。

社会经济方面，张荣强《〈西凉建初籍〉与魏晋时期的职役户籍》[①]以新公布的《前秦建元二十年籍》重新考察《西凉建初籍》的性质绝非民籍，作为专门的职役户籍，应是敦煌行政机构编造的郡县兵户户籍。胡鸿《且停酪酒度荒年：释北魏正始四年禁河南畜牝马》[②]针对北魏禁河南畜牝马之事，论述禁断畜养牝马是为节约粮食应对灾荒，而河南畜养大量牝马旨在向洛阳北族上层社会供应酪酒；引入汉、唐、元时代相关记载，用数据推算牝马数量和谷物消耗量，揭示酪酒文化的高昂成本，进一步提出北魏从游牧文化向农耕文化的转型是多层次和不均衡的，学界以往较为关注政治制度，而对诸如饮食习惯等族群文化中根深蒂固的部分有所忽视。王东洋《大运河与大一统：北魏洛阳时代的水运建设及其意义》[③]论及北魏孝文帝胸怀大运河理想，努力构建以洛阳为中心的水运交通网，评价孝文帝的大运河理想是实现大一统理念的战略支撑，并对隋唐大运河有深远影响。

社会文化，诸如史学、文学、知识信仰、地域文化方面都有基于文本而展开的令人目不暇接的新研究。

首先，史学方面。廖基添和胡胜源分别探讨《魏书》开国和末年记事。廖文[④]将现存北魏开国史料归纳为北魏国史、南朝史、《十六国春秋》3 个系统并进行综合比较，认为研究者常常采信的《魏书》北魏国史系统有明显失实，原因在于拓跋珪建立帝业后精心掩盖早年经历和创业中的屈辱，他本是慕容垂在代北地区扶植的代理人，而北魏建国是淝水之战后华北政治

---

① 张荣强：《〈西凉建初籍〉与魏晋时期的职役户籍》，《中华文史论丛》2021 年第 2 期。

② 胡鸿：《且停酪酒度荒年：释北魏正始四年禁河南畜牝马》，《中华文史论丛》2021 年第 4 期。

③ 王东洋：《大运河与大一统：北魏洛阳时代的水运建设及其意义》，《暨南史学》2021 年第 1 辑。

④ 廖基添：《对〈魏书〉所记北魏开国史真实性的质疑》，《史学月刊》2021 年第 12 期。

版图重组的产物。胡文[①]结合北魏末年相关史事，论及《魏书》沿袭高欢基调，建构“北魏孝明帝—东魏孝静帝—北齐文宣帝”的君位继承，旨在创造东魏、北齐承袭孝文帝国统的目的，暗藏提高东魏、北齐正统性的用心。廖基添还对《北齐书·神武纪》进行了史料批判[②]，认为《神武纪》已非简单的美化，而是对若干史事的发生时间与先后顺序有严重的篡改，把高欢统领六镇余部时间推到讨平步蕃之后，又把高欢入信都的时间提前，还刻意隐匿了部分历史背景和细节。聂溦萌《中古官修史体制的运作与演进》[③]从魏晋南北朝史籍与史学内部入手，分析各史体例、取材、编纂方式，探究官修史运作，不同于以往主要围绕政治与官修史的关系、史官编制、史官人选等外在制度层面，集中对“二史八书”文本及生成进行梳理，集中了史学史、文献学、史源学等多种方法，被称为“文献的法医学”。[④]

其次，文学方面。吴怀东《论曹植〈辨道论〉的思想立场与现实指向》[⑤]对曹植《辨道论》进行文本分析和生成背景考察后发现：作于与曹丕争夺世子失败后的这篇文章，有记载曹植政治活动、反方术思想内涵，以及揭示曹操招致方士的政治目的。王晓萌《汉魏禅代与魏晋军戎诗风的衰落》[⑥]论述曹丕篡汉使霸府变成朝廷，对外战争由代天子平叛变成伐国，建安军戎诗逐渐失去作为战时宣传工具的价值，同时时代主题转向治理国政，

① 胡胜源：《帝纪微言：〈魏书〉北魏末诸帝的书写与东魏北齐正统性的建构》，《文史哲》2022 年第 1 期。

② 廖基添：《高欢“建义”史事考辨——对〈北齐书·神武纪〉的订正》，《中华文史论丛》2021 年第 4 期。

③ 聂溦萌：《中古官修史体制的运作与演进》，上海古籍出版社，2021 年。

④ 唐雯：《“文献的法医学”——评聂溦萌〈中古官修史体制的运作与演进〉》，《文汇学人》2021 年 4 月 25 日。

⑤ 吴怀东：《论曹植〈辨道论〉的思想立场与现实指向》，《社会科学战线》2021 年第 6 期。

⑥ 王晓萌：《汉魏禅代与魏晋军戎诗风的衰落》，《文学遗产》2021 年第 2 期。

玄言诗的兴盛和军戎诗风的衰落实为这一时代变化的结果。陶禹《汉晋都邑赋“方志性”的生成与演进》[①]揭示汉晋都邑赋文体内容上备载一方山川建筑、风物英杰，写法上凸显空间次序和分类铺排，具备与志书相似的“方志性”。范子烨[②]针对陶渊明“《蜡日》诗无蜡”的疑问，提出该诗主题实非仅写节日活动，并结合晋宋易代历史变迁，揭示陶诗深隐的政治表达背后作为政治遗民的隐士精神。邱亮《谢灵运摩崖诗刻辨伪与考佚》[③]考证浙江丽水谢灵运摩崖两处诗刻，方法为广泛搜罗诗文的线索，并结合实地踏勘。青田诗刻确为谢氏诗作，却系唐开元至大历间伪刻，不过业已成为历代诗人心中真品；缙云诗刻最早见于李白诗自注，但其地久佚，通过明人等文献考出在今小赤壁上，纠正历来前贤之谬。该文考证精巧，诗文与石刻现场互动，真伪互相参差，予人以历史纵深多变起伏之感。李猛[④]从梁代萧绎所撰《法宝联璧序》入手重新挖掘文本信息，论述萧纲各时期僚佐编书之举流行于南朝宗王之中，南朝公督府僚佐已成为大部分士族迁转必经之途。

还有学者关注南北朝文学风气转变。如吕仕伟《南朝拟乐府诗的丝路赋题书写》[⑤]探究南朝文人通过运用汉代历史地理知识，采取乐府赋题方式和固定的横吹曲题，或是利用“古典”与“今典”的汉胡关系重合错位，突出和亲书写中乡愁审美意象；或是描摹丝路骏马形象，成为南朝文人汉民族历史意识的重要表征。何靖《南北文风交融与北周郊庙燕射歌曲新变》[⑥]认为西魏、北周雅乐系统吸收了南朝萧梁政权的雅乐，由梁入周的庾信是

① 陶禹：《汉晋都邑赋“方志性”的生成与演进》，《文学评论》2021 年第 1 期。

② 范子烨：《佳节里的商山之思——陶渊明〈蜡日〉诗发微》，《文学遗产》2021 年第 4 期。

③ 邱亮：《谢灵运摩崖诗刻辨伪与考佚》，《文学遗产》2021 年第 5 期。

④ 李猛：《〈法宝联璧序〉与南朝文学集团的产生》，《文学遗产》2021 年第 2 期。

⑤ 吕仕伟：《南朝拟乐府诗的丝路赋题书写》，《内蒙古社会科学》2021 年第 5 期。

⑥ 何靖：《南北文风交融与北周郊庙燕射歌曲新变》，《文学遗产》2021 年第 2 期。

其关键人物，不过北周郊庙燕射歌曲辞调有巨大变化，变化一方面缘于南北文风交融，更根本的则是北周在政治上树立正统，其礼乐制度兼容鲜卑与汉族传统。寇陆《书信中的君王形象与心理战：拓跋焘（408—452）的国书和他的南方读者》[①]将书信作为北魏与南朝刘宋对峙时期多种文化与政治策略施展的一环来理解，提出拓跋焘（423—452在位）在南北朝军事对峙的关键时刻发给南朝的国书以及书信有帝王的“自我呈现”，旨在塑造出与南方截然相反的帝王形象，影响预期读者对当时军事与政治形势的判断。

再次，知识与信仰方面，中古信仰背后的政治意涵得到多面相楬橥。孙英刚《佛教与谶纬之间：〈马宝颂〉所见梁武帝时代的信仰与王权》[②]主张将文本放回历史语境中解读，提出结合中国传统政治思想与外来佛教转轮王理念的政治表达方式，并不仅仅局限于《马宝颂》产生的这次宫廷聚会，而是弥漫于整个萧梁时代，并以此为前提将研究视野扩大，以马宝的书写作为与佛教信仰和王权理念关系密切的概念，揭示当时信仰、思想、文学与政治世界纷繁复杂的历史画面。作者据《马宝颂》对中古思想、信仰、政治、文学互动的个案剖析，对于很多常见“文学文本”重新解读具有示范意义。魏斌《传说与历史：并肆地区的北魏皇帝遗迹》[③]分别考察孝文山、宁武天池、五台山三地关于北魏皇帝避暑、巡幸传说和相关祭祀、信仰遗迹，针对其文献无载、难以确证的困境，将视角转换至分析背后的区域历史脉络和历史情境。作者广泛调动起北朝至宋辽各时代文献和碑刻史料，揭示这些地方往往与牧场有关，基于北朝主体视角，借助民俗学和历史学的方法，剖析这些晚近时期史料中蕴含的北朝胡汉、农牧交错融合的历史

① 寇陆：《书信中的君王形象与心理战：拓跋焘（408—452）的国书和他的南方读者》，《岭南学报》2020年第1期。

② 孙英刚：《佛教与谶纬之间：〈马宝颂〉所见梁武帝时代的信仰与王权》，《世界宗教研究》2021年第4期。

③ 魏斌：《传说与历史：并肆地区的北魏皇帝遗迹》，《文史》2021年第2辑。

变迁线索。胡鸿《寇谦之的密码——一个宗教叙事的解读》[①]一文针对《魏书·释老志》所载寇谦之入魏廷前经历的两次“大神降临”事迹时间安排问题进行剖析，运用中古天文术数知识和道教史料将其中的时间巧合解读为精通历法的寇谦之的人为设定，从而揭示寇谦之主动寻求与北魏政治的联系，特别是其从道教立场参预北魏合法性构建的隐秘过程。

再如，吴晓丰《星象中的官制史：执法、上相与汉唐间的宰相制度变迁》[②]基于汉唐日常习见的占例构成星占实践的常态，以及星占理论及其技术操作在实践中的变动，提出超越以往关注某一星象特定事件的研究，展开跨时段探究星占知识更新过程的新视角；具体通过梳理汉唐历代正史《天文志》考察宰相制度变迁，探讨星官理论与职官制度的互动。董刚《释汉赵刘曜光初四年玉石谶——兼论刘、石之争》[③]重新理解《晋书》所载刘曜朝廷对终南玉石谶言争论及后续刘赵竞争的结局，通过稽考刘均的灾异型解谶（汉赵败亡于石赵）的知识基础，还原出当时主流的祥瑞型解读（汉赵兴盛），揭示谶纬因素对早期中古社会的深刻影响。严耀中《北朝碑铭里的俗人维那》[④]通过广泛揭举石刻资料，提出北朝碑铭题记大量出现的俗人担任“维那”问题，结合文献和史实分析这一现象在北朝长期存在历史背景，将视野推至北魏王朝与佛教的动态关系中来。中古皇权与知识、信仰的交错联动的更多具体内容今后还将得到进一步深入讨论。

还有学者着重讨论北魏时期的比丘尼墓志书写中的虚构、想象问题，对

---

① 胡鸿：《寇谦之的密码——一个宗教叙事的解读》，《文史哲》2021 年第 6 期。

② 吴晓丰：《星象中的官制史：执法、上相与汉唐间的宰相制度变迁》，《文史》2021 年第 3 辑。

③ 董刚：《释汉赵刘曜光初四年玉石谶——兼论刘、石之争》，《学术月刊》2021 年第 8 期。

④ 严耀中：《北朝碑铭里的俗人维那》，《文史》2021 年第 3 辑。

把握墓志文体在历史研究中的功能限度有参考价值。[①]段治民《东晋南朝买地券中“女青诏书”与〈女青鬼律〉关系研究》[②]通过对道教经籍、出土考古材料、正史史料、碑刻材料等综合运用，探讨买地券中的“女青诏书”及道教信仰具体关联，反映东晋南朝复杂的信仰体系，也值得关注。

最后，在地域文化方面。从考古学的角度，张科[③]认为刘觊墓虽地处南朝荆郢地方社会，文化面貌却以建康地区因素为主，所出买地券表明郢州地方大族对于建康丧葬文化的认同，结合江陵黄山南朝墓推论，至迟在刘宋早期，江陵大族已出现向建康士族看齐的情况。对于南朝最具典型意义的建康墓葬，张科[④]依据砖室规模将墓葬埋藏者分为6个阶层，认为南朝相较东晋阶层序列更为细化和固化，背后是皇权政治的抬头。元空《北魏乐舞的文化整合与制度化》[⑤]揭示北魏乐舞文化的渊源，来自对草原文化、农耕文化和西域文化的整合和制度化，评价北魏乐舞是“艺术与政治、华夏与四夷获得一体的映像形式”。权家玉《地域性与南朝政局》一书[⑥]围绕南朝政权的建康化和南朝军镇的独立化问题，从政治、经济等领域考察作为政治中心的建康与军事区域的都督区在实力上的此消彼长，凸显南朝在空间结构上的“内”“外”对立。

---

① 王婧：《北魏比丘尼墓志中女性形象的书写策略》，《山西大同大学学报》（社会科学版）2021年第5期。

② 段治民：《东晋南朝买地券中“女青诏书”与〈女青鬼律〉关系研究》，《宗教学研究》2021年第2期。

③ 张科：《武汉市武昌区南朝刘觊墓再研究》，《考古》2021年第12期。

④ 张科：《南京地区南朝墓葬的阶层划分及相关问题》，《中国国家博物馆馆刊》2021年第11期。

⑤ 元空：《北魏乐舞的文化整合与制度化》，《北京舞蹈学院学报》2021年第2期。

⑥ 权家玉：《地域性与南朝政局》，社会科学文献出版社，2021年。

三、透视于“外”：边疆和域外

中国历史是一部多民族共同缔造统一国家的历史，魏晋南北朝时期虽然处于国家分裂时期，但是南北文化交融、民族融合、中外交流都进一步增强。关于中古边疆人群和政体的研究，关于中外交流的研究，近年来持续“开疆拓土”，2021年同样不乏新的亮点。

首先是关于边疆的人群、政权的研究，既有对汉文史籍的重新发现，也有基于新出文书、考古发掘的全新探索。例如，关于稽胡、柔然、高车等游牧人群的研究，既有基于汉文史料的整理研究，也有利用新出非汉文史料的考释。王石雨等《高车首领称号考述》[①]归纳文献记载中高车部落首领称谓“莫弗”“莫何去汾”“候娄匐勒”“候倍”等，推论“莫弗”“莫何去汾”出自东胡系民族，由柔然传入；“候娄匐勒”意为“大天子”，与“候倍”一样都是高车自创的军事首领称谓；中原王朝则以“部帅”“渠帅”“大人”等泛称其首领。刘莹《北朝稽胡的“统一”》[②]描绘北朝河、汾流域山居诸胡由多样化的族群名号逐渐统合为稽胡的演变过程，伴随着北朝对该地区不断加深行政控制的过程。不过这类文本变化和政治史相统一的研究，需检讨文本呈现的现象与历史事实之间的关系。于子轩《柔然文小考》[③]论说国外两种最新释读的出自蒙古国鄂尔浑地区的突厥第一汗国时代碑铭，即布古特碑婆罗米字母部分和回斯·陶勒盖Ⅰ碑的书写语言是柔然文。通过考察柔然汗国控制焉耆、龟兹等，受到西域文化包括佛教影响，推测该地流行的梵文和吐火罗文B所使用的婆罗米字母是柔然文创制的基础，并阐释柔

---

① 王石雨、张久和：《高车首领称号考述》，《黑龙江民族丛刊》2021年第3期。

② 刘莹：《北朝稽胡的“统一”》，载叶炜主编《唐研究》第26卷，北京大学出版社，2021年。

③ 于子轩：《柔然文小考》，《中华文史论丛》2021年第2期。

然选择婆罗米字母而非粟特字母或汉字拼写柔然语言的原因，揭示柔然文的发现对于中古北族史的重要意义。

再如，非汉人墓志的层出不穷，也为边疆人群和政治体研究提供助力。李宗俊《隋郁久闾可婆头墓志与柔然王族相关问题》[①]据志文将柔然先祖“莫容可汗”与“慕容”或“慕郁”，即“木骨郁”勘同，认为慕容祖先莫护跋、木延与柔然始祖木骨闾的姓氏都是“慕容”的不同汉译。李宗俊《论柔然与北朝诸政权的“和亲”外交——以柔然、吐谷浑公主墓志为中心》[②]是以柔然茹茹公主、邻和公主和吐谷浑晖华公主3方公主墓志，围绕柔然与北朝的政治联姻与复杂关系具体史事进行考释，彰显出新史料的价值。罗新《西魏晖华公主墓志所见的吐谷浑与柔然名号》[③]探讨了吐谷浑晖华公主墓志所载历史信息。通过墓志发现，晖华公主是柔然可汗阿那瓌的可敦之妹，晖华公主应阿那瓌之请从吐谷浑来到柔然，再陪送可敦之女茹茹公主去西魏长安，志文所记吐谷浑与柔然两大政治体的多种名号也具有重要分析价值。

又如，边疆考古、文物研究的积累也为历史研究提供了支撑。沙武田、陈国科《武威吐谷浑王族墓选址与葬俗探析》[④]论证吐谷浑灭国之后选择武威南山为其王族“先茔”，与该地一直为吐谷浑人的旧居地有关；吐谷浑王族墓选址山梁、夫妇异穴合葬习俗等体现出较为明显的鲜卑文化特征，反

---

① 李宗俊：《隋郁久闾可婆头墓志与柔然王族相关问题》，《石河子大学学报》（哲学社会科学版）2021年第4期。

② 李宗俊：《论柔然与北朝诸政权的“和亲”外交——以柔然、吐谷浑公主墓志为中心》，《烟台大学学报》（哲学社会科学版）2021年第2期。

③ 罗新：《西魏晖华公主墓志所见的吐谷浑与柔然名号》，《中山大学学报》（社会科学版）2020年第5期。

④ 沙武田、陈国科：《武威吐谷浑王族墓选址与葬俗探析》，《考古与文物》2021年第2期。

映出了本族的文化属性。窦知远《浅谈河西地区鲜卑吐谷浑部与党项拓跋部的族群融合》[①]结合2019年甘肃武威天祝县境内发现武周时期吐谷浑王族慕容智墓、2013年陕西延安吴起县出土《拓跋驮布墓志》讨论了党项拓跋部与鲜卑吐谷浑的杂居和融合关系。葛承雍《门扉胡人：中古墓葬石门上的别样艺术》[②]探讨了中古时期墓葬石门上出现的各种胡人、蕃人、“神人”艺术形象，指出胡人侍卫、胡人乐工、胡人武士等成为这一时期门扉上别出新样的造型，反映了从汉魏至隋唐社会胡汉文化碰撞乃至逐步融合的进程。

除了史料的创新，还有基于问题、方法而产生的新研究。例如，范恩实[③]通过总结族群理论提出外来族群人口如何融入高句丽的问题：夫余人迁入与桂娄部结成联盟奠定高句丽族兴起的基础；沃沮、东夫余、北夫余、韩秽等族裔政治体成为高句丽藩属，经过政治与文化建设完成族群融入；中原流寓汉人，则以边疆族团、聚族而居等不同方式融入。该研究对于高句丽内部族群结构及东北民族关系研究有一定推进。耿铁华《忠州高句丽碑的新释文字与相关问题》[④]、赵宇然《忠州高句丽碑研究新成果》[⑤]则从20世纪发现高句丽碑文角度思考高句丽与外部关系问题。王连龙、丛思飞《北魏平城时代高句丽移民史事考略——以〈申洪之墓志〉为线索》[⑥]聚焦单方墓志，以传统考证方式微观剖析高句丽移民的信息。

---

① 窦知远：《浅谈河西地区鲜卑吐谷浑部与党项拓跋部的族群融合》，《文教资料》2021年第18期。

② 葛承雍：《门扉胡人：中古墓葬石门上的别样艺术》，《美术研究》2021年第4期。

③ 范恩实：《高句丽史上的外来族群问题研究》，《史学集刊》2021年第5期。

④ 耿铁华：《忠州高句丽碑的新释文字与相关问题》，《通化师范学院学报》2021年第1期。

⑤ 赵宇然：《忠州高句丽碑研究新成果》，《通化师范学院学报》2021年第1期。

⑥ 王连龙：《北魏平城时代高句丽移民史事考略——以〈申洪之墓志〉为线索》，《考古与文物》2021年第5期。

利用跨学科方法进行的研究引人注目，譬如周亚威等[①]通过对大同平城时期出土男性颅骨的考古学和人类学方法分析，发现其属于现代亚洲蒙古人种的东亚类型，在人种成分上表现出更多中原汉族人的特点，反映出拓跋鲜卑南下的民族融合是中华民族历史进程中多民族交融的一个缩影。还有从语言词汇角度切入的内亚与东北族群研究的，如张士东[②]从高句丽地名中析出6个植物词汇，分析其汉字古代发音，以之构拟词族，并与突厥语族、蒙古语族、满-通古斯语族、韩国语和日本语进行比较，判断来源流变，认为高句丽语植物词汇主源为突厥语。

边疆研究成果丰硕，域外文化交流研究也精彩纷呈。例如，如何理解在中国发现的中古时期的西方特色文物？显然，若要全面解读中国古代文明，除了从汉文史料和传统中国史视角的观察，还要以欧亚视野，一并关照非汉文史料、非汉人群、外来文明，从欧亚看中国，在中国发现欧亚文化要素。[③]罗新《拓跋祭天方坛上的木杆》[④]通过比较内亚人群的大祭礼仪，如突厥、契丹、蒙古、满族祭天礼仪，论证内亚文化的连续性，特别是拓跋祭天方坛木杆并非汉字“主”所示祭祀对象，而是内亚传统祭祀用以悬挂牲体的木柱。这一个案研究强调重视内亚文化的多样性和中国历史的丰富性。

从出土文物、新见史料剖析中外文化交流的具体面相，是学者们的重要研究路径，其研究落脚点往往是外来文明对于中国的输入。何利群《邺城遗址出土北齐石塔及相关图像的探讨》[⑤]分析了2012年邺城遗址出土的北齐单层覆钵式石塔，揭示主尊坐佛为受笈多文化影响产生的北齐新样式，石

---

① 周亚威、周雪艳、侯晓刚：《北魏平城时期星港城遗址的人种类型》，《北方民族大学学报》（哲学社会科学版）2021年第1期。

② 张士东：《中古时期东北亚植物词汇语源研究》，《长春师范大学学报》2022年第1期。

③ 冯立君：《在中国发现欧亚》，《读书》2021年第6期。

④ 罗新：《拓跋祭天方坛上的木杆》，《云冈研究》2021年第2期。

⑤ 何利群：《邺城遗址出土北齐石塔及相关图像的探讨》，《考古》2021年第5期。

塔与龟兹地区流行的塔型近似，是北齐与西域地区佛教文化交流的重要实例。马伟《固原考古所见北魏至隋唐墓葬中的萨珊钱币葬俗——兼论萨珊钱币的分布变化及动因》[①]考察固原出土萨珊钱币及相关葬俗信息，分析该区域萨珊钱币的形制特点，探讨该区域萨珊钱币并非直接来自波斯本土，而是受入华中亚粟特裔群体的影响出现并用于丧葬习俗，后期又受到汉地习俗影响并有融合趋势，其传播路线则凸显出北魏至隋唐时期经由原州的丝绸之路之畅通。

不过，也有一些研究落脚点并非中国受外来文明影响，而是中外交流互动或是汉唐文化的对外影响。例如，吕博[②]通过剖析唐代传奇《梁四公记》文本，揭举其看似荒诞不经的内容背后，包含南朝梁武帝时期欧亚大陆各地交通往来的众多信息和历史记忆。又如，罗帅《汉佉二体钱新论》[③]结合近年新出于阗造汉佉二体钱币，论述汉佉二体钱出土情况、年代与性质、发行前奏和余波等问题，并结合汉、贵霜、罗马等多边关系考察欧亚东部陆海贸易视野中的于阗钱币使用背景，使我们对这一钱币的系统认知向前推进一步。张弛《公元3—4世纪鄯善诉讼制度研究——以尼雅出土佉卢文简牍为中心》[④]在前人研究基础上，整理尼雅出土佉卢文简牍中涉及鄯善国诉讼制度的行政诉讼、刑事诉讼、民事诉讼等零散内容汇于一文，揭示出受到汉晋律令制度和印度法典影响的鄯善国诉讼制度的多面相。周裕兴、朴淳发合著《六朝与百济考古论稿》[⑤]是中韩两位专攻六朝与百济文化

---

① 马伟：《固原考古所见北魏至隋唐墓葬中的萨珊钱币葬俗——兼论萨珊钱币的分布变化及动因》，《形象史学》2021 年第 2 期。

② 吕博：《〈梁四公记〉与梁武帝时代的文化交流图景》，《历史研究》2021 年第 1 期。

③ 罗帅：《汉佉二体钱新论》，《考古学报》2021 年第 4 期。

④ 张弛：《公元 3—4 世纪鄯善诉讼制度研究——以尼雅出土佉卢文简牍为中心》，《贵州社会科学》2021 年第 11 期。

⑤ 周裕兴、朴淳发：《六朝与百济考古论稿》，光明日报出版社，2021 年。

关系的考古学者历年研究集成，分为都城与墓葬、文物考证、文化交流3个专题，总体上使百济与南朝关系研究更加清晰，凸显出中国文化对东亚汉字文化圈的多方面深层影响。

总结与反思

学术贵在推陈出新。综览2021年魏晋南北朝史成果，研究对象和观察视角不论是“上”“下”，还是“外”，在传承前贤研究的传统之上都各有新意。那么，在创新研究上，有哪些值得反思和借鉴之处？或者说，这些精彩研究背后有怎样的路径启发？本文分为4种取径试作评述（有些优秀成果兼有多种路径）。

其一，史料的驱动。陈寅恪在1935年对新出文献与传世文献的关系有过巧妙论说，必须熟悉旧材料，才能利用新材料，“正像一幅已残破的古画，必须知道这幅画的大概轮廓，才能将其一山一树置于适当地位，以复旧观”①。回顾2021年的研究，从数量上而言，中古史整体研究创新最主要的驱动力仍来自新史料。当然，新史料既指新见史料（如新出文物、石刻碑志或新发现史料），也包括对传统史料的重新发现。前者各领域都有成绩，如学者对新见文本信息的发掘等；后者如对汉唐正史文献贯通的见解、对高句丽史料通盘的检讨等皆为范例。这些佳作还表明新史料的运用往往与新问题的发现配合才能相得益彰。近年以碑志为代表的新出史料不断涌现，如何思考利用新史料解决历史问题应是学界继续探索的课题。孙正军总结了近10年碑志研究的3种主要动向：碑志中祖先谱系及建构过程、碑志中的“异刻”及历史书写、视觉角度考察碑志政治景观效应等②，表明学界在不断自觉反思。

---

① 蒋天枢：《陈寅恪先生编年事辑》，上海古籍出版社，1997年，第96页。

② 孙正军：《近十年来中古碑志研究的新动向》，《史学月刊》2021年第4期。

其二，问题的推动。毋庸置疑，无论是历史学还是其他社会科学，乃至自然科学的前沿研究，“问题”永远是学者在茫茫学海勇敢探索的指引灯塔。在中国中古史研究中，重要学术问题的提出本身就是一种学术推进，因为前贤的精耕细作常给人以题无剩义之感，发现问题的难度比其他开垦相对较少的断代或领域更大。令人欣喜的是，2021年的新论著中仍然有不少问题式研究。例如关于唐朝“拓跋国家”的论辩、关于北魏祭天的研究，学者们基于对旧史料文本的细绎深掘，实则也是以问题思考推动的研究。学者们结合考古资料和文献充分对读，推进相关问题似也可视为问题意识调动史料的研究类型。问题式探究的更多积聚，或将引导学者们沉潜思考，着眼于重要课题，集中全力攻关，而不是追逐新史料作短平快的研究，有利于学术生态的良性发展。

其三，领域的开拓。这一路径在诸如边疆民族、域外交流论题的拓展上尤为显著，有些是在先行研究积累之上的飞跃，有些则受到新资料频出的刺激，也有学者个人长期坚持“冷僻”研究的结晶，特别是在中国边疆学、亚洲文明互鉴等具体论题上有不少新研究。边疆与域外领域归入“外”，实则也有暗示其受到冷遇、被视为边缘之意，这与中国史研究中长期广泛存在的中原中心观念有一定关系，但是与秦汉以来中国始终是一个巨型政治体和文明综合体的事实不相适应，中国历史的研究内容应该包括并重视中原与边疆、域外的互动。魏晋南北朝是民族活动活跃期，近年来边疆民族史和中外交流史研究队伍得到扩大，加之边疆考古、中外学术交流等客观因素的推动，边地族群和域外文明的探讨成为显著的学术增长点。不过，从中国边疆全局来看，2021年的相关研究尚未展现出全方位出击的力量，例如海疆与海岛问题、南方民族问题、非中原中心的文化交流问题等，都有待研究者的进一步关注。

其四，理论的创新。中国史研究相对而言或多或少有理论色彩淡薄的特点，不过近年来的学科交叉已经大大改变了这一固有印象，历史学理论方法以及人类学、社会学等社会科学的理论和方法常常被引入具体研究，带来新的气象。2021年，魏晋南北朝史研究在理论方面的探索成绩颇令人振奋，虽然总数不多，但值得继续关注。例如，有些关于北朝史的探究是站在大量中外社科理论成果的基础上进行的具体思索，有“见山不是山”之意境；有些研究从民俗学角度介入，对北朝乃至唐宋有长时段探究；有些研究变换视角，对于政治人物进行生命史探究；有些研究对中国出土西方特色文物有总体思考、具体考证，这些研究带有一定理论创新性，同时又都与传统研究论题联系紧密，激发出全新的研究活力。

创新研究是魏晋南北朝史研究保持水准的根本之道。要实现持续创新，一方面要坚守前人提出的“新研究”之严格标准，在多种创新路径中不断寻求突破；另一方面要花大力气培育未来的学术接班人和人才梯队，确保优秀的研究者源源不断加入，高质量的新作品层出不穷。

【第二部分】

专题综述

20世纪以来秦汉魏晋南北朝什伍制研究述评

崔启龙

什伍制度是中国古代一项基层管理制度，对于保证国家赋役收入、维持基层社会稳定曾发挥过重要作用。自秦商鞅变法在民间正式推行什伍制后，其余波在中国基层社会一直绵延了2000余年之久，直至近代民国兴起的“保甲运动”，依然能看到什伍制的影子，可见这项制度的影响之深远。对此进行系统考察，不仅有助于推进地方行政史研究，也可据此观察中国古代基层社会演进的脉络。秦汉魏晋南北朝作为什伍制度发展的初始阶段，一直受到中外学界的重视，早在20世纪70年代前，就有不少学者专论于此，80年代后，随着新资料的陆续公布，又激发了相关研究的热潮。但截至目前，关于秦汉魏晋南北朝什伍制度的研究综述尚不多见，故笔者不揣谫陋，拟对20世纪以来的研究情况进行简要梳理。

需要说明的是，什伍制度最初行用于军队行旅，其后才移植入编户。已有学者指出，秦汉居民组织中只有“伍”而没有“什”，故又称其为“伍制”。在此后漫长的历史实践中，相关制度屡有损益，名称也变化不定，如南朝之“符伍制”、北朝之“三长制”、唐朝之“伍保制”“邻保制”、宋代之“保甲法”等等，但万变不离其宗，从其制度内核来看，均与什伍制相通。因此，本文为表述方便，径以“什伍制”为题，内容则实际包括了秦汉伍制、南朝符伍、北朝三长的相关研究。此外，考虑到军制对于居民编制的内在影响，本文也将军事编制的研究成果一并综述。①

一、秦汉魏晋什伍制研究述评

（一）前期研究

1936年出版的闻钧天《中国保甲制度》一书是目前所见较早对什伍制度进行专题研究的论著，作者将什伍制度的源头追溯至《周官》中的“五家邻比”之法，指出其基本功能无非基层治安、户籍清点、赋役征发3种。春秋时期，管子“作内政以寄军令”，将军队什伍编制应用于地方行政，使基层民户无论国、野，均五五相联，从而得以对户下人丁实现个别支配。时至战国，商鞅实行什伍连坐制，则是为了应对“开阡陌”与“分异令”实施后土地与户口日益分散的状况，不得已用严刑峻法约束、整合基层社会。但秦汉以下直至隋代什伍制度在基层的施行情况，限于史料不足，作者仅略而言之。②

与闻钧天不同，樱井芳朗在考察什伍制度起源时，首先对《周官》与《管子》中的相关史料进行批判，认为两书中所载制度很可能是出于后世学者附会，在当时并未真正实行过。实际上最早实施什伍制度的是秦国，在商鞅变法之时正式确立。作者指出，民间什伍源自军队组织，主要作用是使民众相互监察，并非纯粹的自治组织。此外，还特别注意到，民间什伍组织

① 为行文简洁，文中在罗列、叙述诸位学者成果时，姓名后一律省去敬称，敬希见谅。

② 闻钧天：《中国保甲制度》，商务印书馆，1935年，第65～108页。

虽然号称“什伍”，但实际上只有“伍”，而极少见到“什”的存在。①

米田贤次郎认为，商鞅对于军制、邑制、田制的改革是三位一体的，其基础就在于什伍制的实行。军制、邑制中的什伍规制自不必论，作者着重探讨什伍制对“240步一亩制”的影响，发现若是按一夫百亩、每亩240步的标准授田，那么在一“什”之内，5家毗邻且两“伍”相对的情况下，10家之田恰好能够组成一个500步见方的地块（见图2-1）。这反映出商鞅变法对于基层社会的高度规划。②

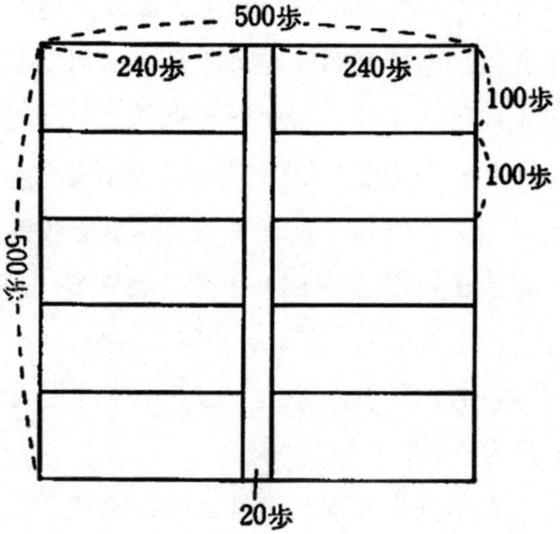

图2-1

在什伍制的起源上，越智重明与上揭樱井氏的观点类似，同样对《管子》中的记载表示怀疑，倾向于认为什伍制始行于商鞅，是利用军事组织掌控基层民众的产物。但越智氏更进一步，又对《续汉书·百官志》与《宋书·百官志》中的汉代什伍制史料进行批判，认为其中“伍主五家”“五家

① ［日］樱井芳朗：《什伍制度についての考》，《東京學芸大學研究紀要》6，1954年，第21～27页。

② ［日］米田贤次郎：《二四〇步一畝制の成立について——商鞅變法の一側面》，《東洋史研究》26（4），1968年，第417～450页。

为伍”的“家”，指的是两晋南朝时期社会上常见的兄弟终世同居共财的大家族（即户籍制度意义上的“家”）。而两汉时期什伍制下的“家”，则是“以壮丁和妻子为中心的核心家庭”，本质上是以壮丁个人为控制单位的。因此,《续汉书・百官志》与《宋书・百官志》掺杂了作者所处时代的社会意识，不能反映汉代什伍制度的实际情况。①

好并隆司则对于越智氏的观点提出了批评，认为商鞅变法后军事组织虽然以士兵本人为单位，但是在农战体制下，农户才是法令关注的主要对象，此外，什伍连坐也是以户为单位进行奖惩。此外，还特别指出，什伍连坐制使原本充满亲和性的家族共同体变得冷酷而功利，宗族和地缘团体也由此演变为贯彻君主权力的工具，而这样的制度之所以能够在秦国得到顺利贯彻，与秦人保留戎狄“贱老贵壮”的遗风不无关系。②

古贺登重点讨论了什伍制与家族关系、闾里居住区的相互关系，构想出如下系统：一家（核心家庭）=5口；5个核心家庭（即“三族集团”）=一“伍”，共同居住于一个大门内。因此，所谓“同伍连坐”，也就可以等同于“三族刑”。在征发兵役时，即从一伍（即一个三族集团内）征发5名壮丁，组成基本军事单位的“伍”。③

池田雄一的视野不拘于秦汉，而是试图讨论整个“古代”什伍制度的发展情况。在起源问题上，作者同意什伍制度源自军事组织，并认为伍制在春秋时期已有雏形，与当时兵役扩大，以户为单位一元体制的形成密切

① ［日］越智重明：《什伍制をめぐつて》，《東方學》41，1971年。

② ［日］好并隆司：《商鞅变法をめぐる二・三の問題》，《岡山史学》（25），1972年，第38～64页。后收入氏著：《秦漢帝國史の研究》第一篇第三章“商鞅變法概觀”，东京：未来社，1978年，第45～46頁。

③ ［日］古贺登：《阡陌制下の家族・什伍・閭里—父老的秩序とその解体策の一考察—》，《法制史研究》（24），1974年，第43～90页。后收入氏著：《漢長安城と阡陌-県郷亭里制度》，东京：雄山阁出版社，1980年，第255～324页。

相关，商鞅变法标志着其最终定型。伍制是地域性而非亲缘性的组织，主要功能在于连坐告奸，自秦汉至南北朝皆是如此，也正是由于地域性特点，使其常为地方行政所利用，以补充乡里制的不足。针对越智重明的观点，文中指出伍制的编成常与八月案比户籍同时，可证什伍组织中的“家”应与户籍中的“家”一致。值得注意的是，作者特意将“伍制”与“什制”分别讨论，认为只有商鞅将连坐范围扩大至“什”，汉代及之后只有伍制连坐，“什”这一组织只保留在军队系统中。此外，作者还对伍制连坐在基层行政中的实效也提出了怀疑。睡虎地秦简刊布后，池田氏又进一步增订了观点，指出在实际居住形态中，“伍”并不一定是五家并排排列，而往往是以一家为中心，加上四个方向紧邻住户组成，这五家未必具有血缘关系，再次确认“伍”是根据地缘构成。此外，伍制除了连坐告奸，还拥有一些其他功能。[①]

金烨对包括先秦文献中有关什伍制的史料作了较为全面的梳理考察，在什伍制起源问题上基本赞同池田氏的观点，在此基础上重点探讨了商鞅所行什伍连坐的历史背景和制度细节。指出春秋战国之际氏族制逐渐瓦解，血缘组织逐渐为地缘组织取代，秦国什伍连坐制的推行使氏族组织彻底解体，君主的一元权力得以在基层贯彻，也保障了其他变法举措的顺利展开。[②]

（二）出土文献中的什伍制资料与相关研究

1. 睡虎地秦简、张家山汉简二年律令（胡家草场汉简）

① ［日］池田雄一：《中國古代の伍制について》，《中央大學文學部紀要》史學科19，1974年；《睡虎地出土竹簡にみえる伍制について》，《中村治兵衛先生古稀记念東洋史論叢》，东京：刀水书房，1986年。二文均收入氏著：《中國古代の聚落と地方行政》，东京：汲古书院，2002年。中文版参郑威译《中国古代的聚落与地方行政》第三、四章“地方行政编”，复旦大学出版社，2017年，第423～480页。

② ［韩］金烨：《商鞅・什伍连坐制研究》，《大丘史学》第九辑，1975年。

睡虎地秦简中的什伍制资料，主要见于《金布律》《傅律》《屯表律》《游士律》《法律答问》《封诊式》中。张家山汉简中的相关资料，主要见于《二年律令》中《捕律》《钱律》《□市律》《户律》《置后律》《津关令》中。学者在讨论秦汉什伍制时，多将两种律令合而论之，故此处亦将相关成果一并叙述。此外，新刊布的胡家草场汉简中亦有一条与伍人相关的律文（简1259），整理者将其归入《捕律》，与《二年律令·捕律》中律文（141）对勘，内容差同，故附之于此。

秦汉律令简中与什伍相关的内容多与连坐制度有关，因而首先引起了学者的关注。孙英民对秦律中涉及连坐的条文作了分类研究，指出军中的什伍连坐要比乡里什伍更为严格，处罚也更为严厉。[①]陈乃华同样关注秦律中的连坐问题，分别考察了“四邻”（即“伍”）连坐责任的条件以及量刑标准，还特别注意到“什”的问题，指出秦律中未见十家连坐，其相应责任及量刑标准或可参照军中什伍执行。这种四邻连坐制度，在汉初萧何修订律令后即被废除。[②]吴益中则专以“什伍连坐”为题，同样注意到秦律令制度中“什”这级组织的缺失，认为所谓“什”就是十个“伍”组成的“里”，因此“什伍制”也就是“里伍制”，但在连坐时，重点还是在“伍”的范围内，而不在“里”或“什”。[③]富谷至从对伍人“告不审”罪的判定展开讨论，指出什伍连坐的情况下，有连带责任者要与犯罪者承受相同的刑罚。官员及大夫爵以上者不适用于什伍连坐。[④]铃木直美对伍人

① 孙英民：《从云梦秦简看秦律“连坐”法》，《中原文物》1986年第2期。

② 陈乃华：《关于秦汉刑事连坐的若干问题》，《山东师范大学学报》（人文社会科学版）1987年第6期。

③ 吴益中：《秦什伍连坐制度初探》，《北京师院学报》（社会科学版）1988年第2期。

④ ［日］富谷至：《连坐制とその周边》，载林巳奈夫编《戦国时代出土文物の研究》，东京：同朋舍，1985年。修订稿收入《秦汉刑罚制度の研究》第三编“连坐制の诸问题”，东京：同朋舍，1998年。中文版参柴生芳、朱恒烨译《秦汉刑罚制度研究》第三编“连坐制的诸问题”，广西师范大学出版社，2006年，第140～192页。

在各种情况下所承担的罪责作了分析，亦指出秦律中多是针对“伍”的连坐，与“什”相关的仅见于军事性法令《屯表律》中。[①]水间大辅将什伍连坐细分为两种类型：如果伍人对于同伍犯罪未能及时察觉，则要被处以比犯罪者轻的刑罚；如果察觉犯罪行为但不上报，则与犯罪者同罪。其中前者是什伍制度的“主旨”，意图鼓励民众相互告发。水间氏并进一步指出，“家”作为极具私人性质的单位，其中充斥着亲属间的亲情，这往往会阻碍国家权力的渗透，血缘连坐由此难以发挥作用；什伍制度则不同，它将各个“家”编为伍，依靠血缘关系天然构成的团体由此被纳入国家的统治范围。[②]刘欣宁综合睡虎地秦简与张家山二年律令，主要探讨了秦汉时期血缘连坐（缘作）、伍人连坐与同居连坐的联系与区别，认为同居连坐虽然向来被视作缘作，但从“连坐原理”来看，反倒与伍人连坐有相通之处。在讨论伍人连坐时还特别指出：大夫以上高爵者无须入伍；伍人之刑罚是以户为单位；当伍人告发同伍有所不确时，也不以“告不审”论处，目的是鼓励同伍居民相互告发。[③]

除了法律史层面，还有学者从基层行政、社会结构等角度对秦汉律令中的什伍制度加以讨论。罗开玉根据睡虎地秦简中的记载，认为“什”“伍”有别，前者只是军事组织，后者兼具军事与民政职能，故不存在“十家连坐”之法：伍的编制严格，不同身份者编入不同的伍，没有正式户籍的家

---

① ［日］铃木直美：《戦国秦の連坐》，《明大アジア史論集》3《中国古代史特辑》，1998年，第1～18页。

② ［日］水间大辅：《戦国秦漢期の伍制における保証制度——伍制による民衆支配の原理》，载早稻田大学大学院文学研究科編《早稲田大学大学院文学研究科紀要》第四十六辑第四分册，2001年；《戦国秦漢期の伍連坐制による民衆支配》，《中國出土資料研究》第五号，学习院大学文学部史学科。2001年。

③ 刘欣宁：《秦漢律における同居の連坐》，《東洋史研究》70（1），2011年。中文版《秦汉律令中的同居连坐》，载王沛主编《出土文献与法律史研究》第一辑，上海人民出版社，2012年，第139～170页。

庭及个人无权参加伍；伍人有相互监督之责，否则便有连坐之虞；此外，“士伍”称谓很可能源于什伍制度。[①]李向平指出“什”和“伍”原本分别是殷人与周人的宗族组织单位，亦是军事编制单位，随着春秋战国氏族制度瓦解，商鞅将什伍制度纳入“封建社会乡里建置”，就此实现了国家对小农的个体支配；秦简中的什伍连坐之法，反映的就是这种现实情况。[②]安作璋、熊铁基注意到秦律中屡屡出现“典”“老”的称谓，结合什伍制度的实施情况，推测“老”即是《韩非子》中的“伍老”，“典”则应是“什典”，是主掌什伍之人，到了汉代，均变为以“长”为名。[③]张金光对秦简律令中“典”为“什典”说作了辨析，认为传世与出土文献中不见“什”这一居民组织，因而“典”应当是“里典”。[④]杜正胜将闾里什伍视作中央政府掌握人力资源的工具，指出什伍制度起源于兵制，最初是先在有服兵役义务的区域推行，战国时期征兵范围扩大，什伍制度逐渐推行全域，凡是编户民均要纳入什伍管理。其主要目的有二：伍家连坐以检举不法和稳定户口以禁止逃亡；其中连坐制也是出于军法，经历了从“上下纵向连坐”到“同伍横向连坐”的转变。什伍编组原则是“比地为伍”，其中的“地”最早是指田地，即什伍编组最初首先考虑田地的毗邻情况，其次才是居宅；后来田制遭到破坏，居宅方才成为制伍的主要依据；此外，秦律中“典”“老”分别指“里典”和“父老”。[⑤]这与《秦汉官制史稿》中的理解有所不同。黄今言同样关注什伍组

---

① 罗开玉：《秦国“什伍”、“伍人”考——读云梦秦简札记》，《四川大学学报》（哲学社会科学版）1981年第2期。

② 李向平：《试论周秦时代的什伍制度》，《广西师范大学学报》（哲学社会科学版）1986年第3期。

③ 安作璋、熊铁基：《秦汉官制史稿》，齐鲁书社，1984年，第217～221页。

④ 张金光：《秦制研究》，上海古籍出版社，2004年，第602～606页。

⑤ 杜正胜：《编户齐民——传统政治社会结构之形成》，联经出版事业公司，1990年，第131～139页。

织对于人口控制、征发赋役方面的重要意义，根据秦简律令，指出在什伍制下，民众需要对同伍之人户籍信息的真实性负责；除了维持基层秩序，什伍组织还需要协助地方政府控制人口流动、摊派徭役、贯彻政令，是封建国家政治上的“精神末梢”。[①]臧知非将先秦秦汉基层行政体系统称作“什伍乡里制”，认为“什伍”既是基层组织，又是户籍编制单位，故什伍制本质上是户籍制度。什伍制是随着国、野之别的湮灭而产生的；春秋时期，步兵在战斗中的作用日益提升，在军政合一的背景下，为了适应作战需要，国家仿照步兵五人一组的作战编组方式，在“国”中建立了“伍”以组织居民，而彼时“野”中是以十家为一个户籍单位（即“什”）；战国时期随着征兵范围扩大，国、野界限泯灭，“什”与“伍”也逐渐融合，最终形成了什伍制度。[②]

2. 岳麓秦简

岳麓秦简中与什伍相关的资料分见于《为狱等状四种》及《秦律令》。前者主要集中在“尸等捕盗疑购案”和“绾等畏耎还走案”的相关竹简中；后者数量较多，散见于律令条文中，大多是关于伍人连坐的规定。以下分而述之。

“尸等捕盗疑购案”和“绾等畏耎还走案”两案案情颇为复杂，兹不赘述，请参相关论文。[③]两案中提及“伍”均与官吏追捕贼寇有关。前者简

---

① 黄今言：《秦汉赋役制度研究》，江西教育出版社，1988 年，第 247 ～ 249 页。

② 臧知非：《先秦什伍乡里制度试探》，《人文杂志》1994 年第 1 期。后收入氏著：《战国秦汉行政、兵制与边防》，苏州大学出版社，2017 年，第 23 ～ 34 页。田昌五、臧知非：《周秦社会结构研究》，西北大学出版社，1996 年，第 203 ～ 214 页。相关观点亦见于臧知非：《秦汉土地赋役制度研究》第八章“什伍缘起、居民身份与民居空间”，中央编译出版社，2017 年，第 382 ～ 394 页。

③ 关于“尸等捕盗疑购案”的讨论，可参陈伟：《尸等捕盗购金试说》，简帛网，2013 年 9 月 11 日，http://www.bsm.org.cn/show_article.php?id=1894；于洪涛：《再论岳麓简尸等捕盗购金数额》，2015 年 7 月 1 日，http://www.bsm.org.cn/show_article.php?id=1903。“绾等畏耎还走案”案情辨析可参张寒：《由“绾等畏耎还走案”探析秦汉畏愞逗留罪》，《西南科技大学学报》（哲学社会科学版）2018 年第 4 期。

文中有引用律令云："它邦人□□□盗，非吏所兴，毋什伍、将长者，捕之，购金二两。"（第36～37号简正）水间大辅根据《二年律令·捕律》"吏将徒，追求盗贼，必伍之"的记载推测，该案中负责抓捕罪犯的求盗"尸"等人在出发时已被编为什伍，因此，所引律令中"毋什伍、将长者"应当是指盗贼而言，而非抓捕者。[①]换言之，秦律按照罪犯组织程度不同，给予抓捕者的奖赏也有差异。后者是士兵追击"反寇"时发生的案件，其中提到两个细节："積、秙等伍束符，卒毋（无）死伤者。""得、文、刍、庆、绾等与反寇战，不伍束符，忌以射死，卒喜等……短兵死。"所谓"伍束符"，整理者认为"符"或是《汉书·冯唐传》提及的"伍符"，颜师古注曰"军士五五相保之符信"，"束符"即是用伍符约束。[②]邬勖根据《尉缭子·束伍令》"束伍之令曰：五人为伍，共一符，收于将吏之所"，认为"伍束符"即是此种伍人共有且为将吏掌握的符，岳麓秦简《奔敬（警）律》所载"先粼黔首当奔敬（警）者，为五寸符，人一，右在□，左在黔首，黔首佩之"中的"五寸符"，是黔首自己持有的符，这两种符均与秦代常见的调兵"虎符"性质类似。[③]张伯元不同意将"符"解释为兵符，认为所谓"伍束符"就是指军事组织中的"伍籍"与"伍符"，是一种"军役组织凭证"，在该案的具体情境中，"積""秙"等人拥有这种凭证，其组织性和纪律性要强于没有凭证的"得""文"等人，导致的结果也截然不同。[④]李章星则认为。伍籍与什伍连坐虽然在秦军中普遍存在，但在该案的具体

① ［日］水间大辅：《岳麓书院藏秦简"尸等捕盗疑购"案所见逮捕群盗的奖赏规定》，《中国社会经济史研究》2014年第3期。

② 陈松长：《岳麓书院藏秦简［叁］》，上海辞书出版社，2012年，第242页。

③ 邬勖：《秦地方司法诸问题研究》，华东政法大学博士学位论文，2014年，第21页。

④ 张伯元：《岳麓秦简（三）字词考释三则》，载中国文化遗产研究院编《出土文献研究》第十四辑"秦简牍研究国际学术研讨会"特辑，中西书局，2015年，第48～50页。

情境下，“伍束符”“不伍束符”应当理解为伍内士卒是否保持阵型、共同进退。[①]

如前所述，岳麓秦简《秦律令》中亦有不少伍制的新资料，大都与伍人连坐有关，与睡虎地秦简、张家山汉简《二年律令》中的相关内容可相互参看，但据笔者管见，截至目前，尚未有专文讨论。此外，《秦律令》中有一种新的“伍”值得注意：“城旦，已论输巴县监，有能捕黥城旦辠一人，购金二两，令臣史相伍，伍人犯令，智（知）而弗告，与同辠，弗智（知），赀[一][甲]，能捕其伍人，除其辠，有（又）赎之如令。”（[伍]310+311）其中提到，发配至“巴县监”服劳役的“臣史”也需要编伍控制，这是此前所未见的。这表明，彼时伍制的运用场合颇为灵活，除了管理作战军卒、编户民及商人，在管理特殊刑徒时也可编伍。

3. 里耶秦简

就目前已经刊布的里耶秦简来看，与什伍制相关的内容主要集中于里耶北护城壕出土的户籍简。这些户籍简一般分为五栏，著录户内家口的姓名、爵位、身份等信息。在一些户籍简（K27、K36、K42/46、K1/25/50）的第五栏中，著录有“伍长”字样，应是户主的职役身份。古井发掘简中亦有零星记录（5-3、8-23、8-439、9-1350），从内容来看也大都与户口统计有关。

铃木直美对户籍简中五栏的内容作了归纳，发现商鞅变法推行的“分异令”在当地并未严格执行，这应是秦在统一过程中对于新占领地的灵活举措：地方官府首先如实记录当地户口信息，再通过对新立户者授予田宅、推行伍制等手段，逐渐在新占领地贯彻秦制，以期在地域安定的前提下保证官府赋役收入。[②]张荣强参考《周礼》郑注，将这批户籍简定名为“户

① 李章星：《〈岳麓简（叁）〉“绾等畏耎还走案”与“五十步笑百步”新解》，载邬文玲、戴卫红主编《简帛研究二〇二〇》（春夏卷），广西师范大学出版社，2020年，第107页注①。

② ［日］铃木直美：《里耶秦簡にみる秦の戸口把握：同居・室人再考》，《東洋学報》89（4），2008年，第407～437页。

版”，并根据《史记·秦本纪》秦献公十年（前375）“为户籍相伍”的记载，结合里耶户版中的“伍长”注记，推定户版原本应当是以“伍”为单位编列的。[①]陈絜从地域文化角度，认为楚国编户民原本并无编伍之制，《鹖冠子》中关于里中什伍编制的记载并非楚国实情，里耶户籍简中的“伍长”注记，反映出秦国占领楚地后对旧楚编户民重新造籍登录的政策。[②]邢义田指出户籍简中“伍长”应当是编户民的一种赋役身份，能够证明“户籍相伍”制度真实存在，但里耶户籍简只能说明城内居民有“伍”的编制，至于城外聚落是否也是如此，以及“什伍”之“什”是否存在还有待更多证据。[③]

4.龙岗秦简

据整理者介绍，龙岗秦简的内容大致包括《禁苑》《驰道》《马牛羊》《田赢》《其他》5类，在与禁苑管理相关的简文中有涉及伍制者，经缀合、复原，简文如下：

> 吏具伍，亟入。事已，出，（68/29/29/144）[吏]复阅具徒。徒有（181/233A/230A/残5B）少不出者，以盗入禁（20/56/56/15）苑律论之。伍人弗言，□与同[罪]。☒（21/57/57/172）[④]

陈伟将其译作“吏指挥士兵组成伍，快速进入禁苑。事情结束后撤出，吏再次检点士兵。士兵如果有缺少不撤出者，按盗入禁苑律论处。伍人不举报，与当事人同罪”，并指出此条律文可与张家山汉简《二年律令》中的《捕律》与《津关令》比照，均为吏卒编伍追捕盗贼的规定。[⑤]

---

① 张荣强：《湖南里耶所出“秦代迁陵县南阳里户版”研究》，《北京师范大学学报》（社会科学版）2008年第4期。

② 陈絜：《里耶“户籍简”与战国末期的基层社会》，《历史研究》2009年第5期。

③ 邢义田：《从出土资料看秦汉聚落形态和乡里行政》，收入氏著：《治国安邦——法制、行政与军事》，中华书局，2011年，第302页。

④ 修订后的释文引自陈伟主编：《秦简牍合集［贰］》，武汉大学出版社，2014年，第25～27页。

⑤ 陈伟：《秦简牍校读及所见制度考察》，武汉大学出版社，2017年，第255～258页。

5.银雀山汉简

在银雀山汉简中，有3条与什伍制相关的资料，分列如下：

……百人以下之吏及与□及伍人下 城 从……（781）

使 什 伍相连也，明亓（其）……令严信，功（攻）发（伐）之 赏 □□……（984、985、986）

……五人为伍，十人为连，贫富相……（939）

整理者将前两条归入《守法·守令》，后一条归入《田法》。李学勤通过比对文献，发现简781与《墨子·备城门》内容相合，而《备城门》篇据信是秦国墨者所作，此外“伍人”亦是秦人习语，益可证《守法·守令》虽出于齐地，却袭用了秦国墨者的作品。[①]史党社以此观点为基础，进一步论证了《守法·守令》与秦人的密切关系，并补充指出，简781缺释之字若是“连”字，那么可与《田法》中“五人为伍，十人为连”相参照，但“连”作为一级军民组织编制，常见于《国语·齐语》《周礼·地官司徒》《管子·小匡》等齐地相关文献中，这可能是齐人在传诵秦人作品时，加入了自己的语言习惯。[②]张金光认为，《守法·守令》并非某家学说，而是战国时期真正实行过的制度，即所谓“官社经济体制”，在国家授田制下，乡居行政编制也随田地一并被高度规划，形成政、农、军一体的社会经济体制，简939所反映的就是如此。[③]郭丽则认为《田法》所载乡里之制与《管子》多有相似处，故应是战国时期齐国的政治制度。[④]

6.居延汉简

什伍制资料在居延汉简中仅一见：

---

① 李学勤：《论银雀山简〈守法〉〈守令〉》，收入氏著：《简帛佚籍与学术史》，江西教育出版社，2001年，第341～349页。

② 史党社：《墨子城守诸篇研究》，中华书局，2011年，第230～235页。

③ 张金光：《秦制研究》，上海古籍出版社，2004年，第329～330页。

④ 郭丽：《简帛文献与〈管子〉研究》，方志出版社，2015年，第56～58页。

〼近仓谷里三铢五分五家相证任伍中□

〼尉谊临　　　　　　　　　　（29.8）

池田雄一认为“五家”即是伍中诸家，“相证”是指在地方缴纳钱谷时互相佐证。[①]

7.肩水金关汉简

肩水金关汉简所见出入关符及相关文书中，有一些标注有“伍长”字样，颇为特别，如：

万年里任广汉大奴据　年廿五　车牛一两　练袭一领白布单衣　革履一两

黑色　一领布袜一两　•右伍长（73EJT23：975）

■右伍长柳应〼（73EJT30：158）

■右伍长董信〼（73EJT30：159）

■右伍长王延年〼（73EJH1：56）

后三枚简简首均涂黑，似是做某种标记使用。以人名为线索，还能找到相关出入符：

氐池先定里董信年卅　牛车一两（73EJT30：160）

亭长阁得葆昭武破胡里公乘王延年=廿八岁长七尺五寸

五凤四年六月戊申　葆觻得承明里大夫王贤年十五岁长七尺　皆黑色

橐他故駮亭长符　葆昭武破胡里大女秋年十八岁　入出止

（73EJT37：1376+73EJT37：656）

学界对出入关符的研究已有不少成果，但似较少注意到“伍长”标记的符。根据简73EJT23：975中万年里任广汉“大奴据”可以担任“伍长”的情况可知，这里的“伍长”应当既非乡里什伍组织中的伍长，亦非军队组织中的伍长。它出现在出入关符中，是否可被视作行旅之人结伍而行的领队？但在为数众多的出入符中，标记有“伍长”的毕竟是少数，似乎说明并非所有行旅均有伍长。限于史料，姑且存疑。

---

① ［日］池田雄一著，郑威译：《中国古代的聚落与地方行政》，第452页。

8.地湾汉简

在近年刊布的地湾汉简中，有一枚写有“右第十伍长”的木简（86EDT5H：42），形制与上举出入关符相似，简首亦涂黑，但未著录伍长姓名，却有“第十”的编号，暗示该简似与出入关符有所差异。搜索同探方出土的木简，检得一枚“觻得始建国三年三月壬子左部外营觻得甲卒稾名籍”（86EDT5H：15）的标题简，以及相关名籍简，如：

中营甲卒五百昭武直廷里宋音　86EDT5H：34

中营候令史仲客　中营八十人第四☐　86EDT5H：59

昭武甲卒觻得安定里宁嘉　86EDT5H：70

中营卒昭武益广里零如　86EDT5H：74

左部甲卒觻得安乐里绩苍　86EDT5H：80

名籍简中除了“左部觻得甲卒”，还有“昭武甲卒”，也有“中营甲卒”，可知除了“左部外营觻得甲卒稾名籍”，该探方还散落着其他番号部队的稾名籍，“右第十伍长”简很可能就出于此。如不误，则可说明：其一，驻守居延的甲卒严格按什伍编制，每伍均有数字编号以示区分；其二，甲卒稾名籍按照什伍编列，这与秦汉户籍的编排形式相似。

除了甲卒名籍，地湾汉简中还出土有骑士名籍，大庭修对此作了集成复原[①]，其中虽未见有骑士什伍编制的资料，但从其所举敦煌汉简“骑士作簿”中10名骑士分一组劳作的情况推测，当时的骑士至少也应是按什编组的。[②]

与“右第十伍长”同探方的还有一枚木简，记曰“什长耿凤及歆同产弟

① ［日］大庭修：《地灣漢簡中の騎士簡冊》，收入氏著：《漢簡研究》，东京：同朋舍，1992年，第82～107页。中文版参徐世虹译《汉简研究》，广西师范大学出版社，2001年，第70～90页。

② 蓝永蔚曾经指出，“伍”是先秦时期步兵的基本编制单位，伍中诸卒各持长短兵器、相互配合，形成一个战斗整体（《春秋时期的步兵》，中华书局，1979年，第110～123页）。秦汉时期，骑兵作战日益普遍，其作战方式不同于步兵，其组织形式是参照步兵什伍并用，还是另有编制，值得进一步讨论。

田卒马适恭辞皆曰歆素贫□”（86EDT5H：47），简文前后残断难以复原事件全貌，这里的“什长”与“田卒”一并出现，或可证彼时边塞田卒亦有什伍组织。

9. 马圈湾汉简

马圈湾汉简中有关于“伍”和“符”的资料：

> 无部署须具伍任乃予符盗符者数请其罪任者皆为不从作其无任者勿予符恶子为不从作（214）
>
> 诸恶子受符即欲夜出皆诣近所乡官亭吏言欲夜出报乃得夜出（386）

张德芳认为以上二简应出自同一简册，应是外出旅行者申领“符”即通行证的规定[①]，大意是说取符者必须有伍人担保，否则不得取符，偷盗“符”者依律治罪。孙宁认为，此处提到的“符”应是汉代军中使用的伍符。[②]此说似不确，简文中申领“符”虽然要伍人作保，但是做通行证之用，与军旅中“伍符”的用途显然有别。

10. 仪征胥浦《先令券书》

根据整理者介绍，这批出土于江苏仪征101号墓的书简共16枚，自名《先令券书》，内容是西汉元始五年（5）西汉男子朱凌临终前为分配财产而立的遗嘱。文首提及订立遗嘱时，朱凌所请的“公证人”名单：

> 故请县、乡三老、都乡有秩、左、里师、田谭等为先令券书。

文末又提及：

> 时任知者，里师、伍人谭等及亲属孔聚、田文、满真。

以上句读参陈平、王勤金的意见，将“里师”和“田谭”点断，但其文又

---

① 张德芳：《敦煌马圈湾汉简集释》，甘肃文化出版社，2013年，第430页。

② 孙宁：《再论西北汉简中的“符”》，载邬文玲、戴卫红主编《简帛研究二〇一八》（秋冬卷），广西师范大学出版社，2019年，第262～263页。

认为田谭既是朱凌一家的同伍之人，又是该里的“里师”。[①]考虑到文中“县、乡三老、都乡有秩、左”均不记姓名，故“里师”或与伍人田谭可能并非一人。[②]

11. 甘谷汉简

甘谷汉简共23枚，1971年出土于甘肃省天水市甘谷县一刘姓宗室墓，简文内容是汉桓帝延熹二年（159）向州郡县颁布的维护宗室利益的诏书。诏书前半部分转录了宗正卿刘柜的上书，其中列举了一些地方官府侵渔刘姓宗室权益的行为：

> 广陵令解登、巨鹿鄡守长张建、广宗长□、福登令曹掾许敦、门下吏肜石、游徼龙进、候马徐、沙福亭长樊赦等，令宗室刘江、刘俞、刘树、刘举等，着赤帻为伍长，守街治滞。谥（简10）

指出地方官吏役使刘姓宗室“着赤帻为伍长，守街治滞”。张学正认为“伍长”即是居民什伍组织中的伍长，他们头戴象征“卑贱执事”的红头巾，守街纠察、治理不轨。[③]肖亢达进一步指出，东汉宗室有复除“不给卒伍”的特权，故令宗室“着赤帻为伍长”，是亵渎宗室、侵犯宗室“复除”特权的违法行为。[④]李明晓认为“伍长”即什伍组织的一伍之长，刘江等担任伍长，

---

① 陈平、王勤金：《仪征胥浦101号西汉墓〈先令券书〉初考》，《文物》1987年第1期。

② 李解民注意到简文摹本中“县乡三老都乡有秩左”与“里师田谭”之间留有一大段空白，前者俱不载姓名，只有里师姓名齐全，这种情况不合常理，进而认为简书抄录者已对原简进行了删削（参其文《扬州仪征胥浦简书新考》，收入长沙市文物考古研究所编《长沙三国吴简暨百年来简帛发现与研究国际学术研讨会论文集》，中华书局，2005年，第451～452页）。

③ 张学正：《甘谷汉简考释》，载甘肃省文物工作队、甘肃省博物馆编《汉简研究文集》，甘肃人民出版社，1984年，第107页。

④ 肖亢达：《甘谷汉简与东汉后期社会政治》，《考古与文物》1989年第6期。

暗示这些宗室已著籍于当地成为编户齐民。[①]

12.青海大通孙家寨汉简

根据整理者的意见，孙家寨汉简的内容大致可分为两类：甲类是兵法，乙类是军法、军令，最后附有目录一篇，并推测这些应是当时通行的、供军事人员习诵遵照的抄本。其中有一些与军中什伍相关的规定：

☐□□□□为□捕令令曰伍人□☐（74）

☐五人曰伍☐（126）

☐干行，伍长斩，什☐（293）

色别，五百以旃上齿色别，士吏以下旃下齿色别，什以肩章别，伍以肩左右别，士以肩章尾色别（374）

整理者将简74归入军法、军令，其余三简均是兵法中列阵行伍之法。[②]李零关注简文所载军队编制问题，他参考传世文献，对汉代军队编制作了复原，指出汉代军制兼用二进制与五进制两种进制，“伍”以上既有“二伍为什”的编制，又有“五五为两”的编制。[③]汪桂海则认为，汉代军制主要是五进制，个别地方辅以二进制，所谓“五五为两”实际上是车兵的编制原则，步兵或骑兵则是“二伍为什”。[④]

13.长沙五一广场东汉简牍

五一广场东汉简牍是东汉早中期长沙郡临湘县的官府档案文书，其中有大量与司法相关的内容，涉及刑事、民事、诉讼等。与什伍制相关的资料，

① 李明晓：《甘谷汉简集释》，简帛网，2010年9月25日，http://www.bsm.org.cn/?hanjian/5458.html。

② 陈公柔等：《青海大通马良墓出土汉简的整理与研究》，载《考古》编辑部编《考古学集刊》第5辑，中国社会科学出版社，1987年，第293～315页。

③ 李零：《青海大通县上孙家寨汉简性质小议》，《考古》1983年6期。

④ 汪桂海：《汉代军队编制、军阵及二者之关系》，载杨振红、邬文玲主编《简帛研究二〇一五》（春夏卷），广西师范大学出版社，2015年，第142～151页。

集中出现在一份名为《守史勤言调署伍长人名数书》的文书中，周海锋[①]、马力[②]、杨小亮[③]先后作了集成、复原。马力认为这份文书是由临湘县下3个亭部调署伍长名籍以及守史“勤”的上行文书组成，当时临湘县下各亭部有大、小伍长服役，参与本地司法活动，执行看守系囚、往来走使和监视嫌疑等任务，又指出秦汉基层的伍长并非一时一地的临时设置，而是地方县道依据朝廷律令所设，属于古代国家常制的范畴，由此亦可证池田雄一关于汉代伍长为郡县地方长官是出于施政需要而临时设置的观点并不准确。除此，在五一简其他一些诉讼案卷中，常会记录县廷传唤与涉案人“相比近知习”的民户。袁延胜认为这些很可能是同伍之人，反映出汉代地方行政中延续了商鞅变法时“令民为什伍，而相牧司连坐”的做法。[④]

以上研究均倾向于将五一简中的“伍长”理解为居民什伍编制中的负责人。但从所涉材料来看，又似有扞格难通之处：首先，从伍长的职能来看，它已然脱离基层什伍本身，而是为县、亭等机构役使参与司法案件的调查工作，另据上举甘谷汉简可知，伍长有时还需承担“守街治滞”的任务，这其实也与什伍组织关系不大；其次，在县廷传唤证人时，按照秦及汉初伍人连坐的规定，“伍长”及“伍人”应当是关系最密切的责任人，但在五一简的这种场合中，反倒不见这两种称呼的出现，而是笼统称作“相比近知习”，这种现象似乎颇为反常。

---

① 周海锋：《〈长沙五一广场东汉简牍〉文书复原举隅（二）》，简帛网，2020年4月16日，http://www.bsm.org.cn/?hanjian/8241.html。

② 马力：《五一广场简延平元年守史勤言调署伍长人名数书复原——兼论东汉临湘的伍长与地方司法》，载王沛主编《出土文献与法律史研究》第十辑，法律出版社，2021年。

③ 杨小亮：《五一广场东汉简牍册书复原研究》第三章第四节“守史勤言调署伍长人名数书”，中西书局，2022年，第130～138页。

④ 袁延胜：《长沙五一广场东汉简牍中的户籍问题》，载邬文玲、戴卫红主编《简帛研究二〇二〇》（秋冬卷），广西师范大学出版社，2021年，第317～319页。

14. 长沙东牌楼东汉简牍

长沙东牌楼东汉简牍中有一批东汉末年的“残户籍文书”，其中有一断简，记曰：

右 五 户 同 伍☐ （83）

另有4枚户籍文书。张荣强认为，如果能确定简83与这4枚户籍简的内在关联，则可说明这批简牍是先写后编。[①]由此，似乎可以推论东汉户籍是按“伍”编排的。

15. 长沙走马楼三国吴简

长沙走马楼三国吴简是孙吴长沙郡临湘侯国的官府档案文书，在目前已刊布的《田家莂》《竹简》诸卷内容中，并未见“什长”“伍长”相关资料，但其中多次出现“岁伍”“月伍”“比伍”等身份引起了学界注意。据粗略统计，这些身份在户籍类简、仓库账及“守录简”中多次出现，是物资的缴入者和“守录”者，同时也是编户民。其中岁伍和月伍还在“户品出钱简”“隐核州郡吏及私学木牍”“粢田简”中屡有出现。

黎石生较早对这些身份作了考察，认为岁伍和月伍均是户籍身份，从岁伍可“领”七八十户的情况推测，岁伍的“伍”并非居民什伍组织，而是“卒伍编制”，他们是戍边一岁、返回乡里的士卒，官府为了酬功，因而赋予其领民之权；月伍则是“给郡县一月而更”者，与一般编户民差异不大。作者还发现有“比伍”“亭伍”的身份，但限于史料，并未展开详考。[②]

沈刚认为岁伍、月伍是丘的管理者，二者分工不同，岁伍主要管理丘中的民户；月伍则负责土地管理，并且有时还要负责代缴本丘居民的赋税。[③]

---

① 张荣强：《长沙东牌楼东汉“户籍简”补说》，《中国史研究》2008 年第 4 期。

② 黎石生：《走马楼吴简所见“士伍”、“岁伍”、“月伍”考》，《史学月刊》2008 年第 6 期。

③ 沈刚：《走马楼吴简所见“岁伍”“月伍”新解》，《鲁东大学学报》（哲学社会科学版）2011 年第 5 期。

这一观点似乎可与新近公布的五一广场简相互参看，其中有“今年五月斗为其丘小伍长”（木两行 2010CWJ1③：282-14+283-84）的例子，这或可说明，东汉中期临湘地区的大、小伍长很可能也是按丘设置的。

孙闻博对黎石生的观点作了补正，认为从徭役制度和相关职能来看，岁伍和月伍不太可能是服更役者，而更像是“政府将居在丘上民户也以‘伍’编制后具体事务的负责者”，岁伍在某些出纳简中被记作“男子”或“大男”，这说明其身份本质上与普通百姓无异。此外，“比伍”并非秦汉文献中的“同伍之人”，而应是一种单独的身份；“亭伍”则是在亭中服杂役的百姓。[①]戴卫红考察吴简中的亭制时也认为“亭伍”即是亭中级别低下的吏役。[②]

关尾史郎在考察临湘侯国籍簿文书的制作时，注意到里魁制作的普通吏民簿已无法有效地掌握户口，因而官府在调查、核实“诸吏父兄子弟”和“方远授居民”的户口信息时，都是通过乡劝农掾指挥岁伍负责完成，在这个过程中未见到按里制作吏民簿的里魁的身影。[③]王彦辉同样注意到了这一现象，但他将原因归结于“乡-里”与“乡-丘”体制不同，指出孙吴时期，乡之下以丘为单位分作若干部，岁伍可能是掌管一部若干丘的事务，月伍则只负责一丘，这与传统乡辖若干里并非同一系统。[④]

---

① 孙闻博：《走马楼吴简所见乡官里吏》，原载长沙简牍博物馆、北京大学中国古代史研究中心、北京吴简研讨班编《吴简研究》第 3 辑，中华书局，2011 年，第 278 ～ 286 页。后更名为《走马楼吴简所见“乡”的再研究——兼论孙吴时期的乡官里吏》，收入长沙简牍博物馆编《走马楼吴简研究论文精选》下册，岳麓书社，2016 年，第 435 ～ 455 页。

② 戴卫红：《魏晋南北朝时期亭制的变化》，《社会科学战线》2016 年第 2 期。

③ ［日］关尾史郎：《簿籍の作成と管理からみた臨湘侯國—名籍類を中心として—》，载［日］伊藤敏雄、窪添庆文、关尾史郎编《湖南出土簡牘とその社會》，东京：汲古书院，2015 年。中文版参杨振红译《从簿籍的制作与管理看临湘侯国——以名籍类为中心》，载杨振红、邬文玲主编《简帛研究二〇一六》（春夏卷），广西师范大学出版社，2016 年，第 323 ～ 337 页。

④ 王彦辉：《聚落与交通视阈下的秦汉亭制变迁》，《历史研究》2017 年第 1 期。

凌文超复原了吴简中的“上中下品户数簿”，发现这份籍簿是以乡为单位编排，其中每乡的籍簿又是由若干岁伍所领的户品户数简组合而成。[①]鹫尾祐子在此基础上，厘清了“限佃名籍”与岁伍之间并无直接关系。[②]

马智全在梳理秦汉以来伍制相关史料的基础上，认为“伍”在三国时期已经演变为一种基层吏役，所领民户不拘于数，故在吴简中会出现岁伍领民数十户的状况。岁伍和月伍职务不同，所领户数与负责事务有别，但均是低级吏役。[③]赵义鑫也认为，什伍制度虽然在两汉长期存在，但从吴简中看不出以“伍”编制民户的迹象，因此“岁伍”“月伍”与什伍制度关系不大，应被视作是孙吴基层的“役职”，他们身份低微，没有固定的职权，只是奉乡劝农掾之命行事。[④]

16.《张景碑》

此碑亦称《张景造土牛碑》，刻于延熹二年（159）。碑文记述南阳郡宛县官府同意张景包修土牛等相关设施，以免除其家世代劳役之事。其中言：

> 愿以家钱，义作土牛，上瓦屋、栏楯什物，岁岁作治。乞不为县吏、列长、伍长、征发小徭。审如景［言］，施行复除，传后子孙。[⑤]

山田胜芳结合传世文献及睡虎地秦简、甘谷汉简中对伍长、列长的记述，认为东汉时期伍长已经沦为贱役，不仅在社会地位上为人所轻视，而且可能需要承担代缴赋役的任务，因此，无论是从名誉还是经济角度考虑，

---

① 凌文超：《走马楼吴简上中下品户数簿整理与研究——兼论孙吴的户等制》，《中国经济史研究》2016 年第 3 期。

② ［日］鹫尾祐子撰，刘峰译：《长沙走马楼吴简中的“限佃”名籍》之“追记”部分，载杨振红、邬文玲主编《简帛研究二〇一七》（秋冬卷），广西师范大学出版社，2018 年，第 332 ～ 333 页。

③ 马智全：《伍 · 伍长 · 岁伍、月伍》，载长沙简牍博物馆编《长沙简帛研究国际学术研讨会论文集》，中西书局，2017 年，第 229 ～ 235 页。

④ 赵义鑫：《临湘居民的生活空间——走马楼吴简所见丘与乡里问题研究》附录“吴简所见乡以下基层管理者”，陕西师范大学硕士学位论文，2019 年，第 99 ～ 114 页。

⑤ 录文及句读参高文：《汉碑集释》（修订本），河南大学出版社，1997 年，第 227 ～ 228 页。

当时有权势者都避免服这种杂役。[①]

17.洛阳东汉刑徒墓砖

1964年，在河南省洛阳市东郊汉魏洛阳故城南郊，考古发掘了522座东汉刑徒墓，其中发现了总计约820枚刑徒墓砖。墓砖铭文中多记有“无任”“五任”的字样，如：

右无任南阳南乡鬼新张伯永宁元年五月十六日死（P4M37：2）

右部五任河东皮氏司寇荆石代荆元延平元年□月廿三日物故（T2M3：2）[②]

富谷至参考马圈湾汉简（参上文）及《隋书·刑法志》所载梁制，认为“无任”与“五任”是指该刑徒有无原籍地同伍之人保任，这关乎刑徒劳作时是否佩戴刑具。[③]于振波的观点与富谷至大致相同。[④]刘欣宁认为，汉代的刑徒除了司寇，在判决生效后就会与户籍地切断联系，成为“无籍之人”，刑徒砖上所著录的县名，均应视作是刑徒原本所系之县狱。[⑤]然而，从“五任”的角度看，其中一些刑徒与原籍地似乎仍存有联系，至少与原来的同伍之人可能还存有法律上的责任连带关系。

---

① ［日］山田胜芳：《秦漢財政收入の研究》第四章“徭役·兵役”，东京：汲古书院，1993年，第309～311页。

② 引文参中国社会科学院考古研究所编著：《洛阳故城南郊东汉刑徒墓地》附表三《刑徒墓志砖铭文登记表》，文物出版社，2007年，第104、117页。

③ ［日］富谷至：《秦漢刑罰制度の研究》第二编第一章“刑徒墓の概要と分析”，东京：同朋舍，1998年，第95～108页。中文版参柴生芳、朱恒烨译《秦汉刑罚制度研究》，广西师范大学出版社，2006年，第55～67页。

④ 于振波：《“无任”与“五任”》，《华南师范大学学报》（社会科学版）2006年第2期。

⑤ 刘欣宁：《秦漢時代の戸籍と個別人身支配：本籍地に関する考察》，《史林》95（6），2012年。中文版见同氏《秦汉时代的户籍与个别人身支配——关于户籍地的考察》，载周东平、朱腾主编《法律史译评》（2014年卷），中国政法大学出版社，2015年，第86～111页。

18. 玉门花海晋简

2002年6月，甘肃省文物考古研究所对玉门花海毕家滩十六国墓葬群进行抢救性发掘，在M24的棺木盖板里侧发现贴有《晋律注》的纸文书，据整理者披露，其中有一些伍制相关资料：

□同伍罪二等

满五人也若满五人以□□当五□

其将吏□伍长不能捕得罚？金？

其□伤伍人罚金一斤

曹旅宁、张俊民认为，这几条《晋律注》可与张家山汉简《二年律令·捕律》中的内容相参看。[①]

（三）综合性研究

随着出土文献日益丰富，一些学者尝试从长时段、整体性地探讨什伍制度的发展。张信通指出，伍长、什长源于春秋时期军事制度的变革，战国基层社会实行兵农合一制，伍长、什长兼有军事和民政职能；战国后期，多数诸侯国基层的里中普遍设置伍长、什长；秦统一六国后，将其基层体制推行于全国；秦汉时期里中的伍长和什长是低级里吏，承担着大量行政事务，是地方行政制度重要内容。[②]符奎则主要探讨了秦及西汉闾里编伍原则的演变，认为商鞅变法什伍连坐制以后，闾里内的居民被编制于伍内，从目前的资料看不存在根据爵级不同将里内居民分区编伍的情况。高爵者虽然最初不在编列范围，但是随着爵制逐渐轻滥，编伍原则也逐渐向高爵扩展。[③]张荣强则

---

① 曹旅宁、张俊民：《玉门花海所出〈晋律注〉初步研究》，《法学研究》2010年第4期。后收入王沛主编《出土文献与法律史研究》第一辑，第274～297页。

② 张信通：《先秦秦汉的伍长和什长》，《六盘水师范学院学报》2014年第1期。

③ 符奎：《秦西汉闾里编伍原则浅识》，载杨振红主编《代地历史文化论集》，广西师范大学出版社，2018年，第88～92页。

注意到秦汉魏晋南北朝时期户籍制度与什伍制度的互动关系，指出户籍制度从春秋战国时期确立开始就与什伍制度联系在一起，民户原则上均需按照居住比邻的原则著录到户籍上。但什伍制度同时又是相对独立的，在人口流动频繁的时期，登录伍内人户信息的“伍符”可以起到管控、排查流动人口的重要作用，与登载本地人户的户籍相辅相成。伍符与户籍可能与东晋时期盛行的白籍与黄籍存在某种渊源关系。①

二、南朝符伍制、北朝三长制研究述评

（一）南朝符伍制

韩国磐指出，南朝“符伍之坐”上承汉魏旧制，通过伍家连坐的方法控制民户，本质上是检括户口之法，但政治上享受特权的南朝士族一般不编入符伍。②

增村宏是较早对东晋南朝符伍制作系统研究的学者，他从《宋书·王弘传》所载朝廷对于士人在符伍制中是否连坐的议论入手，对史料作了详细的译注，并在此基础上广泛搜集符伍制相关资料，对这项制度的渊源、施用场合及其与乡里制度的关系等方面作了细致探讨。增村氏认为，“符”在秦汉以来多被视作凭证之意，故符伍制中的“同符”是指在同一“符”上签署姓名，以明确连带责任，这是其制度的核心，至于组成“符伍”的户数是否一定为5户则非重点问题。符伍制在居民丧葬、征发赋役以及处理盗窃、抢劫案件等场合均可发挥

---

① 张荣强：《西晋户籍制度再考——以〈太平御览·文部·札〉引〈晋令〉为中心》，载高翔主编《中国历史研究院集刊》2021 年第 1 辑（总第 3 辑），社会科学文献出版社，2021 年，第 1 ～ 33 页。

② 韩国磐：《南朝经济试探》，上海人民出版社，1963 年，第 99 ～ 100 页；亦见于氏著：《南北朝经济史略》，厦门大学出版社，1990 年，第 82 页。

作用，但其执行尺度与力度会根据地域的不同而有所差异。此外，作者还关注了符伍制与乡里制的关系，指出东晋南朝时期自然聚落（村）与传统里制并行，同村不同里、同里不同村的情况较为常见，因而出现了“里伍”和“村伍”的说法。在黄、白籍分立的情况下，可能出现“同伍不同里”的混乱情况，随着桓温、刘裕的土断，乡里户籍得以整顿，则“同乡邻伍皆为邑里”。[①]

川合安从贵族制的角度观察《王弘传》中关于“同伍犯法”的记载，认为这样的讨论会在刘宋时期出现，正是说明当时贵族制已然面临挑战，促使贵族采取防卫姿态以维护自身利益。[②]

齐涛同样关注到东晋南朝“村”的兴起，认为东晋南朝对村的管理继承了两汉时期对里内居民的管理方式，也实行什伍相连，一人犯罪，往往会波及全村。[③]

李天石通过对《宋书·王弘传》中相关史料的分析，指出南朝社会虽然号称“士庶天隔”，但在法律规定层面，士庶之间在量刑标准上并无区别。在符伍制中，士人的特权仅限于“不传符”，这并不等于免除同伍连坐，宋文帝时朝堂辩论的结果再次强调了这一点，但同时也提出士人可以奴客当罪，若无奴客，则可以以钱赎罪。[④]

吴海燕、冯殿羽力图结合时代背景探讨符伍制度，指出魏晋南北朝“什伍”之制是在社会动荡、人口流亡严重的大背景下实施的，其目的是为了控

---

① ［日］增村宏：《宋書王弘伝の同伍犯法の議論》，《鹿児岛大学文理学部研究纪要文科教告》4，史学编 1，1955 年；《晋南朝の符伍制》，《鹿大史学》4，1956 年。

② ［日］川合安：《南朝・宋初の「同伍犯法」の論議》，《集刊东洋学》（67），1992 年，第 99 ～ 110 页。后收入氏著：《南朝贵族研究》，东京：汲古书院，2015 年；中译本参柴栋译《南朝贵族研究》第四章“南朝宋初的‘同住犯法’议论”，复旦大学出版社，2022 年，第 93 ～ 112 页。

③ 齐涛：《魏晋隋唐乡村社会研究》，齐鲁书社，1995 年，第 51 ～ 52 页。

④ 李天石：《试论南朝奴客的身份问题——以刘宋符伍问题的讨论为中心》，《南京晓庄学院学报》2001 年第 3 期。

制乡村户口、保证国家赋役收入，拥有以下时代特征：地方官可在任地内废立什伍之制；什伍之制的本质是什伍连坐，南朝“符伍”之“符”，应当是伍内民户共同签署的一份联保、连坐契约，这种制度广泛推行于乡村里落；什伍制度在基层推行过程中出现许多问题，统治者也根据情况适时调整尺度。[①]

章义和、张剑容认为，东晋南朝时北方人口大量涌入江南，造成了旧有乡里制度的瓦解和混乱，同时也促使新的聚落形式“村”逐渐兴起，官府重整乡里的努力收效甚微，转而开始承认“村”存在，进而赋予其行政职能，伍制也在此时开始由传统乡里扩展至自然村落，基层行政组织及乡村户籍由此得以整顿。此外作者还注意到，刘宋时期符伍制从中央而言只是弘以大纲，在不同地域存在着不同的实施内容，权以时事，在置废和连坐标准上有一定的灵活性。[②]

刘淑芬在研究南北朝佛教信仰组织时发现，在北朝造像记中屡屡见到的“义邑”组织，在南朝几乎不见其踪，她将原因归结于南朝符伍连坐制的发达，认为南朝民众慑于连坐之威，不会自行组织宗教团体给自己增添麻烦，而北朝在北魏孝文帝之前，几乎未见到实行符伍制的迹象，相对宽松的社会氛围使“义邑”组织得以发展。就符伍制本身而言，作者认为其名来源于同伍居民持有的凭证“符”，士人虽然不必持符，但需承担连带责任，称作“押符”，然而随着贵族制的发展，士人逐渐得以不受连坐制约。符伍制度除了强化基层治安，还有催督赋役、维持礼法的功能，但其实行范围似乎仅集中于三吴和会稽地区，都城建康则由于人口密集、流动性大，因而不便实行。[③]

---

① 吴海燕、冯殿羽：《魏晋南北朝“什伍”之制与乡村社会控制》，《郑州大学学报》（哲学社会科学版）2003 年第 2 期。相关观点亦见于吴海燕《魏晋南北朝乡村社会及其变迁研究》，郑州大学博士学位论文，2003 年。

② 章义和、张剑容：《关于南朝乡村研究的几个问题》，载牟发松主编《社会与国家关系视野下的汉唐历史变迁》，华东师范大学出版社，2006 年，第 188 ～ 212 页。

③ 刘淑芬：《从造像碑看南北朝佛教的几个面向——石像、义邑和中国撰述经典》，载林富士主编《中国史新论·宗教史分册》，联经出版事业公司，2010 年，第 217 ～ 258 页。

（二）北朝三长制

三长制是北魏太和年间孝文帝改革时所创的制度，此后东魏、北齐，西魏、北周损益继承，直至隋开皇九年（589）复立乡正、里长时方才废止。学界对于三长制的关注由来已久，主要集中在三长制的施行时间、三长制与均田制的关系、三长制的成效、三长的名称与地位等4个方面。其中前两方面联系极为密切，故本节亦将相关成果合而述之。[1]

三长制与均田制联系密切，因此考订三长制的施行时间，必须考虑其与均田制孰先孰后的问题。然而关于这一点，《魏书》的记载却存在自相矛盾之处：《高祖纪》称行均田在太和九年（485）十月，立三长在次年二月；但据同书卷五三《李安世传》，均田制的颁行应晚于立三长，而《南齐书·魏虏传》却有永明三年（485，北魏太和九年）立邻、里、党三长的记载。面对史料歧异，学者们展开了热烈讨论，总结来看，大致有以下两种观点。其一为"均田先行说"，池田温[2]、韩国磐[3]、魏明孔[4]主要持此观点，他们信从《魏书·高祖纪》的说法，认为北魏君臣在颁行均田令后，深感若无严密基层制度，则难以推行均田，因而其后推行三长制以整顿户籍。堀敏一亦赞同均田先行，只不过他认为均田制的真正施行时间应在太和十二年至十四年（488—490），三长制则要更靠后。[5]其二为"三长先立说"，志

---

① 关于北魏三长制的学术史，侯旭东已有精当总结，见其《北朝"三长制"四题》（《中国史研究》2002年第4期），李娜在其基础上又增补了内容。因此本节在撰写时主要参考了以上两位学者的成果。

② ［日］池田温著，龚泽铣译：《中国古代籍帐研究》，中华书局，1984年，第103页。

③ 韩国磐：《北朝隋唐的均田制度》，上海人民出版社，1984年，第86～88页。

④ 魏明孔：《北魏立三长、行均田孰先孰后》，《西北师大学报》（社会科学版）1991年第2期。

⑤ ［日］堀敏一著，韩国磐译：《均田制的研究》，福建人民出版社，1984年，第113～115、128、133～134页。

田不动麿[①]、缪钺[②]、朱绍侯[③]、高敏[④]、杨际平[⑤]先后撰文论证，他们信从《南齐书·魏虏传》的记载，认为三长制立于太和九年。唐长孺亦赞同三长先立，只不过他将三长制系于太和十年（486），而均田制则晚至太和十四年。[⑥]侯旭东评述以上诸说，征引松本善海[⑦]和武仙卿[⑧]的观点，否定了"太和九年立三长说"，解决了"太和十年立三长说"在文献层面存在的矛盾，进而论证了"均田先行说"的合理性。[⑨]李娜赞成侯旭东的观点，并作了进一步论证。[⑩]

关于三长制的成效，史无明载，学者通过比对三长制施行前后的户籍数据，往往持肯定态度。周一良以北魏淮北郡县为例，说明三长制、均田制和新租调制实行后，确曾达到了"苞荫之户可出"的目的。[⑪]侯旭东指出，三长制实

---

① ［日］志田不动麿：《北魏三长制制定年代考略》，《历史学研究》3卷6期，1935年，第63～66页。

② 缪钺：《北魏立三长制年月考》，收入氏著：《读史存稿》，生活·读书·新知三联书店，1963年，第49～50页。

③ 朱绍侯：《魏晋南北朝土地制度与阶级关系》，中州古籍出版社，1988年，第139页。

④ 高敏：《北魏三长制与均田制的实行年代问题辨析》，《史学月刊》1992年第5期。

⑤ 杨际平：《北魏太和前后若干史事考辨》，《北朝研究》1991年上半年刊。

⑥ 唐长孺：《北魏均田制中的几个问题》，收入氏著：《魏晋南北朝论丛续编》，生活·读书·新知三联书店，1959年，第16～20页。

⑦ ［日］松本善海：《北魏における均田·三长两制の制定をめぐる诸问题》，原刊于《東洋文化研究所紀要》第10册，1956年。后收入氏著：《中国村落制度の史的研究》，东京：岩波书店，1977年，第281页。

⑧ 武仙卿：《北魏均田制度之一考察》，《食货》第3卷第3期，1936年。

⑨ 侯旭东：《北朝"三长制"四题》，《中国史研究》2002年第4期。

⑩ 李娜：《北魏三长制研究》，延安大学硕士学位论文，2015年。

⑪ 周一良：《从北魏几郡的户口变化看三长制的作用》，原载《社会科学战线》1980年第4期。后收入氏著：《魏晋南北朝史论集》，北京大学出版社，1997年，第369～383页。

行后，从太和十年至十四年，朝廷搜括民户60多万口，其成效可见一斑。[①]周国林[②]、齐涛[③]认为三长制不仅隐括出大量户口，保证了政府赋税徭役征发的基础，同时也取代了宗主督护制，起到了稳定基层社会组织的作用。高贤栋、乔增贤同样注意到三长制在政治、经济、治安、教化等层面发挥的积极作用。[④]

关于三长的名称，一般认为即是邻长、里长与党长，但松本善海根据《隋书·食货志》的记载，十分敏锐地指出这一称呼存在地域性差异：京畿地区称“三正”，外州称“三长”。[⑤]侯旭东根据北朝造像记资料，认为制度上虽有此差异，但在实际操作过程中执行得并不严格，此外，他还指出“三长”在实际乡村生活中地位不高，且赋役负担十分沉重，故难以对地方豪强形成吸引力。[⑥]

总结与展望

综上，20世纪以来秦汉魏晋南北朝什伍制的研究，总体出呈现以下特点。

（一）研究起步较早

早在20世纪80年代之前，就有不少学者深入发掘传世史料，对秦汉乃至魏晋南北朝的什伍制度作了细致的研究，当时的论题主要集中在秦商鞅

---

① 侯旭东：《北朝“三长制”四题》，《中国史研究》2002年第4期，第39页。

② 周国林：《关于三长制历史作用的评价》，《华中师范大学学报》（哲学社会科学版）1990年第2期。

③ 齐涛：《魏晋隋唐乡村社会研究》，齐鲁书社，1995年，第17～35页。

④ 高贤栋、乔增贤：《十六国北朝政府对乡村社会的权力渗透——以乡村行政组织为中心的考察》，《鲁东大学学报》（哲学社会科学版）2007年第2期。

⑤ ［日］松本善海：《北魏における均田·三长两制の制定をめぐる諸問題》。

⑥ 侯旭东：《北朝“三长制”四题》，《中国史研究》2002年第4期，第43～46页。

变法后的什伍制的实行、东晋南朝贵族制和村制对于符伍制的影响以及北魏三长制的确立这几个重要的历史节点上。除了池田雄一，少有学者关注两汉时期什伍制的情况，整体性梳理秦汉魏晋南北朝什伍制度发展的研究亦不多见，史料阙如自然是重要原因之一。

（二）出土简牍大大推进研究进展

20世纪80年代后，出土简牍尤其是其中律令简的渐次刊布，激发了中外学界讨论秦及汉初什伍制度的热潮，相关论文不断涌现，从法律史角度探讨什伍制度的成果颇为引人注目。这一时期研究的特点，往往是以某一批次简牍为中心进行探讨，所涉及的问题点及研究时段都相对集中。仍以秦汉律令简为例。由于睡虎地秦简、张家山汉简、岳麓书院藏秦简以及新近公布的胡家草场简，均集中在秦及汉初这个时段，其中与什伍制资料又多与连坐制有关，因此相关研究就大都集中在秦及汉初什伍连坐制这一问题上。至于什伍制在两汉的发展，以及什伍制可能衍生出的其他功能，目前来看依然有待进一步研究。而对于缺乏新材料刺激的南北朝符伍制、三长制研究，进入21世纪以来则逐渐走向沉寂。此外，这一时期整体性、系统性探讨什伍制度的专题论文依然不多。

（三）新材料衍生出新问题

其中典型者，如走马楼吴简中出现的“岁伍”“月伍”称谓，二者均以“伍”为名，与什伍制度有何关联？再如五一广场简中在县乡间奔走的“大、小伍长”，以及甘谷汉简中“守街治滞”的“赤帻伍长”，他们是否可被径视作居民什伍编制中的伍长？若是，他们为何会从事脱离什伍的日常工作；若否，他们与传统的“伍长”又有何关系？这些由新材料带来的新问题，在传世文献中似乎很难找到满意答案，如何将其嵌入什伍制度发展的历史线索中，或许会成为研究者面临的一个挑战。

纵观中古时期什伍制度的发展史，我们不难发现，什伍制度的诞生与发展总是与历史演进的趋势息息相关。春秋战国之际，战争烈度的提升促使各国扩大征兵范围，军政合一体制流行，模仿军中什伍编制国、野居民的制度由此出现。至于商鞅变法，为了配套田制、邑制改革，正式在乡里确立了什伍连坐制。时至南朝，官府推行的符伍制也是为了应付民户逃亡日增、税源流失的局面。值得一提的是，唐代中后期为了掌控流民，也是利用伍保组织的"保簿"来统计相关信息。[①]可以说，什伍制度的每一次重整和强化，均与国家控制人口、增加赋役收入的意图密切相关。如果以此思考两汉时期什伍制的发展情况，是否会对我们有所启发呢？据学者研究，两汉时期尤其是东汉中期以后，天灾战乱叠加，致使流民问题日益严重，皇帝不断下达诏令要求郡县妥善安置流民。[②]随着人口流动加剧，新兴自然聚落萌生，传统的乡里制开始出现瓦解的迹象，五一广场简及走马楼吴简中大量出现的"丘"就是其例，这种现象也意味着以乡-里体系编制的户籍已不能满足新兴聚落的管理需求，那么按地域编制民户的什伍组织是否会成为官府掌控流动人口的新工具呢？实际上已有学者注意到这点，如上举王彦辉的研究就提出乡-里系统与亭-丘系统并行的构想，张荣强亦强调登载伍内人户的信息"伍符"对于户籍管理的辅助性作用。如此，将什伍制度与户籍制度、地域单位与户籍单位联系起来考虑的思路，可能会成为探索两汉什伍制度的突破口，并与南朝符伍制，乃至唐代伍保制的研究相互发明，进而使构筑汉唐什伍制度发展的完整脉络成为可能，也可为思考汉唐时期的制度演进及社会发展提供重要的线索。

---

① 唐长孺对此问题有过探讨，详参其文《唐代的客户》，收入氏著：《山居存稿》，中华书局，2011 年，第 147 ～ 152 页。

② 罗彤华：《汉代的流民问题》，学生书局，1989 年。

近 20 年道教研究对中古史研究的贡献

张　真

中古时期，道教成为社会宗教信仰的主要内容之一，对中古的政治、社会乃至民众生活产生了深刻影响。2004 年，刘屹以《近年来中国道教研究对中古史研究的贡献》[①]一文，向中古史学界介绍了中外道教研究的重要成果。近年来道教研究的持续深入，进一步加深了学界对道教的认识。[②]因此，系统展示近年来中古道教研究的成果颇为必要。本文试图延续刘屹教授的工作，选取2004年以来近20年间具有代表性的道教研究成果，展示

① 刘屹：《近年来中国道教研究对中古史研究的贡献》，《中国史研究动态》2004 年第 8 期，第 12 ～ 20 页。

② 关于国内外近年来的道教研究，可参看历年出版之《中国宗教研究年鉴》。此外如程乐松：《借镜与对话：汉语视野中的法国道教研究》，《国际汉学》2012 年第 1 期，第 247 ～ 278 页；［日］山田俊：《日本道教研究的最新动态》，载方立天主编《宗教研究》，宗教文化出版社，2009 年，第 227 ～ 239 页；高志华、张丽娟：《日本学者的道教研究趋势述论》，载陈鼓应主编《道家文化研究》第 25 辑，生活 · 读书 · 新知三联书店，2010 年，第 533 ～ 556 页；韩吉绍：《道教史学百年：大势与评略》，载汪桂平主编《中国本土宗教研究》第 4 辑，社会科学文献出版社，2021 年，第 52 ～ 80 页；等等，均可参看。

道教研究对于中古史研究的重要意义。限于主旨，本文对于道教中经典、教义、思想等纯粹宗教内容以及道教文学等相关研究暂且搁置。因学力有限，本文的总结以大陆学者的论著为主，或有重要遗漏及理解偏颇，还望方家指正。

一、道教与中古的社会

国内道教研究者接受涂尔干以教会组织作为宗教要素之一[①]的观点，将具有组织化特征的汉末太平道与五斗米道作为道教开端。信仰共同体对于道教而言，不仅是其知识体系的继承者与传播者，亦是其社会影响力扩散的推动者。在魏晋南北朝的动荡历史中，道教共同体承载了民众的诉求，引导民众以道教的方式理解世界、解脱苦难。进入隋唐以后，道教在政治的参与下更深入地与民众社会生活相结合，并因之在中古时期成为社会历史演进的重要参与者与推动者。

（一）道教与地方社会

汉末魏晋时期，持续的天灾人祸引起民众对于生存的广泛焦虑，成为各种思潮泛滥的温床。在此环境下，太平道、五斗米道提出“首过除病”的理论，吸引了大量信徒并衍生出三十六方与二十四治等组织形式。这些组织在旧有社会结构崩溃的背景下，为信徒提供了新的归属，维系着社会的稳定。在魏晋人口大迁徙中，道教组织持续维系着移民的内部团结，安抚着流民情绪，推动历史向前发展。刘屹《移民与信仰——南朝道教墓券的

① ［法］涂尔干著，渠敬东、汲喆译：《宗教生活的基本形式》第一卷第一章“宗教现象和宗教的定义”，载渠敬东主编《涂尔干文集》第 4 卷，商务印书馆，2020 年，第 31 ～ 60 页。

历史背景研究》[①]与《论东晋南朝江东天师道的历史渊源》[②]注意到道教买地券与永嘉移民的关系。买地券及传世文献中的“大道”崇拜与青徐地区有着密切关联，“大道”信仰随青徐移民南迁，成为与西部天师道传统相对的东部道教传统。田禾《晋宋流民与正一教团——以敦煌文书S.203所见仙灵箓为线索》[③]通过分析敦煌文书S.203《度仙灵箓仪》，认为天师道领户治民的“户籍-租税”模式在两晋动乱中成为一部分流民的组织形式，暂时代替了国家的编户齐民。孙齐《六朝荆襄道上的道教》[④]关注到北民南迁通道荆襄道，发现道教不仅能安抚迁移中的流民情绪，亦在国家统治渗透与蛮族华夏化、建康文化辐射与地方文化改造、佛道交涉与三教共融等方面与社会历史演进紧密配合。

然而，流民迁徙中的不安情绪并未被道教完全消解，反而促使道教衍生出“李弘降世”等终末思潮，加剧民众的暴力反抗倾向。道教的领户治民组织模式在终末思潮的推动下，展现出强大的社会动员能力。民众的不满情绪在此引导下呈现出巨大的破坏性，冲击着国家的基层控制。在社会与政治的双重压力下，道教领袖不断清整道教，去除其中的反抗因素。清整后形成的宫观模式在传统静室的基础上吸收佛教寺院制度、隐士传统及士人山林志趣等内容，强调道士的出家集体修行，放弃对道民的直接控制并

① 刘屹：《移民与信仰——南朝道教墓券的历史背景研究》，《中国史研究》2017年第3期，第101～120页。

② 刘屹：《论东晋南朝江东天师道的历史渊源——以“大道”信仰为中心》，《文史》2018年第1辑，第97～116页。

③ 田禾：《晋宋流民与正一教团——以敦煌文书S.203所见仙灵箓为线索》，《宗教研究》2014年第2期，第244～266页。

④ 孙齐：《六朝荆襄道上的道教》，载中国社会科学院历史所魏晋南北朝隋唐史研究室、宋辽金元史研究室编，刘晓、雷闻主编《隋唐辽宋金元史论丛》第8辑，上海古籍出版社，2018年，第117～141页。

配合国家维系社会稳定，成为国家认可的新组织模式。[①]

不同人群的参与使得道教的宫观组织呈现出不同的面貌。南朝时期，侨旧人群对道教的参与使得道教在南朝社会整合中扮演着重要角色。吴羽《晋南朝“清水道”研究》[②]认为清水道是洛阳地区自生的道教信仰，其在南传后影响着天师道及上清派的清水观念。最终在强大的外部信仰压力下，清水道走向分化并融入南方道教。魏斌《句容茅山的兴起与南朝社会》[③]通过《九锡真人三茅君碑》考察茅山山南大洞侨旧混杂的道教活动，以及其背后江南的侨旧融合面貌。江南土著改造了侨民的茅君信仰，使其成为侨旧民众共同崇拜的对象。另一方面，茅君颇具侨置色彩的制断泰山生死配合江南士民对生死的关注，推动茅山地位的兴起。周鼎《家族、地域与信仰：〈唐润州仁静观魏法师碑〉所见唐初江南社会》[④]亦注意到江南地区的侨旧关系，其于《唐润州仁静观魏法师碑》发现唐初京口地区依然保持着侨旧杂居形态，侨姓世族通过宗族联姻、宗教信仰（道教）维持着联系，保持对地方社会的影响。

---

① ［日］都筑晶子著，付晨晨译：《六朝后期道馆的形成——山中修道》，载武汉大学文科学报编辑部编《魏晋南北朝隋唐史资料》第25辑，上海古籍出版社，2009年，第226～246页；［日］都筑晶子著，李济沧译：《六朝时代的江南社会与道教》，载［日］谷川道雄主编《魏晋南北朝隋唐史学的基本问题》，中华书局，2010年；［日］都筑晶子著，罗亮译：《唐代中期的道观——空间·经济·戒律》，载武汉大学中国三至九世纪研究所编《魏晋南北朝隋唐史资料》第35辑，上海古籍出版社，2017年，第256～278页；孙齐：《从领户治民到出家住观——中古道教体制变迁述论》，载复旦大学历史学系、《中国中古史研究》编委会编《中国中古史研究》第七卷，中西书局，2019年，第339～374页。

② 吴羽：《晋南朝“清水道”研究》，载权家玉主编《中国中古史集刊》第1辑，商务印书馆，2015年，第1～15页。

③ 魏斌：《句容茅山的兴起与南朝社会》，《历史研究》2014年第3期，第22～41页。

④ 周鼎：《家族、地域与信仰：〈唐润州仁静观魏法师碑〉所见唐初江南社会》，《史林》2019年第1期，第38～46页。

信道世家融入宫观体制，赋予了道教宫观及宗教活动以家族色彩。雷闻《碑志所见的麻姑山邓氏——一个唐代道教世家的初步考察》[①]以唐代江南道教世家麻姑山邓氏为例，展现了道教在家族经营活动中的角色。邓紫阳、邓延康等道士于两京的宗教、政治活动使麻姑山邓氏获得朝野广泛关注，社会威望的提高带动了邓氏家族在地方社会中的地位。吴真《中晚唐江南氏族兴起与道观、道士》[②]与《为神性加注：唐宋叶法善崇拜的造成史》[③]探讨了松阳叶氏的家族经营，其亦凭借家族道士在长安的政治活动获取社会威望，并结合家族对地方道观的支配权取得地方领袖地位。孙齐《芮城道教三百年——以北朝隋唐造像为中心的考察》[④]通过北朝隋唐道教造像发现芮城宗教有着很强的地域性和延续性，早期道教信仰主要集中在县南沿河地区的弱势家族，这或与县城强宗垄断佛教活动有关。道教成为唐朝国教后，芮城强势家族转向道教并垄断道观等宗教资源。当然，道教与家族并不存在必然关联，如雷闻《茅山宗师王远知的家族谱系——以新刊唐代墓志为中心》[⑤]反思唐初江南道教信仰与家族的关系，发现王远知家族的道教传承并不明显。

麻姑山邓氏与松阳叶氏对中央活动的重视，实与隋唐时期士族中央化趋

---

① 雷闻：《碑志所见的麻姑山邓氏——一个唐代道教世家的初步考察》，载荣新江主编《唐研究》第 17 卷，北京大学出版社，2011 年，第 39 ～ 70 页。

② 吴真：《中晚唐江南氏族兴起与道观、道士》，载常建华主编《中国社会历史评论》第 11 卷，天津古籍出版社，2010 年，第 38 ～ 49 页。

③ 吴真：《为神性加注：唐宋叶法善崇拜的造成史》，中国社会科学出版社，2012 年；关于叶法善家族，可参看胡耀飞《道教史与宗族史的结合——读吴真〈为神性加注：唐宋叶法善崇拜的造成史〉》，载常建华主编《中国社会历史评论》第 15 卷，天津古籍出版社，2014 年，第 432 ～ 438 页。

④ 孙齐：《芮城道教三百年——以北朝隋唐造像为中心的考察》，载叶炜主编《唐研究》第 24 卷，北京大学出版社，2019 年，第 207 ～ 266 页。

⑤ 雷闻：《茅山宗师王远知的家族谱系——以新刊唐代墓志为中心》，载中国社会科学院历史所隋唐宋辽金元史研究室编，黄正建主编《隋唐辽宋金元史论丛》第 4 辑，上海古籍出版社，2014 年，第 139 ～ 152 页。

势同步，并广泛存在于道教活动中。如教团，管俊玮《从兴唐观到玄真观：中晚唐长安一个道教师门的沉浮》[①]重现了郗彝素教团的发展之路。他们由外地迁入长安，通过政治参与在长安城中获得显赫的宗教及政治地位。虽然该教团在君主对政治型或技术型道士的兴趣变迁中或起或落，但亦通过长安城内持久的活动蜕变为长安本地教团。

宫观之外，道教亦通过家族、宗教组织等方式融入地方社会。吴羽《汉晋北魏末幽州道教史事勾陈》[②]认为幽州道教源自西晋赵王伦集团和刘琨集团中的道教，其通过与幽州大族卢氏结合影响着幽州的政治、军事。林圣智《道教造像与地域社会：四川绵阳玉女泉隋至初唐道教摩崖造像》[③]认为绵阳地区有序的道像凿刻与当地道教的道治传统有关，绵阳造像对周边的影响反映出地域内交织的道教信仰网络。地域差异带来的道教组织模式差异与碰撞，也展现在道教与地方社会的结合中。孙齐《南齐〈隗先生铭〉与南朝道馆的兴起》[④]认为隗静道馆的兴建源于建康地区中央文化（宫观制度）的渗透，但并未对当地道教带来持久改变，当地依旧延续着道治祭酒传统。

（二）道教与知识文化

中古时期，频繁的动荡与苦难消解着传统伦理与知识体系的意义，东汉时期传入的佛教以其迥异的异域知识为民众提供了理解现实的新途径，获得快速发展。值此之际，道教在挖掘传统知识的基础上吸收、改造佛教知

① 管俊玮：《从兴唐观到玄真观：中晚唐长安一个道教师门的沉浮》，载常建华主编《中国社会历史评论》第 18 卷，天津古籍出版社，2017 年，第 135 ～ 150 页。

② 吴羽：《汉晋北魏末幽州道教史事勾陈》，载张达志主编《中国中古史集刊》第 2 辑，商务印书馆，2016 年，第 20 ～ 39 页

③ 林圣智：《道教造像与地域社会：四川绵阳玉女泉隋至初唐道教摩崖造像》，载余欣主编《中古中国研究》第 1 辑，中西书局，2017 年，第 151 ～ 190 页。

④ 孙齐：《南齐〈隗先生铭〉与南朝道馆的兴起》，载武汉大学中国三至九世纪研究所编《魏晋南北朝隋唐史资料》第 31 辑，上海古籍出版社，2015 年，第 126 ～ 137 页。

识，形成了自己的知识体系。此外，道教亦积极回应着移民迁移与地区开发所带来的知识扩张，反映着中古知识探索的最新成就。

在空间观念上，刘屹《中古道教的“中国”观念》[①]勾勒了六朝至唐道教“中国”观念的变化，它最初以夷夏之分呈现，在佛教影响下超越夷夏而变为大宇宙论，至隋唐时期回归传统。道教“中国”观念再现了中国知识“突破-回归”的发展之路。在南北分裂的局面下，道教的“中国”观念亦掺杂了南北对正统的争夺。姜望来《中古史籍与道经中所见“六夷”与“中国”》[②]以《太上洞渊神咒经》为例，发现南方道经在分裂背景下继承南方的正统观念，将北方中原地区理解为“六夷”横行的混乱之地。此外，葛兆光《“周孔何以不言”：中古佛教、道教对儒家知识世界的扩充与挑战》[③]关注到道教从域外世界知识与幽冥世界等方面对中古士民知识的扩充与对儒家知识的冲击。

在时间观念上，道教亦提出自己的理论解释。丁培仁《从〈无上秘要〉看六朝道教关于灾难的论述》[④]梳理了《无上秘要》反映出的中古道教对灾难成因、内容与度厄方法的认识与演变。吴羽《“阳九百六”对中古政治、社会与宗教的影响》[⑤]认为“阳九百六”源自汉代人的历学推算，在汉魏晋南北朝时期的社会动荡下扩散为社会普遍认识，并进入道教经典。在隋唐

---

① 刘屹：《中古道教的“中国”观念》，载杜文玉主编《唐史论丛》第 9 辑，三秦出版社，2007 年，第 322 ～ 334 页。

② 姜望来：《中古史籍与道经中所见“六夷”与“中国”》，载武汉大学中国三至九世纪研究所编《魏晋南北朝隋唐史资料》第 38 辑，上海古籍出版社，2018 年，第 83 ～ 97 页。

③ 葛兆光：《“周孔何以不言”：中古佛教、道教对儒家知识世界的扩充与挑战》，《史学月刊》2011 年第 1 期，第 20 ～ 32 页。

④ 丁培仁：《从〈无上秘要〉看六朝道教关于灾难的论述》，《宗教学研究》2010 年第 4 期，第 1 ～ 6 页。

⑤ 吴羽：《“阳九百六”对中古政治、社会与宗教的影响》，《学术月刊》2014 年第 2 期，第 144 ～ 154 页。

稳定统治局面后，“阳九百六”的推算法逐渐受到整顿，影响力不断降低。刘屹《“开皇”年号与道教“劫运”思想》[①]以质疑隋文帝开皇年号源自道教切入，回顾了道教的劫运思想，认为中古经教道教中劫运思想是在佛教劫的观念、本土大灾观念等基础上发展出来的循环时间观，是道教神化元始天尊的神学附庸，并无广泛的社会影响力。王承文《论古灵宝经对佛教“劫”的观念的吸收和改造》[②]认为道教劫运观念是在吸收改造佛教“劫”的观念基础上形成的，其基础仍是道教以“道”为核心的宇宙观。道教的劫源于《五篇真文》的周期性显藏，呈现出5次递进的线性发展模式。在《五篇真文》救度功能下，道教的“劫”不应理解为天地的彻底毁灭。

中古时期移民迁徙与对外交往带来的知识多样性，推动了知识的再生产，道教亦不例外。刘安志《从泰山到东海——中国中古时期民众冥世观念转变之一个侧面》[③]注意到买地券之类的文书中的东海冥界观，认为这应是南方道教“投水”等水崇拜及佛教地狱观念融合的结果。魏斌《仙堂与长生：六朝会稽海岛的信仰意义》[④]进一步认为这是道士杂糅青齐流民的滨海信仰与司命信仰的产物。江南道士将两者结合为“会稽海岛－吴越洞天”仙界体系，并渗透入传统冥界“酆都－泰山”观念，推动冥界观从泰山转向东海。王青、唐娜《中土传说对西域世界的重新构建》[⑤]以西域枣的仙道化为

① 刘屹：《“开皇”年号与道教“劫运”思想》，载余欣主编《中古中国研究》第1辑，第27～50页。

② 王承文：《论古灵宝经对佛教“劫”的观念的吸收和改造——以〈灵宝五篇真文〉与“劫运”的关系为中心》，《宗教学研究》2020年第2期，第1～16页。

③ 刘安志：《从泰山到东海——中国中古时期民众冥世观念转变之一个侧面》，载荣新江主编《唐研究》第13卷，北京大学出版社，2007年，第369～395页。

④ 魏斌：《仙堂与长生：六朝会稽海岛的信仰意义》，载荣新江主编《唐研究》第18卷，北京大学出版社，2012年，第99～124页。

⑤ 王青、唐娜：《中土传说对西域世界的重新构建——以西域枣的仙道化过程为中心》，《西域研究》2007年第2期，第101～107页。

例展现了中土知识界对西域知识的整合。枣在西汉时已成为仙人食物，在秦汉求仙方向转向西域时，仙枣被附会至品种优良的西域枣，仙道化的西域枣成为中土对西域的知识想象。

随着侨姓士族进入江南后对山泽的开发以及山林兴趣的增长，山林逐渐为士人所重视。道教在既有山林知识的基础上提出了“洞天福地”理论，使之成为中古山岳最主要的知识体系。魏斌《书写“南岳”——中古早期衡山的文献与景观》[①]以南岳衡山文献为例探讨山岳文献的形成过程。修道者以求仙为目的的山岳活动催生了真形图、山岳记等早期山岳文献，此后在一系列的宫观建设、宗教活动以及由此引发的佛道互动进一步丰富士人的山岳认识，推动山岳文献的形成与传播。官方的山岳活动以及后代书写者亦对山岳文献的形成发挥着重要作用。

不断丰富、扩张的道教知识体系逐渐成为其他知识参照的对象，对中古社会产生影响。周金泰《人参考——本草与中古宗教、政治的互动》[②]在中古知识、信仰与政治文化的背景下考察人参知识的演变，发现博物学对人参医药价值的挖掘、方术道教对人参的神化、政治对人参的祥瑞化，共同塑造了人参在医药知识中的特殊地位。于赓哲《成仙初阶思想与〈神农本草经〉的三品药划分法》[③]认为道教长生成仙的阶梯化需求推动了《神农本草经》三品药的划分。

① 魏斌：《书写“南岳”——中古早期衡山的文献与景观》，载武汉大学中国三至九世纪研究所编《魏晋南北朝隋唐史资料》第 31 辑，第 138 ～ 162 页。

② 周金泰：《人参考——本草与中古宗教、政治的互动》，《文史》2019 年第 1 辑，第 79 ～ 105 页。

③ 于赓哲：《成仙初阶思想与〈神农本草经〉的三品药划分法》，《史林》2020 年第 3 期，第 1 ～ 16 页。

（三）道教与士民生活

道教在社会、知识等方面的影响，使其成为中古士民生活的重要内容。在时间方面，道教时间理论成为指导民众生活的重要理论。吴羽《从“月宿东井”日看晋唐道教时间观念的构造》[①]认为道教“月宿东井”日是对秦汉选择术的宗教化改造，在《灵宝经》中成为沐浴吉日，但在不同道经中相关的日期、修持方法也有所差异。孙齐《〈石精金光藏景录形神经〉与六朝道教的制剑术》[②]基于《石精金光藏景录形神经》考察中古道教的制剑术，认为《上清经》提出剑解出于超越葛氏道刀解思想的目的，并使剑在道教实践中具有特殊的地位。韩吉绍《自杀求仙：道教尸解与六朝社会》[③]发现六朝时期道教尸解与金丹、轮回思想等交织在一起，引导苦难民众走向解度，促使狂热信徒以自杀的方式寻求早日尸解登仙。

当道教确立宫观模式以后，宫观不仅进入山林塑造着山岳景观，亦成为社会生活中特殊的公共空间。荣新江《从王府到寺观——隋唐长安佛道神圣空间的营造》[④]认为长安城（大兴城）的建设主要基于儒家礼制思想，坊内佛道寺观的建设改变了长安礼仪空间，其中王公贵族的舍宅立寺、立观起到推波助澜的作用。其《从王宅到寺观——唐代长安公共空间的扩大与社会变迁》[⑤]中展

---

① 吴羽：《从“月宿东井”日看晋唐道教时间观念的构造》，载武汉大学中国三至九世纪研究所编《魏晋南北朝隋唐史资料》第30辑，上海古籍出版社，2014年，第10～22页。

② 孙齐：《〈石精金光藏景录形神经〉与六朝道教的制剑术》，载程章灿主编《古典文献研究》第16辑，凤凰出版社，2013年，第489～503页。

③ 韩吉绍：《自杀求仙：道教尸解与六朝社会》，《文史》2017年第1辑，第29～49页。

④ 荣新江：《从王府到寺观——隋唐长安佛道神圣空间的营造》，载陈金华、孙英刚主编《神圣空间：中古宗教中的空间因素》，复旦大学出版社，2014年，第10～22页。

⑤ 荣新江：《从王宅到寺观———唐代长安公共空间的扩大与社会变迁》，收入氏著：《隋唐长安：性别、记忆及其他》，复旦大学出版社，2010年，第67～88页。

示了寺观在长安城中所充当的公共政治空间与学术空间、大众文化场所与娱乐场所等角色，成为民众生活的重要组成部分。此外，雷闻对长安洛阳道教宫观的研究再现了一批在唐代政治社会中具有重要影响的宫观个案，如《盛唐长安肃明观考论》[①]《唐洛阳大弘道观考》[②]《唐两京龙兴观略考》[③]《唐洛阳大圣真观考》[④]等，不仅促进了隋唐道教的研究，也推动着对长安、洛阳宗教空间的认识。

在日常生活中，道教的痕迹无处不在。李斌城《道教与中晚唐政治与社会》[⑤]以墓志等材料展现了道教对士民丧葬及姓名习惯的影响。高朋《"冢讼"的内涵及其流变——一种影响到丧葬习俗的道教观念》[⑥]展现了冢讼观念对民众丧葬的影响，其认为道教冢讼观念是基于承负说的人鬼报复和冥间诉讼思想，其墓葬实物的典型代表是柏人与镇墓文券，随着唐代医疗水平提高而逐渐衰落。姜守诚《"冢讼"考》[⑦]通过梳理冢讼的内容及禳除措施，

---

① 雷闻：《盛唐长安肃明观考论》，载中国社会科学院历史所隋唐宋辽金元史研究室编《隋唐辽宋金元史论丛》第 2 辑，上海古籍出版社，2012 年，第 164 ～ 178 页。

② 雷闻：《唐洛阳大弘道观考》，载中国人民大学国学院主编《国学的传承与创新——冯其庸先生从事教学与科研六十周年庆贺学术文集》，上海古籍出版社，2013 年，第 1234 ～ 1248 页。

③ 雷闻：《唐两京龙兴观略考》，载中国社会科学院历史所隋唐宋辽金元史研究室编，雷闻、刘晓主编《隋唐辽宋金元史论丛》第 6 辑，上海古籍出版社，2016 年，第 138 ～ 159 页。

④ 雷闻：《唐洛阳大圣真观考》，载中国社会科学院历史所魏晋南北朝隋唐史研究室、宋辽金元史研究室编，刘晓、雷闻主编《隋唐辽宋金元史论丛》第 8 辑，上海古籍出版社，2018 年，第 142 ～ 155 页。

⑤ 李斌城：《道教与中晚唐政治与社会》，载黄正建主编《中晚唐社会与政治研究》，中国社会科学出版社，2006 年，第 434 ～ 570 页。

⑥ 高朋：《"冢讼"的内涵及其流变——一种影响到丧葬习俗的道教观念》，《文化遗产》2008 年第 4 期，第 129 ～ 137 页。

⑦ 姜守诚：《"冢讼"考》，《东方论坛》2010 年第 5 期，第 6 ～ 11 页。

展现了道教对死者家属的慰藉。

此外，吴羽《唐宋世俗人士穿着道服考》[①]注意到唐宋士人着道服现象，认为这是道教对社会影响加深的结果，是士人在国家主流意识形态下的选择性吸收。陈艳玲《宗教影响下魏晋迄唐生育礼俗探微：以佛道教为中心》[②]展示了符箓等方术在中古生育礼俗中的参与。程乐松《王羲之书帖中所见的"五斗米道"——中古士人道教信仰形态之一探》[③]发现忏罪等日常化信仰实践成为王羲之生活的重要内容，揭示出道教"罪"的观念对士人精神生活的影响。

敦煌文献中丰富的宗教文书，无疑是道教实践技术对民众生活影响的生动案例。余欣《神道人心：唐宋之敦煌民生宗教社会史研究》[④]以"民生宗教"的概念来涵盖敦煌地区的宗教信仰，这一以个人、家庭乃至地区福祉为最终目的的信仰方式，将包括道教在内的佛道及民间信仰的技术融入日常生活。刘永明《敦煌道教的世俗化之路》等[⑤]以"世俗化"的概念概括道教与民众生活的结合。在敦煌地区，道教实践技术不仅以理论解释着日常生活的方方面面，并通过日历文献与《发病书》等方式直接指导日常生活。

回顾近20年来道教社会史与文化史研究，一个突出的趋势是对出土及

---

① 吴羽：《唐宋世俗人士穿着道服考》，《晋阳学刊》2009年第5期，第88～91页。

② 陈艳玲：《宗教影响下魏晋迄唐生育礼俗探微：以佛道教为中心》，《河南师范大学学报》（哲学社会科学版）2011年第3期，第146～150页。

③ 程乐松：《王羲之书帖中所见的"五斗米道"——中古士人道教信仰形态之一探》，《四川大学学报》（哲学社会科学版）2016年第1期，第120～125页。

④ 余欣：《神道人心：唐宋之敦煌民生宗教社会史研究》，中华书局，2006年。

⑤ 刘永明：《敦煌道教的世俗化之路——道教向具注历日的渗透》，《敦煌学辑刊》2005年第2期，第194～210页；刘永明：《敦煌道教的世俗化之路——敦煌〈发病书〉研究》，《敦煌学辑刊》2006年第1期，第69～86页；刘永明：《归义军时期的敦煌道教文献与斋醮法事活动》，《敦煌学辑刊》2015年第4期，第55～70页；等等。

碑铭文献的重视，这或源自此类文献中不可多得的历史细节。另一方面，相关研究切中时代脉搏，魏晋时期流民、南朝时期侨旧以及隋唐时期家族等问题既是社会史研究的热门话题，亦是道教社会史的重要内容。在文化史方面，相关选题切入古人的知识体系，努力追寻古人的理解方式，还原道教对古人生活场景的参与，展现了道教文化史研究的深度。

二、道教与中古的政治

宗教与政治的关系历来为学界关注。宗教传播离不开政治，释道安曾言“不依国主则法事难立”，这种窘境不仅存在于佛教，亦存在于道教。中古时期的道教反抗运动不仅向统治者展现了道教的破坏力，亦展现了道教知识的影响力，促使统治者在控制道教的同时吸纳其理论知识，使其成为维护王朝统治的重要助手。因此，各王朝不仅设立机构、颁布法令以控制道教的社会活动，亦将道教融入王朝意识形态的组成部分，使得道教成为中古政治中不可或缺的组成部分。

（一）道教与意识形态

终末论是道教对人类社会发展的预言，在中古时期产生深远影响。它在儒家“太平”情结、汉代谶纬及佛教劫灾说的基础上形成，以“天地将灭，真君将出，救度种民”为号召，利用民众对解度、太平的需求对中古政治社会发挥影响。

太平是终末论下民众活动的核心诉求。冯渝杰《“致太平”思潮与黄巾初起动机考——兼及原始道教的辅汉情结与终末论说》[1]考察了黄巾军的武器、路线与起兵过程中地方与中央官员的反应，认为黄巾起义是“致太平”

---

① 冯渝杰：《“致太平”思潮与黄巾初起动机考——兼及原始道教的辅汉情结与终末论说》，《学术月刊》2018年第5期，第138～153页。

思潮下的一次民众社会焦虑表达。焦虑的扩散与政府的应对推动黄巾军由《太平经》中的辅汉转向代汉。王皓月《东晋末、刘宋时期道教与政权关系问题——以孙恩起事和五斗米道改革为中心》[1]认为庚子预言促成了孙恩起事，孙恩起事失败促使南朝天师道在名称、政教关系、教法经典及组织架构上进行改革。钟国发《魏晋南北朝隋唐的道教末世太平理想》[2]关注终末论中太平思想的演变，认为汉末以来的末世论赋予"太平"以神圣性并成为民间对政治的最高追求。在道教清整之后，"太平"中的末世色彩逐渐淡化并趋于世俗化，成为隋唐君主追求的政治目标。

道教清整运动并未完全消除社会中的终末思潮，脱胎而来的谶语持续发挥着影响。孙英刚《神文时代：谶纬、术数与中古政治研究》[3]与刘陶《略论〈老君音诵诫经〉中的"刘举"》[4]都关注到中古"金刀之谶"的演变，认为刘举并非具体的历史人物，而是一种象征符号。它源自西汉后期的谶记，在东汉后的社会动荡中与民众汉室记忆以及佛道教相结合，成为影响深远的宗教预言。王永平《"刘氏当王"谶语与唐代政治》[5]、杨梅《也谈"李氏将兴"与"刘氏当王"》[6]均注意到"李氏将兴""刘氏当王"两种谶言成为

---

① 王皓月：《东晋末、刘宋时期道教与政权关系问题——以孙恩起事和五斗米道改革为中心》，载武汉大学中国三至九世纪研究所编《魏晋南北朝隋唐史资料》第31辑，第88～109页。

② 钟国发：《魏晋南北朝隋唐的道教末世太平理想》，载上海社会科学院《传统中国研究集刊》编辑委员会编《传统中国研究集刊》第9、10辑合刊，上海人民出版社，2012年，第250～271页。

③ 孙英刚：《神文时代：谶纬、术数与中古政治研究》，上海古籍出版社，2015年。

④ 刘陶：《略论〈老君音诵诫经〉中的"刘举"》，《宗教学研究》2015年第4期，第8～14页。

⑤ 王永平：《"刘氏当王"谶语与唐代政治》，《中国史研究》2005年第2期，第174～176页。

⑥ 杨梅：《也谈"李氏将兴"与"刘氏当王"》，《兰州大学学报》（社会科学版）2006年第3期，第40～45页。

割据政权合法性论述的内容，持久影响隋唐政治社会。

“太平”既激发了民众对现实政治的反抗情绪，同时亦将民众对美好生活的诉求寄托于政治，奠定了道教与政治结合的民意基础。冯渝杰《从黄巾拜郑玄看汉末隐逸与地方秩序的重建》[①]认为“太平”的终极理想成为黄巾与民间贤者共同的政治追求，黄巾拜郑玄不仅是对道术通达者的认同，亦是民众对民间贤者、隐者尊崇的自然呈现，使得后者成为地方秩序重建的重要力量。此后，冯渝杰持续关注早期道教与政治的关系，其《天子与天师——原始道教国家宗教性格论纲》[②]挖掘原始道教在佐君致太平的天师使命、“辅汉”情结、“道化四夷”的民族立场等方面与国家的同步，认为原始道教具有明显的国家宗教色彩。《“辅汉”故事在中古的转用》[③]认为早期道教“辅汉”的历史记忆被道教继承并改造，通过名字、谶纬、政教关系等途径发挥着影响。

统治者亦注意到道教的影响力，开启了将其纳入王朝叙事的各种尝试。姜生《曹操与原始道教》[④]发现曹操与汉末道教间的密切关系。曹操通过控制太平道、五斗米道乃至方士，在汉魏革命中构建出曹魏的天命理论，成为早期道教与政治合作的代表。姜望来《皇权象征与信仰竞争：刘宋、北魏对峙时期之嵩岳》[⑤]认为在嵩山地区佛道争衡背景下，佛教与南方刘宋政权的结合推动寇谦之新道教与北魏政权结合，开启道教对北魏国家意识形态塑造的参与。

---

① 冯渝杰：《从黄巾拜郑玄看汉末隐逸与地方秩序的重建》，《文史哲》2017 年第 2 期，第 141 ～ 154 页。

② 冯渝杰：《天子与天师——原始道教国家宗教性格论纲》，《人文杂志》2021 年第 3 期，第 87 ～ 96 页。

③ 冯渝杰：《“辅汉”故事在中古的转用》，载武汉大学中国三至九世纪研究所编《魏晋南北朝隋唐史资料》第 41 辑，上海古籍出版社，2020 年，第 1 ～ 17 页。

④ 姜生：《曹操与原始道教》，《历史研究》2011 年第 1 期，第 4 ～ 24 页。

⑤ 姜望来：《皇权象征与信仰竞争：刘宋、北魏对峙时期之嵩岳》，载武汉大学中国三至九世纪研究所编《魏晋南北朝隋唐史资料》第 31 辑，第 110 ～ 125 页。

进入唐朝以后，老子被尊为皇室祖先，道教亦由之成为国教，道教与李唐意识形态的结合更趋紧密。王谋寅《李唐政权合法性建构中的道教元素》[①]认为追尊道教教祖太上老君为皇室先祖、以“道降符命”“神仙授命”论述政权合法性、将道教的治国理论贯彻于统治实践是道教参与李唐政权合法性建构的3个方面。关于李唐与老子的关系，吴羽《李唐皇室尊老子为始祖探源》[②]认为至迟在北朝初年，陇西李氏及赵郡李氏等已追认老子为先祖，推动老子神性的传播并奠定李唐认祖的基础，从谱系学寻得李唐认祖老子的历史传统。王娜《正统与神圣：老子之于唐高祖李渊的政治意义》[③]关注到武德三年（620）羊角山老子降迹一事，认为这是在群雄割据、诸李争权的背景下，李渊力图消除“李氏将兴”谶言不确定性、垄断老子及李氏谶言解释权的努力。老子之外，御容铜像及道教时间理论均成为政治合法性宣示的内容。聂顺新《唐玄宗御容铜像广布天下寺观考辨》[④]认为唐玄宗颁赐御容像应为等身像，始于天宝三年（744）敕诸郡于开元观、开元寺铸玄宗等身天尊像及佛像。吴羽《晚唐前蜀王建的吉凶时间与道教介入——以杜光庭〈广成集〉为中心》[⑤]即通过《广成集》发现道教通过吉凶星命参与到王建前蜀政治活动。

---

① 王谋寅：《李唐政权合法性建构中的道教元素》，《广东社会科学》2015年第5期，第134～141页。

② 吴羽：《李唐皇室尊老子为始祖探源》，《敦煌学辑刊》2019年第1期，第203～209页。

③ 王娜：《正统与神圣：老子之于唐高祖李渊的政治意义》，载杜文玉主编《唐史论丛》第30辑，三秦出版社，2020年，第85～98页。

④ 聂顺新：《唐玄宗御容铜像广布天下寺观考辨》，载杜文玉主编《唐史论丛》第21辑，三秦出版社，2015年，第108～126页。

⑤ 吴羽：《晚唐前蜀王建的吉凶时间与道教介入——以杜光庭〈广成集〉为中心》，《社会科学战线》2018年第2期，第106～118页。

（二）道教与王朝统治

相较于理论知识，人物活动无疑是最直接展现道教与政治结合的方式。隋唐时期道教与政治结合得更为密切，相关研究亦颇为丰富。值得注意的是近20年来对道教与君主关系的讨论渐趋冷淡，李刚《隋炀帝与道教》[①]、王永平《从泰山道教石刻看武则天的宗教信仰》[②]是这一领域的代表。二人研究对象已转向崇佛君主与道教的关系，发现其均基于国家统治及追求长生目的持续利用道教，并未完全受其佛教信仰影响，展现道教对政治的持久影响。

皇室成员的道教信仰则从家庭方面展现了道教对上层社会的持续渗透。在妇女史等视角的带动下，学界对皇室女眷信道的研究获得丰硕成果。焦杰《论唐代公主入道原因与道观生活》[③]《中晚唐公主“难嫁”原因新探——从太和年间的公主入道现象说起》[④]分别从内因与外因解读唐代公主入道现象，认为唐代公主由于祈福、丧偶、婚姻不顺等因素，在婚姻政策、政局动乱及缺乏关爱等引起的难嫁现状下，选择入道以寻求自由。谢一峰《唐代公主入道原因的再考察》[⑤]通过统计发现唐代公主群体存在睿宗至玄宗及顺宗至武宗两个入道高峰，结合女冠观分布由唐初的朱雀大街两侧及西城区逐渐向东城区、皇宫周围扩散的趋势，认为睿宗、玄宗及武宗等的崇道

---

① 李刚：《隋炀帝与道教》，《世界宗教研究》2006年第1期，第45～54页。

② 王永平：《从泰山道教石刻看武则天的宗教信仰》，《东岳论丛》2007年第3期，第92～97页。

③ 焦杰：《论唐代公主入道原因与道观生活》，《世界宗教研究》2013年第2期，第72～81页。

④ 焦杰：《中晚唐公主“难嫁”原因新探——从太和年间的公主入道现象说起》，《厦门大学学报》（哲学社会科学版）2013年第4期，第119～127页。

⑤ 谢一峰：《唐代公主入道原因的再考察》，载贾晋华、白照杰主编《中古宗教研究新视野》，宗教文化出版社，2020年，第95～117页。

政策是公主入道的重要原因。雷闻《被遗忘的皇妃——新见〈唐故淑妃玉真观女道士杨尊师（真一）墓志铭〉考释》[①]重点考察唐玄宗淑妃女冠杨真一的墓志。杨真一出身隋观王杨雄弟杨士贵一系，其家族因依附韦后而陷入危机，后转向太平公主并使杨真一进入玄宗后宫。玄宗平定太平公主后，依附太平公主的杨真一选择入道避祸。杨真一的一生展现出繁盛的道教已成为皇室女眷出家选择。

皇室的道教活动之外，政治活动中的道士角色更是直接展现了道教对于政治的影响。李唐时期，因道教的国教地位以及丰富的传世资料，道士的政治角色更易引起学者关注。雷闻《唐长安太清观与〈一切道经音义〉的编纂》[②]与白照杰《烟花易冷——周唐鼎革中的太清观主史崇玄》[③]注意到史崇玄与玄宗朝初期政局的关系。雷闻发现《一切道经音义》的编纂成员由玄宗与太平公主两方组成，史崇玄凭借太平公主权势及道学素养成为道界领袖，并在唐玄宗安抚太平一系的目的下主持编纂该书。先天政变后，史崇玄及太清观的地位为玄宗支持的叶法善及景龙观所取代。白照杰进一步考察了史崇玄在神龙政变后的政治活动，其通过加入太平公主阵营而获得官职晋升，并随着先天政变后太平公主的倒台而黯然退场。雷闻《从“妖人”到仙翁——正史与地方史志中的盛唐道士申泰芝》[④]则关注到在唐肃宗朝有重要影响道士的申泰芝，其因在肃宗即位初借助祥瑞帮助肃宗塑造合

---

① 雷闻：《被遗忘的皇妃——新见〈唐故淑妃玉真观女道士杨尊师（真一）墓志铭〉考释》，《华中师范大学学报》（人文社会科学版）2016 年第 1 期，第 138 ～ 148 页。

② 雷闻：《唐长安太清观与〈一切道经音义〉的编纂》，载荣新江主编《唐研究》第 15 卷，北京大学出版社，2009 年，第 199 ～ 226 页。

③ 白照杰：《烟花易冷——周唐鼎革中的太清观主史崇玄》，载四川大学中国俗文化研究所、四川大学汉语史研究所编《中国俗文化研究》第 16 辑，四川大学出版社，2018 年，第 155 ～ 163 页。

④ 雷闻：《从“妖人”到仙翁——正史与地方史志中的盛唐道士申泰芝》，《中国史研究》2018 年第 2 期，第 135 ～ 156 页。

法性而获得肃宗的支持，但在张皇后与代宗之争中因依附前者而被杀。宋代之后申泰芝的历史记忆发生改变，申泰芝逐渐成为护国护民的地方保护神。雷闻《山林与宫廷之间：中晚唐道教史上的刘玄靖》[①]梳理了刘玄靖在中晚唐政局中的活动。刘玄靖因熟悉政治运作并与政治保持距离，而得以在唐武宗、宣宗的更迭中获得持续的政治成功与社会威望。

在道教融入王朝意识形态的背景下，道士的参与、皇室的崇道促使道教成为王朝维护统治的政策工具。王义康《唐代诸州置寺观政令在蕃州的实施》[②]认为唐代置寺观政令在羁縻州的执行是统治者利用佛、道教对于统治的辅助作用，以宗教政策践行王朝的统治权力。周奇《唐代的道举与崇玄学》[③]认为道举与崇玄学是玄宗推崇老子并将道教融入治国理念的必然之举。

当王朝合法性受到威胁时，道教及其神学理论成为统治者塑造权威、展示合法性的重要途径。雷闻《龙角仙都：一个唐代宗教圣地的塑造与转型》[④]认为在唐初刘武周入侵的危急时刻，羊角山借老君降世宣扬“天命在唐”获得李唐的特殊关照，使庆唐观具有了道教宫观与宗庙的双重特质，在多位君主的尊崇下成为李唐统治的象征。白照杰《唐代女仙谢自然史实及传说阐幽》[⑤]通过考索谢自然飞升史实，发现谢自然飞升事件的巨大影响与唐德宗利用其中的老君崇拜重建李唐权威密不可分。秦中亮、陈勇《皇

① 雷闻：《山林与宫廷之间：中晚唐道教史上的刘玄靖》，《历史研究》2013 年第 6 期，第 164 ～ 174 页。

② 王义康：《唐代诸州置寺观政令在蕃州的实施》，《中国边疆史地研究》2017 年第 4 期，第 59 ～ 68 页。

③ 周奇：《唐代的道举与崇玄学》，《学术界》2008 年第 4 期，第 243 ～ 247 页。

④ 雷闻：《龙角仙都：一个唐代宗教圣地的塑造与转型》，《复旦学报》（社会科学版）2014 年第 6 期，第 88 ～ 98 页。

⑤ 白照杰：《唐代女仙谢自然史实及传说阐幽》，《史林》2019 年第 6 期，第 65 ～ 76 页。

权与信仰：唐武宗抑佛崇道原因新探》[①]认为唐武宗崇道与唐武宗即位合法性不足有关，崇道是借敬宗法祖的功能树立文化上的合法性。吴晓丰《僖宗入蜀与唐王朝的符命宣传——〈西川青羊宫碑铭〉考释》[②]聚焦于《西川青羊宫碑铭》，认为其是黄巢起义背景下僖宗利用老子神话宣传政治符命的举措。出于此政治原因，尹嗣玄等中央道士选择了青羊肆老子信仰而非蜀地传统的玉局观张道陵信仰。僖宗回銮后青羊宫逐渐丧失原有角色，蜕变为成都地区的重要宗教场所。

（三）道教与政治制度

皇权利用道教的基础是对道教风险的把控，即建立完善的道教管理体制，这在道教诞生之初便已开始，如曹魏集方士于邺城，南朝的大小道正、北朝的崇玄署等。唐代道教被尊为国教，亦是国家对道教控制加强的体现，故唐代道教管理制度研究成为中古道教研究的重要内容，如林西朗《唐代道教管理制度研究》[③]、刘康乐《中古道官制度研究》[④]等。

周奇《道门威仪考》[⑤]考察了唐代道门威仪使的职掌与演变，认为其约在玄宗时出现，是由道士担任、主管教内事务的使职。白照杰《唐前期道籍的宗教性追溯：仙籍考论》[⑥]从道教的内部知识追寻唐代道士道籍制度的

① 秦中亮、陈勇：《皇权与信仰：唐武宗抑佛崇道原因新探》，《史林》2014年第3期，第36～43页。

② 吴晓丰：《僖宗入蜀与唐王朝的符命宣传——〈西川青羊宫碑铭〉考释》，载武汉大学中国三至九世纪研究所编《魏晋南北朝隋唐史资料》第36辑，上海古籍出版社，2017年，第163～186页。

③ 林西朗：《唐代道教管理制度研究》，巴蜀书社，2006年。

④ 刘康乐：《中古道官制度研究》，巴蜀书社，2012年。

⑤ 周奇：《道门威仪考》，《史林》2008年第6期，第111～114页。

⑥ 白照杰：《唐前期道籍的宗教性追溯：仙籍考论》，《道学研究》2014年第2期，第29～50页。

渊源，认为道教早期的种民、命籍思想以及《上清经》中的仙籍思想是唐代道籍制度的思想来源。在宫观制度方面，聂顺新《长安开元观与唐玄宗的都城宗教政策》[①]注意到长安开元观与各州开元观的不同，前者并不具备宫观的功能与地位，并认为这是唐玄宗对长安道教发展的有意控制。此外张全民《〈唐玄济先生墓志铭〉与有关道教问题考略》[②]对道士赐号制度的梳理，以及郑显文《唐代〈道僧格〉研究》[③]、张径真《唐代〈道僧格〉复原研究》[④]对唐代《僧道格》的复原研究从多方面推进了对唐代道教管理制度的认识。

国家对宗教的控制不仅有刚性的制度规定，亦涉及柔性的精神渗透。在国家控制道教的过程中，儒家精神与礼制规范便随着国家权力进入道教内部。吴真《道教修道生活的忠与孝——以初唐“致拜君亲”论证为中心》[⑤]发现唐初道教基于国家宗教的身份认同，主动践行了政府强制拜君亲的要求，而非选择佛教式抗争。季爱民《初唐长安宗教宣传与国家寺观命名的儒家化趋向》[⑥]认为初唐长安国家寺观命名多继承自儒家孝道思想，是国家权力对宗教产生的影响。吴羽《前蜀王建拓展成都子城的时间与影响》[⑦]展

---

① 聂顺新：《长安开元观与唐玄宗的都城宗教政策》，《陕西师范大学学报》（哲学社会科学版）2017 年第 2 期，第 64 ～ 70 页。

② 张全民：《〈唐玄济先生墓志铭〉与有关道教问题考略》，载杜文玉主编《唐史论丛》第 14 辑，陕西师范大学出版社，2012 年，第 227 ～ 232 页。

③ 郑显文：《唐代〈道僧格〉研究》，《历史研究》2004 年第 4 期，第 38 ～ 54 页。

④ 张径真：《唐代〈道僧格〉复原研究》，《世界宗教文化》2012 年第 2 期，第 108 ～ 112 页。

⑤ 吴真：《道教修道生活的忠与孝——以初唐“致拜君亲”论证为中心》，《现代哲学》2009 年第 4 期，第 111 ～ 116 页。

⑥ 季爱民：《初唐长安宗教宣传与国家寺观命名的儒家化趋向》，《古代文明》2012 年第 3 期，第 59 ～ 66 页。

⑦ 吴羽：《前蜀王建拓展成都子城的时间与影响》，载中国中古史集刊编委会编《中国中古史集刊》第 3 辑，商务印书馆，2017 年，第 287 ～ 298 页。

示礼制安排对道教信仰空间的改变。前蜀王建因建设成都子城而废除了该地的玉局化，使龙兴观取代玉局化成为成都新的道教中心，至于玉局化旧址所建之得贤门则成为前蜀重要的礼仪空间。

以国家统治为中心的礼制与道教的关系不仅将礼制规范输向道教，亦将道教因素输向国家礼制。吕博《本命与降诞：唐代道教“投龙简”再读》[①]注意到投龙简文中君主本命、降诞日等相关表述，相关表述进一步出现在华山封禅、千秋节等礼制活动中。一系列宗教及礼制活动将帝王相关元素（如相貌、本命、降诞等）“圣神化”，使得宗教“偶像–信众”结构进入君民秩序。汤勤福《唐代玄元皇帝庙、太清宫的礼仪属性问题》[②]梳理了唐代太清宫的演变历程，认为太清宫是基于先圣崇拜的玄元皇帝庙在沿道教路线发展而成的道教宫观。太清宫后因唐玄宗开启玄元皇帝前序昭穆、南郊大礼前行太清宫祭祀等礼制安排，得以进入国家礼制。

道教与礼制的接触使礼制成为道教争取利益、完善内涵的参考因素。白照杰《从陵墓礼遇到道教圣地特权——唐代“禁刍牧樵采”的礼制与权威变迁》[③]考察了“禁刍牧樵采”制度的变迁，认为其适用对象逐渐由先贤陵墓扩展至名山圣迹，虽未进入礼典，却依靠政府背书而成为道教占领山林的特权依据。冯渝杰《中古道教传授仪对汉代皇帝即位礼的仿拟与转化》[④]对比道教传授仪与汉代皇帝即位礼，认为两者有着共同的知识来源，前者对

---

① 吕博：《本命与降诞：唐代道教“投龙简”再读》，《世界宗教研究》2019 年第 2 期，第 91 ～ 101 页。

② 汤勤福：《唐代玄元皇帝庙、太清宫的礼仪属性问题》，《史林》2019 年第 6 期，第 49 ～ 57 页。

③ 白照杰：《从陵墓礼遇到道教圣地特权——唐代“禁刍牧樵采”的礼制与权威变迁》，《世界宗教研究》2020 年第 4 期，第 20 ～ 35 页。

④ 冯渝杰：《中古道教传授仪对汉代皇帝即位礼的仿拟与转化》，《学术月刊》2019 年第 5 期，第 168 ～ 184 页。

后者的模仿改造与早期道教“辅汉”情节的延续有关。

通过上述道教政治史研究成果可以发现，唐代道教与政治成为此专题研究的集中区域。这既与隋唐史料远较魏晋南北朝史料丰富有关，亦与唐代道教的国教地位及道士的丰富活动有关。在丰富的传世文献基础上，石刻文献为主的新材料补充了更多历史细节，由此日渐为学者所重视。此外，学者的关注范围逐渐走出刚性的宗教管理制度与简单的帝王崇道活动，开始关注于柔性的政治文化乃至权力运作，加深了学界对道教与政治关系的理解。

三、道教专题研究

在政治与社会之外，道教部分研究亦与中古史研究密切相关。中古时期佛道教盛行，佛道关系成为中古社会的重要宗教背景。近年来，基于道教立场的佛道关系研究对这一领域推进良多，文化史视角的引入进一步将此项研究引向深入。在敦煌吐鲁番文书研究领域，近年来的道教研究加深了学界对此类文书的认识，丰富了敦煌吐鲁番地区宗教环境的面貌，有助于敦煌吐鲁番文书研究的持续深入。学术研究的重视以及考古发掘成果的涌现，使得出土材料成为中古史研究的基本史料，其中道教材料对理解中古道教发展有着特殊价值。故本文选取以下3个专题，简要介绍道教史研究的相关成果。

（一）佛道关系

中古时期佛教、道教两种主流宗教的相互关系一直是学界关注的重点内容。其中佛教因其内涵与影响力远超道教，成为道教发展中不得不回应的对象，以至于两者关系被简单化为抄袭与被抄袭的关系。随着道教研究的推进，基于道教立场的佛道关系研究强调道教对佛教知识的融摄与改造，补充了学界对佛道关系的认识，成为佛道关系研究的新起点。

基于道教立场的佛道关系研究不断深入，不仅贯穿于传统的文献、思想、戒律等领域，亦展现在新研究领域。受人类学影响，道教仪式研究逐渐兴起，其中中古道教仪式研究尤以吕鹏志、王承文二人为代表。吕鹏志《唐前道教仪式史纲》[①]系统梳理了道教仪式产生、发展至定型的演变过程，概括了仪式的种类与结构，认为天师道仪式与方士仪式作为道教的传统仪式，晋宋时期在借鉴佛教仪式的基础上形成灵宝科仪，并逐渐成为道教仪式的主流。基于仪式结构的研究，吕鹏志强调道教灵宝仪式对佛教仪式的学习，并在其后的《灵宝三元斋和道教中元节——〈太上洞玄灵宝三元品戒经〉考论》等文章[②]作了进一步论证。王承文《汉晋道教仪式与古灵宝经研究》[③]则强调仪式场所（静室、斋堂等）以及"八节斋"所见斋戒仪式等的本土渊源，认为本土传统是道教斋戒制度的基础。双方虽然在佛教与本土传统对道教灵宝仪式影响程度的理解上存在差异，但均基于道教立场强调道教对佛教的吸收与融摄过程。

随着研究的深入，道教与佛教关系的复杂性越来越受到关注。梁巧英《〈宝藏论〉中的道教印迹考——兼说〈宝藏论〉的成书年代》[④]认为《宝藏论》中"道""真一"等词汇及模仿《道德经》的言语模式均源自道教，是唐代崇道氛围的产物。此外，一些佛道共用的概念亦蕴含着佛道多层次的

---

① 吕鹏志：《唐前道教仪式史纲》，中华书局，2008年。

② 吕鹏志：《灵宝六斋考》，《文史》2011年第3期，第85～125页；吕鹏志：《灵宝三元斋和道教中元节——〈太上洞玄灵宝三元品戒经〉考论》，《文史》2013年第1辑，第151～174页；吕鹏志：《早期灵宝传授仪——陆修静（406—477）〈太上洞玄灵宝授度仪〉考论》，《文史》2019年第2辑，第121～150页；等等。

③ 王承文：《汉晋道教仪式与古灵宝经研究》，中国社会科学出版社，2017年。

④ 梁巧英：《〈宝藏论〉中的道教印迹考——兼说〈宝藏论〉的成书年代》，《华东师范大学学报》（哲学社会科学版）2011年第3期，第112～120页。

互动。白照杰《圣僧的多元创造：菩提达摩传说及其他》[①]梳理了达摩故事的演变，佛教创造的达摩故事被道教吸收，用以论证内观、胎息、内丹等理论，进而影响佛教的达摩形象。其《唐宋以降汉地佛教"锁骨"信仰的展开及与道教仙骨信仰的交涉》[②]通过"锁骨"信仰展示了佛道间骨相知识的互动。佛教中"锁骨"是菩萨的特征，后吸收了道教金骨的内容。另一方面道教骨相观念吸收佛教"锁骨"的得道意义，补充了传统的尸解换骨理论。

在文化层面，佛道的互动以及对山岳空间的关注，使得山岳成为佛道互动的新场域，二者对山岳空间的改造塑造了中古时期的山岳景观。魏斌《宫亭庙传说：中古早期庐山的信仰空间》[③]关注庐山地区的信仰转型。鄱阳湖水路旅人的祭祀推动了庐山南侧宫亭庙的庐山神崇拜。在僧道等势力进入庐山后，作为庐山神原型的蟒蛇演变成宗教故事中的降服对象，反映出外部信仰对庐山的改造。基于信仰的相关性及与供养人群的关系，庐山地区逐渐形成"道南佛北"的宗教格局。魏斌《"不死的福庭"：天台山的信仰想象与寺观兴起》[④]进一步发现，道教上清系文献构成了天台山神仙洞府想象的知识来源，引导道士与僧侣进入天台山，进而推动了天台山佛道景观格局的形成。邹怡《从道家洞天到观音圣界——中古东亚文化交流背景中的普陀山开基故事》[⑤]聚焦于普陀山角色的转变，浙东地区的观音信仰及日本遣唐使来唐路线奠定了普

---

① 白照杰：《圣僧的多元创造：菩提达摩传说及其他》，上海社会科学院出版社，2019 年。

② 白照杰：《唐宋以降汉地佛教"锁骨"信仰的展开及与道教仙骨信仰的交涉》，《哲学分析》2017 年第 6 期，第 133 ～ 144 页。

③ 魏斌：《宫亭庙传说：中古早期庐山的信仰空间》，《历史研究》2010 年第 2 期，第 47 ～ 74 页。

④ 魏斌：《"不死的福庭"：天台山的信仰想象与寺观兴起》，收入氏著：《山中的六朝史》，生活·读书·新知三联书店，2019 年，第 138 ～ 176 页。

⑤ 邹怡：《从道家洞天到观音圣界——中古东亚文化交流背景中的普陀山开基故事》，《史林》2017 年第 1 期，第 53 ～ 63 页。

陀山观音道场的基础，唐武宗灭佛后，日本学问僧经由普陀山退回日本促进了普陀山观音道场形象的崛起。

佛道文化层面的互动亦深刻影响到中古民众的日常生活。张泽洪《唐代社会儒释道三教与多元文化——以长安为中心的讨论》[①]展现了唐代长安寺观林立、僧道云集的背景下，儒释道对士人社会文化生活乃至政治生活的参与，三教的聚集与论辩推动着三教思想的传播。节俗方面，王永平《宗教节俗与唐人的休闲娱乐生活》[②]认为佛道教将三元节、佛教佛诞日及道教降圣节等宗教节日融入民间传统节日。钱婉约《汉唐丝路文化“多元共生”特性探微——以“上元燃灯”习俗中儒佛道文化的共生融合为例》[③]聚焦于上元燃灯节俗，揭示其中传统祭祀、佛教燃灯、道教祭祀等不同文化因素，再现了佛道互动对民众生活的影响。吕鹏志《中国中古时代的佛道混合仪式——道教中元节起源新探》[④]对中元节玄都大献的仪式与日期进行追溯，认为中元节是道教在自身三元日理论基础上吸收佛教盂兰盆会创造出的道教节日，并成为民众生活的节俗内容。

政治层面，佛道互动甚至趋于仪式化，进而成为展示皇权的重要环节。武玉秀《隋唐五代之际的宫廷“三教论衡”探析》[⑤]注意到宫廷论衡逐渐成为文化统治的宣示形式，并被赋予娱乐色彩。刘林魁《唐五代帝王诞节三

---

① 张泽洪：《唐代社会儒释道三教与多元文化——以长安为中心的讨论》，载陈鼓应主编《道家文化研究》第 32 辑，中华书局，2019 年，第 67 ～ 96 页。

② 王永平：《宗教节俗与唐人的休闲娱乐生活——以三元节、佛诞日与降圣节为中心》，《山西大学学报》（哲学社会科学版）2011 年第 4 期，第 27 ～ 35 页。

③ 钱婉约：《汉唐丝路文化“多元共生”特性探微——以“上元燃灯”习俗中儒佛道文化的共生融合为例》，《中国文化研究》2016 年第 4 期，第 77 ～ 84 页。

④ 吕鹏志：《中国中古时代的佛道混合仪式——道教中元节起源新探》，《世界宗教研究》2020 年第 2 期，第 101 ～ 108 页。

⑤ 武玉秀：《隋唐五代之际的宫廷“三教论衡”探析》，《世界宗教研究》2013 年第 3 期，第 23 ～ 30 页。

教论衡考述——以白居易〈三教论衡〉为核心》[①]进一步以皇帝诞节的三教论衡为例，认为其环节与宫廷论衡基本相同，但诞节论衡以贺寿为目的，并以三教归同于帝王为结束，成为皇权统治的仪式宣示。

（二）敦煌、西域道教

敦煌吐鲁番文书发现以来，不仅相关研究成为国际显学，其中的道教文书亦成为中古道教研究的必备资料。相关研究汗牛充栋，兹不一一列举。在敦煌吐鲁番文书整理方面，近年来除英、法、德、俄等国藏敦煌吐鲁番文书整理公布，值得关注的是《旅顺博物馆藏新疆出土汉文文献》[②]的整理出版，其中共有汉文文献26000余片，涉及一定数量的道教文献。在道教文献整理方面，王卡在补正大渊忍尔《敦煌道经·图录编》的基础上进一步对敦煌道经进行定名缀合，并补充新确认的道教文献，完成《敦煌道教文献研究——综述·目录·索引》[③]一书，极大推动了学界对敦煌道教文献的认识。近年来王卡主编的《敦煌道教文献合集》[④]将与目录对应的图版以“图版+释文”的方式出版，方便学人使用。此外，赵洋[⑤]对旅顺博物馆藏吐鲁番文献中道经残片的整理，

---

① 刘林魁：《唐五代帝王诞节三教论衡考述——以白居易〈三教论衡〉为核心》，《佛学研究》2014 年第 1 期，第 123 ～ 134 页。亦可参看刘林魁：《三教论衡与唐代文学》，人民出版社，2021 年。

② 王振芬、孟宪实、荣新江主编：《旅顺博物馆藏新疆出土汉文文献》，中华书局，2020 年。

③ 王卡：《敦煌道教文献研究——综述·目录·索引》，中国社会科学出版社，2004 年；王卡：《〈敦煌道教文献研究·目录补正〉》，《敦煌学辑刊》2007 年第 3 期，第 1 ～ 4 页。

④ 王卡主编：《敦煌道教文献合集》，中国社会科学出版社，2020 年。

⑤ 赵洋：《唐代西州道经的流布》，《中华文史论丛》2017 年第 3 期，第 163 ～ 192 页；赵洋：《新见旅顺博物馆藏吐鲁番道经叙录》，载饶宗颐主编《敦煌吐鲁番研究》第 17 辑，上海古籍出版社，2017 年，第 189 ～ 213 页。

郜同麟[1]对英、德等藏敦煌吐鲁番道教文献的缀合补遗，以及刘永明[2]、张鲁君[3]、谢明[4]等人的研究，均推进着敦煌吐鲁番道教文献的整理与使用。

随着敦煌吐鲁番道教文书研究的不断深入，学界对西域道教状况的认识亦日渐深入，使西域道教成为理解中古道教发展的重要案例。王卡《敦煌道教文献研究·综述篇》[5]中梳理了敦煌地区的道教兴衰过程以及存在的写经、讲经、斋醮、修持等道教活动。雷闻《国家宫观网络中的西州道教：唐代西州道教补说》[6]将西州道教置于国家宫观体系中进行考察，注意到西州道观的设立及转经、斋醮、国忌行香等活动与王朝政令的关系。刘永明《盛唐时期敦煌的道观问题——兼论经戒传授盟文中的题名方式》[7]重新考察传授盟书弟子题名，认为题名中州县乡里应为弟子籍贯，与“州县+道观名”的道观书写格式相别。道观名的加入反映了以道观为核心的中古经教化道教与科仪文书的矛盾。

---

① 郜同麟：《八种英藏敦煌文献残片的定名与缀合》，《敦煌学》第31辑，南华大学敦煌学研究中心，2015年，第39～46页；郜同麟：《敦煌吐鲁番道经残卷拾遗》，《敦煌学辑刊》2016年第1期，第34～50页；郜同麟：《德藏吐鲁番道教文献叙录》，《西域研究》2018年第4期，36～50页；郜同麟：《英藏敦煌道教文献拾补》，载郝春文主编《敦煌吐鲁番研究》第19辑，上海古籍出版社，2019年，第143～152页。

② 刘永明：《日本杏雨书屋藏敦煌道教及相关文献研读札记》，《敦煌学辑刊》2010年第3期，第68～82页。

③ 张鲁君、韩吉绍：《四件敦煌道经残片考辨》，《敦煌研究》2016年第5期，第101～105页。

④ 谢明：《国图敦煌道经校释札记》，《敦煌研究》2015年第2期，第80～86页。

⑤ 王卡：《敦煌道教文献研究——综述·目录·索引》；王卡：《〈敦煌道教文献研究·目录补正〉》，《敦煌学辑刊》2007年第3期，第1～4页。

⑥ 雷闻：《国家宫观网络中的西州道教：唐代西州道教补说》，载朱玉麒主编《西域文史》第2辑，科学出版社，2007年，第117～126页。

⑦ 刘永明：《盛唐时期敦煌的道观问题——兼论经戒传授盟文中的题名方式》，《敦煌学辑刊》2006年第4期，第60～72页。

吐蕃及归义军时期，唐朝国家力量的退出使得传统的宫观道教失去支持，选择融入世俗生活以谋求生存。余欣《唐宋敦煌醮祭镇宅法考索》[①]重点解读敦煌文书中的祭宅文，认为其为道教与民间信仰的混杂物，是难得的晚唐五代社会变革中道教转型的资料，对了解道教社会史有着独特的价值。刘永明《两份敦煌镇宅文书之缀合及与道教关系探析》[②]同样关注到祭宅文，认为道教与民间信仰有共同内容，并可能根据应用的需要而向道教或民间信仰转化。其后，刘永明分别撰文关注敦煌文书中的占卜文书、择日历、发病书等习俗活动[③]，发现道教向民间信仰渗透，世俗化成为敦煌道教在吐蕃及归义军时期的重要特征。杨秀清《唐宋时期敦煌道教大众化的特征——以敦煌文献为中心的研究》等[④]亦注意到敦煌地区道教的演变，并以“大众化”来概括道教知识逐渐向民众生活渗透的过程。相似的特征亦出现在吐鲁番地区。刘屹《天尊的降格与道教的转型：以德藏吐鲁番道教文献Ch.349、Ch.1002为例》[⑤]通过对两片

---

① 余欣：《唐宋敦煌醮祭镇宅法考索》，《敦煌研究》2006年第2期，第59～64、116页。

② 刘永明：《两份敦煌镇宅文书之缀合及与道教关系探析》，《兰州大学学报》（社会科学版）2009年第6期，第32～37页。

③ 刘永明：《敦煌占卜与道教初探——以P.2859文书为核心》，《敦煌学辑刊》2004年第2期，第15～25页；刘永明：《敦煌道教的世俗化之路——道教向具注历日的渗透》，《敦煌学辑刊》2005年第2期，第194～210页；刘永明：《敦煌本〈六十甲子历〉与道教》，《敦煌学辑刊》2007年第3期，第147～154页；刘永明：《敦煌道教的世俗化之路——敦煌〈发病书〉研究》，《敦煌学辑刊》2006年第1期，第69～86页；刘永明：《吐蕃时期敦煌道教及相关信仰习俗探析》，《敦煌研究》2011年第4期，第76～84页。

④ 杨秀清：《唐宋时期敦煌道教大众化的特征——以敦煌文献为中心的研究》，《敦煌研究》2015年第2期，第28～38页；杨秀清：《唐宋时期敦煌大众的道教知识与思想——以敦煌文献为中心的研究》，《敦煌研究》2015年第3期，第74～87页。

⑤ 刘屹：《天尊的降格与道教的转型：以德藏吐鲁番道教文献Ch.349、Ch.1002为例》，《吐鲁番学研究》2011年第1期，第77～88页。

德藏吐鲁番文献的分析，发现元始天尊由一位象征大道的至高神沦为召神劾鬼的神祇，参与民众的世俗事务。与敦煌吐鲁番地区道教发展相似的是，在中晚唐时期，伴随着中央权力的衰落与地方实力的增强，内地道教亦出现宫观道教衰落、边缘修道群体崛起的现象。吐蕃及归义军时期的西域道教为理解中晚唐道教演变提供了重要参考。

在佛道关系方面。刘永明《P.3562V〈道教斋醮度亡祈愿文集〉与唐代的敦煌道教》[①]由祈愿文集发现敦煌地区在吐蕃及归义军时期依然存续着道教活动，基本未受到中原地区道教仪式改革的影响，并透露出与佛教和平共存的特征。张鹏《从敦煌道教斋文看仪式实践中的佛道交流——以P.3562V为中心的考察》[②]同样关注到P.3562V号文书，认为因敦煌地区的宗教活动以社会需求为导向，故该地佛道间发生着广泛深入的交融借鉴。针对敦煌斋文与传世斋词有别，作者认为敦煌道教法会源自早期天师道的厨会，故而有别于侧重灵宝斋仪的传世斋词。刘永明《论敦煌佛教信仰中的佛道融合》等[③]注意到道教神仙信仰对佛教发愿文、讲经文的渗透，这均为敦煌地区佛道融合的生动例证。陈于柱、张福慧《游走在世俗和神圣之间——唐五代宋初敦煌

① 刘永明：《P.3562V〈道教斋醮度亡祈愿文集〉与唐代的敦煌道教（一）》，《敦煌学辑刊》2013年第4期，第10～26页；刘永明：《P.3562V〈道教斋醮度亡祈愿文集〉与唐代的敦煌道教（二）》，《敦煌学辑刊》2014年第1期，第12～23页；刘永明：《归义军时期的敦煌道教文献与斋醮法事活动》，《敦煌学辑刊》2015年第4期，第55～70页。

② 张鹏：《从敦煌道教斋文看仪式实践中的佛道交流——以P.3562V为中心的考察》，《世界宗教研究》2021年第5期，第104～116页。

③ 刘永明：《论敦煌佛教信仰中的佛道融合》，《敦煌学辑刊》2005年第1期，第45～55页；刘永明：《略析道教神仙信仰对佛教的影响——以敦煌P.2305〈妙法莲华经讲经文〉为核心》，《敦煌学辑刊》2007年第4期，第290～297页；刘永明：《古代敦煌地区的东岳泰山信仰及其与道教和佛教之间的关系》，《敦煌学辑刊》2016年第3期，第49～60页。

命算信仰与佛道关系研究》[①]以命算为例，认为吐蕃、归义军时期道教的衰退使道教因子脱离宗教规范并被佛教吸收和运用。敦煌佛道关系研究证明，以世俗取向为主的民众信仰形式是佛道融合的主要推力。

（三）出土材料

考古工作的不断展开持续为中古史研究提供着新材料，补充了丰富的历史内容，故而为中古史及中古道教史研究所重视。张勋燎、白彬合著《中国道教考古》[②]首次系统研究了铜镜、造像、简牍、石刻、陶瓷器、宫观建筑、摩崖石窟、壁画、墓葬等道教考古材料，为深入研究相关内容奠定了坚实的基础。雷闻《石刻史料与唐代道教史研究漫谈》[③]一文结合自身研究，介绍了石刻资料尤其是墓志资料在高道生平、道观历史及道教与政治关系等方面的史学价值。孙齐《中古道教碑刻研究概说》[④]则概述了中古道教石刻材料的基本情况，结合相关成果描绘出石刻材料所呈现的中古道教面貌，展现了石刻材料对深化道教研究的重要价值。雷、孙两文已对中古石刻研究中碑刻、墓志、造像记等主要内容进行了全面介绍与梳理，故本文不再重复。

中古时期的出土文物多与墓葬有关，墓葬本身即承载着古人对死后世界的想象与期望。关于墓葬形制与道教的关系，姜生《长沙金盆岭晋墓与

① 陈于柱、张福慧：《游走在世俗和神圣之间——唐五代宋初敦煌命算信仰与佛道关系研究》，《敦煌学辑刊》2007 年第 4 期，第 298 ～ 309 页。

② 张勋燎、白彬：《中国道教考古》，线装书局，2006 年。

③ 雷闻：《石刻史料与唐代道教史研究漫谈》，载中国社会科学院历史所魏晋南北朝隋唐史研究室、宋辽金元史研究室编，刘晓、雷闻主编《隋唐辽宋金元史论丛》第 7 辑，上海古籍出版社，2017 年，第 22 ～ 28 页。

④ 孙齐：《中古道教碑刻研究概说》，载中国魏晋南北朝史学会编，范兆飞主编《中国魏晋南北朝史学会会刊》第三卷，广西师范大学出版社，2022 年，第 63 ～ 88 页。

太阴炼形——以及墓葬器物群的分布逻辑》[①]认为太阴炼形与成仙思想是长沙金盆岭西晋永宁二年（302）墓仪式结构的思想来源。该墓通过模拟北斗的平砌墓砖将墓室塑造为“炼形之宫”，并与充当司命司录的对书俑一道发挥作用。张从军《从华府到洞天——东晋南朝墓葬形制解读》[②]根据墓葬陪葬的简化、祭台的设置以及陪葬的丹药等推断南迁士族将墓室构建为成仙的洞天。孟庆雷、孙易君《神仙道教视域下的南朝帝陵画像砖内容解读》[③]认为南朝帝陵画像砖中的羽人与天人象征着仙界与仙人，节与幡充当仙人的凭证，丹勺、香炉等印证着道教仪式，这些画像砖展现的升天景观引导着墓主人进入仙界。虽然相关研究推进了对中古墓葬的认识，但因中古早期墓葬形制较难寻得确切的道教文献依据，故而相关研究成果难以摆脱猜测的色彩，影响研究的进一步深入。

在镇墓文方面，何江涛《汉晋镇墓文与早期道教研究：现状、问题与反思》[④]对此有系统的回顾，在肯定成绩的基础上认为论据不足、道教定义差异是现阶段的主要问题，主张回归道教定义这一基础问题并运用跨学科方法以推进研究。刘屹《唐代的灵宝五方镇墓石研究——以大唐西市博物馆藏“唐李义珪五方镇墓石”为线索》[⑤]认为镇墓石有着不同的发展路径，汉代镇

---

① 姜生：《长沙金盆岭晋墓与太阴炼形——以及墓葬器物群的分布逻辑》，《宗教学研究》2011 年第 1 期，第 17 ～ 41 页。

② 张从军：《从华府到洞天——东晋南朝墓葬形制解读》，《民俗研究》2010 年第 1 期，第 76 ～ 84 页。

③ 孟庆雷、孙易君：《神仙道教视域下的南朝帝陵画像砖内容解读》，《宗教学研究》2019 年第 2 期，第 12 ～ 17 页。

④ 何江涛：《汉晋镇墓文与早期道教研究：现状、问题与反思》，《宗教学研究》2020 年第 4 期，第 29 ～ 35 页。

⑤ 刘屹：《唐代的灵宝五方镇墓石研究——以大唐西市博物馆藏“唐李义珪五方镇墓石”为线索》，载荣新江主编《唐研究》第 17 卷，北京大学出版社，2011 年，第 7 ～ 36 页；其他参见张全民：《〈唐故普康公主墓志铭〉与道教五方真文镇墓石》，载杜文玉主编《唐史论丛》第 16 辑，三秦出版社，2013 年，第 234 ～ 244 页；等等。

墓石主要用于震慑邪灵，并不属于道教信仰。六朝隋唐时期，道教继承镇墓传统并引入秘篆文，使镇墓石具备炼度成仙的作用。宋代之后，虽然秘篆文镇墓石得到广泛使用，但已脱离炼度语境而回归震慑邪灵的角色。赵立光、王庆卫《唐代五方镇墓石志主再论——从新见李通灵镇墓石谈起》[①]在此基础上通过统计道教镇墓石的使用情况，认为灵宝五方镇墓石的使用者多具有官方或皇家背景，在下层百姓中亦有一定的影响。

在另一类随葬文书——买地券的研究方面，鲁西奇《中国古代买地券研究》[②]系统搜集整理了380余种买地券及相关文书，为进一步研究提供了可靠的范本。在此基础上作者全面梳理了买地券的性质、渊源与演变，认为买地券虽然模仿了现实契约，但更多作为冥世契约而与现实状况存在差距。至于买地券与道教的关系，作者认为买地券虽然与道教有着共通的内容，但并非道教所专有。李明晓《新见魏晋至元买地券整理与研究》[③]进一步搜集买地券文书200余种，集中分布于宋元时期。黄景春《中国宗教性随葬文书研究》[④]综合研究了衣物疏、买地券、镇墓文等随葬文书，梳理其中的冥界观念并揭示出相关观念的延续性。

关于买地券与道教发展的研究，除前文已介绍的研究成果，白彬、代丽鹃《试从考古材料看〈女青鬼律〉的成书年代和流行地域》[⑤]以买地券、衣物疏等推断《女青鬼律》为南迁北人所作并为江南土著所接受，在唐代以前主要流行于江南并由南向北传播。段治民《东晋南朝买地券中“女青诏

① 赵立光、王庆卫：《唐代五方镇墓石志主再论——从新见李通灵镇墓石谈起》，载荣新江主编《唐研究》第18卷，第159～170页。

② 鲁西奇：《中国古代买地券研究》，厦门大学出版社，2014年。

③ 李明晓：《新见魏晋至元买地券整理与研究》，人民出版社，2020年。

④ 黄景春：《中国宗教性随葬文书研究》，上海人民出版社，2018年。

⑤ 白彬、代丽鹃：《试从考古材料看〈女青鬼律〉的成书年代和流行地域》，《宗教学研究》2007年第1期，第6～17页。

书”与〈女青鬼律〉关系研究》[①]认为“女青”观念由天师道创造，因具有制鬼功能而被引入墓葬。作者将“女青”类买地券进行区分，发现买地券中“女青”律令的角色并不相同，部分用于阐述安葬的“合法性”，部分为太上应道士上章所颁诏书，后者应是早期北方镇墓文在南方天师道传统中的变型。王志高、许长生《南京淳化新见南朝罗氏地券考释》[②]认为道教买地券应是由建康向湖广传播，但限于考古发现的局限性而未能被考古材料完全证实。

此外，一些零散的出土材料也为中古道教研究提供了新内容。曾维加《“永嘉南渡”与天师道的南传——再论焦湾侯家店道教六面铜印》[③]认为焦湾出土的六面道教铜印主要反映的是天师道神祇，印文“民侨”等展现了天师道的南传。2016年扬州出土一方晚唐时期龙虎山天师道天师门下大都功版，引起学者的关注。白照杰《扬州新出土晚唐龙虎山天师道大都功版初研》[④]认为该都功版是晚唐龙虎山天师道对汉晋天师道领户治民旧传统的恢复尝试，但因不合时宜而很快退出历史舞台。唐普《晚唐龙虎山的道教活动——以康周行都功版为中心》[⑤]则认为晚唐存在多支天师张道陵后人，龙虎山都功版中领户治民内容只是展示天师道统的努力，其实未必真正实行。

---

① 段治民：《东晋南朝买地券中“女青诏书”与〈女青鬼律〉关系研究》，《宗教学研究》2021年第2期，第66～77页。

② 王志高、许长生：《南京淳化新见南朝罗氏地券考释》，《文物》2019年第10期，第88～96页。

③ 曾维加：《“永嘉南渡”与天师道的南传——再论焦湾侯家店道教六面铜印》，《世界宗教研究》2011年第3期，第60～65页。

④ 白照杰：《扬州新出土晚唐龙虎山天师道大都功版初研》，《宗教学研究》2018年第4期，第9～16页。

⑤ 唐普：《晚唐龙虎山的道教活动——以康周行都功版为中心》，载杜文玉主编《唐史论丛》第32辑，三秦出版社，2021年，第312～329页。

结　语

近20年来的道教研究获得长足发展，其中道教社会史与政治史方面的成果尤为突出。相关研究中，着重把握道教信仰群体的外在活动，并在政治史、社会史框架中加以分析。得益于中古政治史、社会史领域深厚的研究基础，道教社会史与政治史的研究深度得到极大拓展。

受西方史学的影响，国内历史学界逐渐强调眼光向下，将普通民众的社会活动纳入学术研究的范围。研究对象的转移使得学者不得不拓展史料来源，逐渐将以往忽视的宗教材料纳入研究范围。敦煌吐鲁番宗教文书、造像记等石刻、镇墓文等与民众生活相关物质材料成为不可多得的资料宝库。此外，碑铭、墓志等石刻文献因其蕴含的历史细节，在物质文化的视角下成为学界研究的热门对象。由此，重视出土文献成为中古史及中古道教史研究一个突出的特征。

另一方面，理论思考的深入推动了道教史研究的深入。社会文化史方面，学者越来越强调社会结构与历史场景，通过挖掘鲜活历史情景来展示历史的复杂面貌。政治史方面，通过借鉴政治学理论，以政治文化与权力运作的视角丰富了传统政治史研究。因此在道教文化史方面，道教活动为考察社会结构与历史演变提供了重要场景，以此为题的研究日渐丰富。在道教政治史方面，因史料丰富与道教的政治参与程度较高，唐代道教与政治成为研究的热点。道教在政治文化、权力运作中的作用成为学者竞相研究的对象。应当说，道教史研究与中古社会史、政治史的研究进展深度契合，道教政治史、社会史研究前沿成果亦是中古史研究前沿的代表之一。

道教史研究作为一项历史学与宗教学的交叉领域，在受到多学科的推动作用时，亦受到两个领域的限制。注重个案的研究思路在将道教史研究引向深入的同时，亦不可避免地引发碎片化趋向，尤其是部分研究对个案的关注脱离了对历史背景的把握，使得本就模糊的道教发展面貌更趋混乱。此外，在中古道教史研究中，社会史、政治史是当之无愧的研究主流，如何在跨学科基础上将宗教与历史等不同议题结合，兼顾道教的历史与宗教意义，仍然值得道教史研究学者持续探索。

以中古道教为例，这一时期是道教形成与发展的关键时期。上世纪末以来海内外学者对道教的定义争论颇多，对道教的核心内涵意见不一。关于道教定义的争论亦影响到学界对道教形成时间的认识，使其存在上至先秦、下至晋宋的巨大差异。标准模糊、时间不明的道教定义使得道教与民间信仰的关系亦难以得出较为一致的看法，以融合代替差异成为研究趋势。这种回避策略使得部分学者在面对宗教定位不明的出土材料时存在将道教内涵泛化的倾向，并不符合历史事实。道教内涵随着社会、政治的变化而发生改变，道教史研究对道教研究的价值亦在于动态把握道教的宗教属性。故在历史学与宗教学结合的基础上，进一步借鉴多学科方法，回应道教核心问题，方能推动道教与道教史研究行稳致远。

此外，道教文献研究亦是道教研究中争议较大的领域。受限于道教文献复杂的成书过程以及文本单一的现状，学者对文献成书时间的判断存在不小差异。在道教史研究中，道教文献多作为历史研究的资料来源，故文献成书模糊亦不同程度上影响后者研究成果的可信度。将道教文献作为历史研究的考察对象虽然已经获得较大发展，但相较于庞大的《道藏》而言依旧不足。此外，道教文献成书有其特殊的地域背景，虽然以空间的视角考察道教的文献与历史本是宗教地理研究的应有之意，但目前此类研究成果仍然有限。在宗教地理学的视角下，综合出土文献与教外文献考察道教文献形成的地域背景，发掘文献与人员的空间层面的交流互动，或许可以更充分地展现道教在中古历史中的意义。

21世纪吐鲁番学（魏晋南北朝时期）研究综述
——以文献、政治与制度、交通与地理、经济问题为主

殷盼盼

引　言

学界一般认为“吐鲁番学是一门研究吐鲁番及其邻近地区上下、历史文化遗产的学问，其中最核心的内容是对其不断出土的古代文献的整理和研究”[①]。吐鲁番出土的文书和砖志等文本材料主要集中在魏晋南北朝至唐前期，故此时段的民族、历史与文化等相关问题是吐鲁番学研究十分重要的内容。吐鲁番地处西陲，历史脉络与中原地区诸王朝的更迭进程并不一致，学界一般将汉唐之间吐鲁番的历史划分为高昌壁时期（前48—327）、高昌郡时期（327—443）、高昌国时期（沮渠氏大凉政权：443—460；阚氏高昌：460—488；张氏高昌：488—496；马氏高昌：496—501；麴氏高昌：501—640），以及唐西州时期和西州回鹘时期几个主要阶段。本文主要总结

① 陈国灿：《论吐鲁番学》“前言”，上海古籍出版社，2010年，第1页。

和讨论21世纪初以来学术界吐鲁番学（重点为魏晋南北朝时期）的研究成果，内容涉及吐鲁番文献的整理刊布、政治史、制度史、交通与地理、经济以及考古报告的整理等。限于篇幅和学力，难免挂一漏万，祈请方家指正！[①]

一、承前启后的回顾与展望

21世纪初，站在新世纪的起点总结既往百余年来吐鲁番学研究取得的成绩，展望新的学术发展方向，学者们发表了多种相关成果。日本的代表性学者池田温2000年发表“Recent Japanese Research on Tun-huang and Turfan”一文，回顾并总结了自20世纪70年代以来日本敦煌吐鲁番学方面的进展，文末附有该时期日本相关研究的重要论著目录，[②]便于学界追索相关学术史脉络。中国方面，2001年王素发表《吐鲁番考古及出土文献研究的回顾与前瞻——以晋～唐汉文非佛经为主》，提出21世纪吐鲁番学研究应该解决的问题主要有整理既往发掘的考古报告和研究队伍建设等。[③]陈国灿在2003年发表的《吐鲁番学研究和发展刍议》一文中，回顾19世纪末以来吐鲁番学在中国的缘起和学术史、西方探险队在吐鲁番的探险史，以及新中国成立后在考古发掘、文书整理与出版、学会和吐鲁番学研究院建设方面的进展，提出21世纪吐鲁番学的基础建设工作有4本“大账”，分别是19世纪末以来西方探险家的吐鲁番探险史及其所获资料的系统整理、吐鲁番文书总目的编制、中华人民共和国成立后10余次大型考古报告的出版、吐

① 为行文简洁，称呼人物一概省略敬称，还请见谅。

② ［日］池田温：Recent Japanese Research on Tun-huang and Turfan, *ACTA ASIATIC*, VOL 78,2000. 日文版载创价大学丝绸之路研究中心编《シルクロード研究》第2号，2000年。中文版参张铭心译《近年日本的敦煌吐鲁番研究》，《敦煌学辑刊》2001年第1期。

③ 王素：《吐鲁番考古及出土文献研究的回顾与前瞻——以晋～唐汉文非佛经为主》，《汉学研究通讯》第20卷第3号，2001年，第221～239页。

鲁番地区古遗址的调查与详情登录。[①]孟宪实、荣新江亦发表《吐鲁番学研究：回顾与展望》一文，对吐鲁番学与敦煌学之间的异同以及吐鲁番学从19世纪末罗波洛夫斯基、科兹洛夫开始到2000年的考古发掘、文书整理和研究等方面具有代表性的成果进行了精要总结，进而探讨了吐鲁番出土的魏晋南北朝时期的文物等材料，对吐鲁番政治、经济、外交、文化等史地问题研究的意义。[②]荣氏后来在《期盼"吐鲁番学"与"敦煌学"比翼齐飞》中进一步指出，当时吐鲁番学研究在文献整理与出版等方面还落后于敦煌文献，如德国国家图书馆和印度艺术博物馆藏品、芬兰赫尔辛基大学图书馆藏马达汉收集品尚未公布，日本龙谷大学藏吐鲁番文献已经出版的《大谷文书集成》还仅占总数的很少一部分，旅顺博物馆藏大谷探险队所获吐鲁番文献亦未系统整理刊布。此外，格伦威德尔、勒柯克、大谷光瑞等早期西方探险队考察报告的整理和翻译，1959—1979年阿斯塔那、哈拉和卓历次考古报告的整理和出版，吐鲁番出土非汉语文书研究等方面，还有很大的深入空间。[③]

从某种意义上来讲，陈国灿、荣新江、王素、孟宪实等对新世纪吐鲁番学发展方向的展望，与21世纪以来学界在吐鲁番学研究（魏晋南北朝时期）领域所取得的实际进展多有契合之处。郑阿财甚至认为目前的吐鲁番学研究已经实现了与敦煌学从"比翼齐飞"到"分进合流"的发展[④]，与荣新江在2009年提出期待时的情景相比的确有很大改观。以下我们分类对其主要成果与进展概述如下。

---

① 陈国灿：《吐鲁番学研究和发展刍议》，《西域研究》2003年第3期。修改后收入氏著：《论吐鲁番学》，上海古籍出版社，2010年，第1～14页。

② 孟宪实、荣新江：《吐鲁番学研究：回顾与展望》，《西域研究》2007年第4期。

③ 荣新江：《期盼"吐鲁番学"与"敦煌学"比翼齐飞》，《中国史研究》2009年第3期。

④ 郑阿财：《敦煌学与吐鲁番学从比翼齐飞到分进合流》，《西南民族大学学报》（人文社会科学版）2019年第1期。

二、文献的发掘、整理与出版

出土文献的整理和刊布一直是吐鲁番学研究的核心内容之一。中华人民共和国时期经中国考古工作者科学发掘所获和19世纪末至20世纪前半期流散于世界各地公私收藏者处的吐鲁番文献之整理和刊布，2000年以来均取得了重要成绩。目前所知的吐鲁番文书大多已有图版或录文公布。

1959—1975年我国文物考古部门在新疆阿斯塔那、哈拉和卓墓群发掘所获文书，二十世纪八九十年代陆续整理出版。①进入21世纪后，2008年荣新江、孟宪实、李肖主编的《新获吐鲁番出土文献》由中华书局出版。该书对1997—2006年在鄯善县吐峪沟洋海墓地、阿斯塔那古墓二区、高昌故城东北巴达木墓地、吐鲁番市东北木纳尔墓地、交河故城沟西墓地，以及交河故城沟西大佛寺旁、台藏塔等地新出文书和吐鲁番地区文物局新征集文献进行了系统整理，以彩色图版与录文对照的方式刊布100余件高昌郡至高昌国时期的文书，3位编者合撰的《新获吐鲁番出土文献概说》对这批文书的史料价值进行了精要总结。另一批经中国学者科学发掘整理的文书，是1980年10月至1981年7月吐鲁番地区文物保护管理所清理柏孜克里克石窟崖前积土时发现的1000余片文书。这批文书包括汉文文书796件、回鹘文文书96件、汉文与回鹘文合璧文书133件、婆罗谜文文书27件、汉文婆罗谜文合璧文书12件。其中柏孜克里克65号窟出土的3件粟特文、5件回鹘文摩尼教文献以及其他位置出土的10件粟特文佛教文献，时间均在唐代以后，经由日本粟特文专家吉田丰、回鹘文专家森安孝夫转写、翻译、释

---

① 国家文物局古文献研究室、新疆维吾尔自治区博物馆、武汉大学历史系编《吐鲁番出土文书》（10册），1981—1991年由文物出版社陆续出版；国家文物局古文献研究室、新疆维吾尔自治区博物馆、武汉大学历史系编《吐鲁番出土文书》（4册），1992—1996年由文物出版社陆续出版。

文后，于2000年出版。[①]汉文部分大多为佛经残片，经过吐鲁番文物局柳洪亮、李肖、汤士华与武汉大学陈国灿、刘安志等人多年努力，2007年在吐鲁番学研究院和武汉大学中国三至九世纪研究所编著的《吐鲁番柏孜克里克石窟出土汉文佛教典籍》（文物出版社）中全部公布。这批文书中有纪年且年代最早者，是有麴氏高昌国“建昌五年己卯岁八月十五日记写，比丘义导书写”题记的《妙法莲华经·观世音菩萨普门品》残片（80TBI：003），学者据之判断柏孜克里克石窟的开凿当在此之前。这批文书中还包括有80TBI：001a号东汉荀悦撰《前汉记》的西晋写本残卷、80TBI：019号《增一阿含经》残片、80TBI：697a《增一阿含经》残片、80TBI：131号《高昌国高崇息乾茂等写经题记》等魏晋南北朝时期文书。

中国各地博物馆藏吐鲁番文献的整理与刊布，近20年成果亦堪称丰硕。2006年陈国灿发表的《吐鲁番出土文献研究的新进展》初步介绍了2000—2006年新疆博物馆、旅顺博物馆藏吐鲁番文书的整理与刊布情况[②]，可借此掌握此间两地博物馆所藏吐鲁番文书整理与出版的新进展。2006年伊斯拉菲尔·玉素甫、殷福兰发表《新疆维吾尔自治区博物馆藏佛经》一文，公布了1959年、1965年在胜金口佛寺和1959年在安乐故城南废寺塔基址获得的44件佛经文献。[③]其中，安乐故城出土的65TIN：29号《金光明经》的写经年代“庚午岁”被判断为北凉承玄三年（430），是目前所见时代最早的《金光明经》写本，尤其受到学界关注。同时，安乐故城出土的其他写经也被认为时代均在隋以前。2008年，新疆维吾尔自治区博物馆考古部在

① 柳洪亮主编：《吐鲁番新出摩尼教文献研究》，文物出版社，2000年。

② 陈国灿：《吐鲁番出土文献研究的新进展》，收入氏著：《论吐鲁番学》，第218～227页。

③ 伊斯拉菲尔·玉素甫、殷福兰：《新疆维吾尔自治区博物馆藏佛经》，载旅顺博物馆、龙谷大学编《旅順博物館藏トルファン出土漢文佛典研究論文集》，京都：法藏馆，2006年，第245～262页。

整理阿斯塔那古墓发掘报告时发现了一批未经整理的文书，邀请武汉大学朱雷协助整理。2010年相关工作陆续开始，其间整理工作因各种原因多有间歇，2022年整理成果《吐鲁番出土文书补编》由巴蜀书社出版。这批被整理、编号的文书包括47件相对完整的文书和《高昌残契券》与“残文书”多片，明确为魏晋南北朝时期的有19件，内容包括僧尼名籍、衣物疏、买卖契券等。纪年明确者，时代最早的是2006TAM605号墓出土的《咸安五年（377）隗田英随葬衣物疏》。此外，阿斯塔那519号墓出土了4件麴氏高昌延寿九年（632）侍讲马太岳传用刺薪相关文书，该墓文书的时代上至麴氏高昌国，下至唐麟德元年（664），颇具研究价值。2009年，新疆维吾尔自治区博物馆新征集到一批文书，经整理后公布在中国文化遗产研究院、新疆维吾尔自治区博物馆合编的《新疆博物馆新获文书研究》内，2013年由中华书局出版，其中包括高昌国时期的券契等文书多件。

1902—1904年，日本大谷光瑞探险队成员渡边哲信和堀贤雄二人在阿斯塔那、哈拉和卓古墓地发掘所获的文书，与1908—1909年橘瑞超和野村荣三郎在交河故城、木头沟、柏孜克里克、吐峪沟千佛洞、阿斯塔那、哈拉和卓等地所获文书，以及1910年橘瑞超在吐鲁番、1912—1913年橘瑞超与吉川小一郎在吐鲁番掘得的文书等文物，[①]在1914年以后流散到中、日、韩等公私收藏者手中。1916年，大谷光瑞把西域探险所获的部分文书和文物交付给当时的关东都督府“满蒙”物产馆，此馆1934年12月改称旅顺博物馆。[②]旅顺博物馆所藏新疆出土的汉文文书多达26000余片，其中包含吐鲁番出土文书20000余片，内容绝大多数为佛典，少量为儒家经典和公私文书等。王振芬将这些文书的整理和刊布过程分为二乐庄时期、20世纪20年

① 参见荣新江：《敦煌学十八讲》，北京大学出版社，2001年，第138～140页。

② 参见刘进宝：《敦煌学通论》（增订本），甘肃教育出版社，2019年，第289页。

代入藏旅顺博物馆时期、20世纪50年代以后等3个重要阶段。[①]据其所论，2002年，旅顺博物馆曾对馆藏文献进行过一次整理，挑选出8包3408片进行编号登记。2003—2006年，旅顺博物馆与龙谷大学合作对馆藏的大谷光瑞探险队在新疆发掘的汉文佛经残片进行整理研究，共整理出13930片文书，其中魏晋南北朝时期的文书被分为北朝前期（3世纪末至5世纪前半北凉时期）、北朝后期（5世纪前半至6世纪中叶）、高昌国时期（6世纪前半至7世纪中叶麴氏高昌国灭亡）、高昌国末期至唐西州时期几个阶段。2006年，旅顺博物馆和龙谷大学合编出版其整理成果《旅顺博物馆藏新疆出土汉文佛经选萃》，同时出版其专题研究成果《旅顺博物馆藏新疆出土汉文佛经研究论文集》。[②]这次刊布的文书中，包含与西晋元康六年（296）《诸佛要集经》同属一个写本的14件残片[③]，以及北凉承阳三年（427）《菩萨忏悔文》[④]和其他麴氏高昌国时代的诸多佛经残片[⑤]。此后，旅顺博物馆工作人员又出版了《旅顺博物馆藏西域文书研究》，在《书法丛刊》发表《旅顺博物馆藏西域书迹选》，[⑥]刊布有部分魏晋南北朝时期吐鲁番文书的图版和录

① 王振芬：《旅顺博物馆藏新疆出土汉文文献的入藏与整理》，《吐鲁番学研究》2017年第2期。

② 旅顺博物馆、龙谷大学编：《旅顺博物馆藏新疆出土汉文佛经选萃》，京都：法藏馆，2006年，日文题名《旅順博物館藏トルファン出土漢文仏典断片選影》；旅顺博物馆、龙谷大学编：《旅順博物館藏トルファン出土漢文佛典研究論文集》，京都：法藏馆，2006年。

③ ［日］三谷真澄：《旅顺博物馆所藏〈诸佛要集经〉写本について》，载旅顺博物馆、龙谷大学编《旅順博物館藏トルファン出土漢文佛典研究論文集》，第64～73页。

④ 王振芬：《承阳三年〈菩萨忏悔文〉及其相关问题》，载旅顺博物馆、龙谷大学编《旅順博物館藏トルファン出土漢文佛典研究論文集》，第74～83页。

⑤ ［日］橘堂晃一：《旅顺博物馆藏麴氏高昌国时代の佛教注释书概观》，载旅顺博物馆、龙谷大学编《旅順博物館藏トルファン出土漢文佛典研究論文集》，第84～103页。

⑥ 郭富纯、王振芬：《旅顺博物馆藏西域文书研究》，万卷出版公司，2007年；《书法丛刊》第6期专辑“旅顺博物馆藏西域书迹选”，文物出版社，2006年。

文。2015年以后，旅顺博物馆同北京大学中国古代史研究中心、中国人民大学国学院、首都师范大学历史学院合作，邀请以荣新江、孟宪实、游自勇为代表的师生对旅顺博物馆藏新疆出土汉文文献进行全面整理。2016—2020年，团队成员陆续发表了相关整理研究论著，如王振芬、荣新江主编的《丝绸之路与新疆出土文献》和孟宪实、王振芬主编的《旅顺博物馆藏新疆出土汉文文书研究》两部重要的论文集。[①]《丝绸之路与新疆出土文献》所收论文《旅顺博物馆藏新疆出土佛典的学术价值》（荣新江）、《旅顺博物馆藏新疆出土汉文文献经、史和集部概观》（朱玉麒、孟彦弘）、《旅顺博物馆藏新疆出土道家、方术及杂家类文献的学术价值》（游自勇）、《旅顺博物馆藏西域出土公私文书的价值》（孟宪实）等，全方位论述了旅顺博物馆藏新疆出土汉文文献的价值。这批文书的最终整理成果是由王振芬、孟宪实、荣新江主编的《旅顺博物馆藏新疆出土汉文文献》，2020年由中华书局出版。皇皇35册巨著，包含图版、录文、解题、索引等重要文书信息，编者将这批文书的断代分为高昌郡时期、高昌国时期、唐时期、西州回鹘时期，其中高昌郡与高昌国时期的文书是研究魏晋南北朝吐鲁番地区佛教、历史、经济、社会文化等问题的重要资料。该书出版后引起社会各界广泛关注，姚崇新[②]、吴华峰[③]、武海龙[④]、段真子[⑤]等人撰文予以高度评价。

---

① 王振芬、荣新江主编，旅顺博物馆、北京大学中国古代史研究中心编：《丝绸之路与新疆出土文献》，中华书局，2019年；孟宪实、王振芬：《旅顺博物馆藏新疆出土汉文文书研究》，中华书局，2020年。

② 姚崇新：《敦煌吐鲁番文献“最后的宝藏”——〈旅顺博物馆藏新疆出土汉文文献〉评介》，《吐鲁番学研究》2021年第2期。

③ 吴华峰：《敦煌吐鲁番文献“最后的宝藏”——〈旅顺博物馆藏新疆出土汉文文献〉评介》，《西域研究》2021年第4期。

④ 武海龙：《吐鲁番出土文书整理的新典范》，《中国图书评论》2021年第10期。

⑤ 段真子：《敦煌吐鲁番文献“最后的宝藏”回归中国姓》，《光明日报》2021年1月28日第11版。

此外，荣新江、王素、余欣在2002—2005年陆续整理公布了首都博物馆藏的敦煌吐鲁番文献，发表《首都博物馆藏敦煌吐鲁番文献经眼录》及其续篇，介绍首都博物馆所藏吐鲁番文献的情况。[①]邢鹏的《〈首都博物馆藏敦煌吐鲁番文献经眼录〉补遗与考证》一文，进一步理清了首都博物馆所藏吐鲁番文献的状况。[②]2007—2009年，任继愈主编的《国家图书馆藏敦煌遗书》（全149册）由国家图书馆出版社陆续出版，刊布了中国国家图书馆所藏的全部敦煌文献，其中混入的吐鲁番文献亦被学者检出。

此外，关尾史郎在香港克里斯蒂（佳士得）拍卖行2001年制作的拍卖品图录中发现《北凉玄始十年（421）五月马洛赁舍券》《北凉建平四年（440）十二月支生贵夏田券》《北凉建平五年（441）五月张鄯善奴夏葡萄园券》3件北凉文书。[③]王素很快就对这3件文书中出现的玄始、建平年号，并将其对北凉政治史研究的意义进行了解读。[④]

散见于欧美和日本等国外各地官方机构和私人手中的魏晋南北朝吐鲁番文献在21世纪的整理与编目。欧美方面，斯坦因第三次中亚探险（1913—1916）所获、藏于英国图书馆的OR.8212系列文书中的汉文文书，经过沙知、吴芳思的系统整理，2005年其中的汉文非佛教文献以《斯坦因第三次中亚考古所获汉文文献（非佛经部分）》之名在上海辞书出版出版；在该

---

① 余欣、王素、荣新江：《首都博物馆藏敦煌吐鲁番文献经眼录》，载首都博物馆编《首都博物馆论丛（2004年）》第18辑，北京燕山出版社，2004年，第166～174页；荣新江、王素、余欣：《首都博物馆馆藏敦煌吐鲁番文献经眼录》，载首都博物馆编《首都博物馆论丛（2007年）》第21辑，北京燕山出版社，2007年，第126～137页。

② 邢鹏：《〈首都博物馆馆藏敦煌吐鲁番文献经眼录〉补遗与考证》，载首都博物馆编《首都博物馆论丛》第28辑，北京燕山出版社，2014年，第257～269页。

③ ［日］关尾史郎：《トゥルファン將來“五胡”時代契約文書簡介》，载西北出土文献研究会编《西北出土文獻研究》创刊号，日本新潟，2003年，第71～90页。

④ 王素：《略谈香港新见吐鲁番契券的意义——〈高昌史稿·统治篇〉续论之一》，《文物》2003年第10期。

书收录的650个编号文书中，有《北凉用水文书》《北凉兵曹为冯受子等往守十日事符》《高昌延昌卅九年（599）麴乾固写经题记》《高昌延寿五年（628）王伯瑜随葬衣物疏断片》等魏晋南北朝时期的吐鲁番文书多件。

日本学者西胁常记对德国等欧洲国家所藏吐鲁番文书的整理编目是值得称道的成果。1997年，西胁氏就编集了《ベルリン・トルファン・コレクション漢語文書研究》[①]，2009年他又编集了《續ベルリン・トルファン・コレクション漢語文書研究》[②]，介绍德国所藏吐鲁番汉语文书的情况。2001年和2014年西胁氏还分别编集出版了柏林所藏吐鲁番收集品的汉文写本、印本文献目录。[③]2002年，西胁常记所著《ドイツ将来のトルファン漢語文書》由京都大学学术出版会出版，介绍德意志探险队所获吐鲁番文书中，二战期间被苏联拿走，东、西德统一后又返还给德国的非佛典文书。他还调查整理了德藏《文选》《幽通赋》残卷，以及其他儒、道文献等非佛典文书，且编有目录。[④]2007年，西胁常记出版《イスタンブール大學圖書館所藏トルファン出土漢語斷片研究》一书，介绍土耳其所藏吐鲁番文书的情况，并进行编目。[⑤]

---

① ［日］西胁常记：《ベルリン・トルファン・コレクション漢語文書研究》，京都大学综合人间学部国际文化学科日本・中国文化・社会论讲座西胁研究室，1997年。

② ［日］西胁常记：《續ベルリン・トルファン・コレクション漢語文書研究》，同志社大学文学部文化史学科西胁研究室，2009年。

③ Tsuneki Nishiwaki,Chinesische und manjurische Handschriften und seltene Durcke,Teil 3.Chinesische Texte vermischten Inhalts aus der Berliner Turfansammlung,Stuttgart:Franz Stenier Verlag, 2001.（西胁常记《柏林吐鲁番收集品中的汉文文献目录》）Tsuneki Nishiwaki,Chinsesische und manjurische Handschriften und seltene Drucke,Teil 7.Chinesische Blockdrucke aus der Berlin Turfansammlung,Stuttgart:Franz Stenier Verlag, 2014.（西胁常记《柏林吐鲁番收集品中的汉文印本目录》）

④ ［日］西胁常记：《マンネルヘイム・コレクションについて》，收入氏著：《中国古典時代の文書の世界：トルファン文書の整理と研究》，东京：知泉书馆，2016年。

⑤ ［日］西胁常记：《イスタンブール大學圖書館所藏トルファン出土漢語斷片研究》，同志社大学文学部文化史学科西胁研究室，2007年。

在2011年发表的《トルファン漢語文書と大藏經》一文中，西胁常记把辛岛静志公布的出口常顺收集品《道行般若经》判断为5世纪左右的写本，并根据柏林所藏Ch271（T Ⅱ 2067）号麴氏高昌王麴乾固写《仁王经》题记，复原出1件大谷文书中的延昌三十三年（593）麴乾固写《仁王经》题记，以及两件马达汉所藏延昌三十一年（591）麴乾固写《仁王经》题记。[①]2016年，西胁常记出版《中国古典時代の文書の世界：トルファン文書の整理と研究》一书（知泉书馆），其中包括芬兰赫尔辛基大学图书馆（现芬兰国家图书馆）藏马达汉收集品的整理，发现高昌郡时期的写经和2件高昌王写经。此外，百济康义对德国国家图书馆藏吐鲁番佛教文献的整理和编目亦包含众多属于魏晋南北朝时期的相关文书。[②]

1998—2005年，陈怀宇在普林斯顿大学攻读博士学位期间，在布里特（Judith Ogdem Bullit）《普林斯顿收藏的敦煌写本残卷》（1989年）一文[③]的基础上，开展了对普林斯顿葛思德图书馆藏敦煌吐鲁番文献的整理和公布工作，并于2004年刊布了普林斯顿所藏原为罗振玉旧藏的吐鲁番文书。[④]2010年，陈怀宇将普林斯顿所藏敦煌吐鲁番文书全部内容的整理成

---

① ［日］西胁常记：《トルファン漢語文書と大藏經》，《禪研究所紀要》第40号，2011年，第19～37页。

② 据荣新江《吐鲁番出土文献散录》“前言”所论（第4页），有［日］百济康义《ベルリン所藏东トルキスタン出土漢文文献総目録》（試行本），龙谷大学佛教文学化研究所西域研究会编，2000年。Kogi Kuara, “Chinesische und manjurische Handschriften und seltene Drucke,Teil 4.Chinese Buddhist Texts from the Berlin Turfan Collections,” Vol.3,ed.by *Toshitaka Hasuike and Mazumi Mitani*, Stuttgart:Franz Stenier Verlag,2005.（百济康义：《柏林藏吐鲁番收集品中的汉文佛教文献》第3卷）

③ Judith Ogdem Bullit. “Princeton’s Manuscript Fragments From Tun-Huang”, *The Gest Library Journal*,Vol Ⅲ Numbers 1.2,Spring 1989. 中译本参杨富学、李吉和译《普林斯顿收藏的敦煌写本残卷》，《敦煌学辑刊》1994年第1期。

④ 陈怀宇：《普林斯顿所见罗氏藏敦煌吐鲁番文书》，载南华大学敦煌学研究中心编《敦煌学》第25辑，乐学书局，2004年，第419～441页。

果以彩色图版、释录、解题的方式公布[①]，其中包含魏晋南北朝时期的写经、衣物疏等文献。2007年，荣新江主编的《吐鲁番文书总目（欧美收藏卷）》由武汉大学出版社出版，对德国、英国、俄罗斯、土耳其、美国普林斯顿等地博物馆、图书馆乃至个人收藏的吐鲁番文书中已经公布或可见到原件者的进行系统盘点，共收录12822个编号的吐鲁番文书条目，[②]对所录文书条目都尽可能予以定名、叙录，列出刊载这些图版和录文的书刊，极便学者查阅。不过，对于没有编目和没有前人研究的文献，该书未作收录。

日本公私所藏的吐鲁番文书，主要分布在龙谷大学图书馆、京都的藤井有邻馆（含1件十六国史记事文书）、奈良宁乐美术馆、东京台东区书道博物馆、东京台东区的国立博物馆、东京都静嘉堂文库、千叶县的日本国立历史民俗博物馆、大阪杏羽书屋，以及桥本关雪、上野淳一、日比野丈夫、出口常顺等的个人收藏。20世纪90年代，陈国灿曾发表过《东访吐鲁番文书纪要》（一至三）3篇系列论文，介绍相关情况。[③]2007年，陈国灿、刘安志主编的《吐鲁番文书总目（日本收藏卷）》由武汉大学出版社出版，是目前对日本

---

① Chen Huaiyu,Nancy Norton Tomasko (ed.) "Chinese-Language Texts from Dunhuang and Turfan in the Princeton University East Asian Library," *The East Asian Library Journal* 14/2,2010,pp.1-208.（陈怀宇、Nancy Norton Tomasko 编：《普林斯顿葛思德图书馆藏敦煌吐鲁番汉文写本》）

② 刘进宝：《〈吐鲁番文书总目（欧美收藏卷）〉评介》，载郝春文主编《2008 年敦煌学国际联络委员会通讯》，上海古籍出版社，2009 年。

③ 陈国灿：《东访吐鲁番文书纪要（一）》主要介绍龙谷大学、京都藤井有邻馆所藏吐鲁番文书的状况，其中藤井有邻馆所藏主要为唐代文书，有一件叙述前秦至后凉史事的文书残卷（武汉大学历史系魏晋南北朝隋唐史研究室编《魏晋南北朝隋唐史资料》第 12 辑，武汉大学出版社，1993 年，第 37 ～ 45 页）。《东访吐鲁番文书纪要（二）》主要包括：奈良宁乐美术馆藏、京都桥本关雪纪年馆、日比野丈夫新获的唐代蒲昌府文书的介绍（武汉大学历史系魏晋南北朝隋唐史研究室编《魏晋南北朝隋唐史资料》第 13 辑，武汉大学出版社，1994 年，第 32 ～ 43 页）。《东访吐鲁番文书纪要（三）》主要介绍书道博物馆所藏吐鲁番文书的情况（武汉大学历史系魏晋南北朝隋唐史研究室编《魏晋南北朝隋唐史资料》第 14 辑，武汉大学出版社，1996 年，第 153 ～ 166 页）。

公私所藏吐鲁番文书最为全面的整理目录，体例与前述《欧美卷》同，是十分重要、便捷的工具书。1948年，大谷光瑞去世后，其所藏吐鲁番文书入藏龙谷大学。大谷光瑞是日本收藏吐鲁番文书最多者，所藏包括汉文、于阗文、梵文、粟特文、突厥文、回鹘文和吐蕃文文献。其中的汉文文书部分，20世纪70年代由龙谷大学小田义久教授主持开展系统地整理和刊布工作，八九十年代小田义久编集出版《大谷文书集成》第一、二卷。进入21世纪后，又出版《大谷文书集成》第三、四卷，[①]以图版配录文的方式刊布了大谷文书中的汉文文书部分，其中有不少魏晋南北朝时期的文书。书道博物馆的中村不折旧藏吐鲁番文书，在矶部彰2005年编集出版的《台東區立書道博物館所藏中村不折旧藏禹域墨書集成》中公布了这部分文书的彩色图版，其中含有吐峪沟出土的《老女人经》残片、西晋惠帝永宁元年（301）《十诵律》文书，以及北凉、阚氏高昌国乃至齐、梁六朝写经等诸多文献价值相当大的魏晋南北朝时期的文书。[②]包晓悦后来利用数字文献检索系统，又识别出一些书道博物馆藏吐鲁番文书残片，进而编订了书道博物馆藏吐鲁番文书新目，其成果《日本书道博物馆藏吐鲁番文献目录》分上、中、下3篇先后刊载于《吐鲁番学研究》。[③]关于出口常顺所藏的吐鲁番文书，2005年藤枝晃编著的《高昌残影：出口常順藏トルファン出土佛典斷片圖録》和《トルファン出土仏典の研究：高昌殘影釈録》出版。[④]前者刊布了大阪四天王寺出口常顺氏所

① ［日］小田义久主编：《大谷文書集成》（共四卷），京都：法藏馆，1989年（第一卷）、1990年（第二卷）、2003年（第三卷）、2010年（第四卷）。

② ［日］矶部彰编集：《台東區立書道博物館所藏中村不折旧藏禹域墨書集成》，文部科学省科学研究费特定领域研究（東アジア出版文化の研究）总括班，2005年。

③ 包晓悦：《日本书道博物馆藏吐鲁番文献目录》，《吐鲁番学研究》2015年第2期、2016年第1期、2017年第1期。

④ ［日］藤枝晃编：《高昌残影 出口常順藏トルファン出土佛典斷片圖録》，京都：法藏馆，2005年；［日］藤枝晃编著：《トルファン出土仏典の研究：高昌殘影釈録》，京都：法藏馆，2005年。

藏130件吐鲁番文书残片的图版，其中含有北朝后期和高昌国时期的佛典残片33件，纪年明确的是麴氏高昌延寿四年（627）《令狐善欢抄〈仁王般若经〉题记》。后者是对前者的释录、解说，以图版和释文对照的方式出版，便于研究和查对。

1984年以来，荣新江拉网式搜集世界各地散藏的敦煌吐鲁番文献，二十世纪八九十年代开始陆续发表相关成果。[①]2000年以来，荣氏先后发表《中国所藏敦煌吐鲁番文献整理刊布简介》[②]《再谈德藏吐鲁番汉文典籍与文书》[③]《欧美所藏吐鲁番出土汉文文献：研究现状与评介》[④]《日本散藏吐鲁番文献知见录》[⑤]《中国散藏吐鲁番文献知见录》[⑥]《欧美所藏吐鲁番文献新知

---

① 荣新江：《海外藏吐鲁番文献知见录》，江西人民出版社，1996年。论文有：《欧洲所藏西域出土文献闻见录》，《敦煌学辑刊》1986年第1期；《欧洲所藏西域出土汉文写本调查随记》，《中国史研究动态》1986年第10期；《龙谷大学图书馆藏敦煌西域文献及研究状况》，《中国敦煌吐鲁番学研究通讯》第2期，1991年；《日本书道博物馆藏吐鲁番敦煌文献纪略》，《文献》1996年第2期；《柏林印度艺术博物馆藏吐鲁番汉文佛典札记》，载《华学》编辑委员会主编《华学》第2辑，中山大学出版社，1996年，第314～317页；《德国“吐鲁番收集品”中的汉文典籍与文书》，载饶宗颐主编《华学》第3辑，紫禁城出版社，1998年，第309～325页；《中国所藏吐鲁番文书及其对中古史研究的贡献》，《敦煌学》1998年第21辑，第41～61页；《德国吐鲁番出土〈春秋后语〉残卷考释》，《北京图书馆馆刊》1999年第2期。

② 荣新江：《中国所藏敦煌吐鲁番文献整理刊布简介》，《唐代史研究》第4号，2001年，第118～121页。

③ 荣新江：《再谈德藏吐鲁番汉文典籍与文书》，载饶宗颐主编《华学》第9、10辑，上海古籍出版社，2008年，第854～877页。

④ 荣新江：《欧美所藏吐鲁番出土汉文文献：研究现状与评介》，载新疆吐鲁番地区文物局编《吐鲁番学研究：第二届吐鲁番学国际学术研讨会论文集》，上海辞书出版社，2006年，第37～41页。

⑤ 荣新江：《日本散藏吐鲁番文献知见录》，《浙江大学学报》2016年第4期。

⑥ 荣新江：《中国散藏吐鲁番文献知见录》，载本书编委会主编《敦煌吐鲁番文献与中古史研究：朱雷先生八秩荣诞祝寿集》，上海古籍出版社，2016年，第26～40页。

见》[①]等论文。这些阶段性成果，为学界研究提供了重要指引，不过大多未对所收文书进行释录，学者在使用时仍需参考其他相关论著才可得知文书的全部内容。2021年，荣新江多年来相关工作的成果汇集——荣新江、史睿主编《吐鲁番出土文献散录》由中华书局出版，在充分吸收前人成果的基础上，通过作者数十年来的查访、搜集，将世界各公私藏家手中的散见吐鲁番非佛教文献汇集于一部著作，上编“典籍”分为经史子集、小学、道教、摩尼教、佛典题记等类，并进行定名、解题、录文。其中收有众多高昌郡、高昌国时期的儒家经典、《史记》《三国志》残卷、《汉纪》、《高昌国史编年》（即前文所述高昌“揖王入城事”文书），以及沮渠北凉、大凉王沮渠安周、阚氏高昌、麴氏高昌、南朝齐梁时期供养和写经题记。下编“文书”部分则收有高昌郡、前秦、北凉时期的契券、户籍、赀簿、状文、衣物疏等。同时，该书吸收国内外相关研究成果相当全面，所附参考文献详细罗列国内外的相关重要论著，可为学界研究提供极大便利。

一些混入俄藏敦煌文献中的魏晋南北朝吐鲁番文献也被学者检出。如关尾史郎《ロシア、サンクト＝ペテルブルグ所藏敦煌文献中のトゥルファン文献について》一文，揭出Дx.02670《史记·李斯列传》残片（背面为高昌“揖王入城事”）、Дx.02683+Дx.11074《黄帝内经素问》（背面为高昌石垂等渠麦、豆、瓜等亩数簿）、Дx.02887《高昌牛犊驴出入帐历》、Дx.02949《高昌曹法姿写经题记》等高昌国时期的文书。[②]徐俊《俄藏

① 荣新江：《欧美所藏吐鲁番文献新知见》，《敦煌学辑刊》2018年第2期。

② ［日］关尾史郎：《ロシア、サンクト＝ペテルブルグ所藏敦煌文献中のトゥルファン文献について》，原载《敦煌文献の総合的·学際研究》，平成12年度新潟大学プロジェクト推進經費（学際研究プロジェクト）研究成果报告书，2001年。在本文中，笔者转引自陈国灿《吐鲁番出土文献研究的新进展》一文。又［日］关尾史郎：《サンクトペテルプルぐ藏，Дx.02683V+Дx.110074V初探——トゥルファン盆地の水利に関する一史料》，《中国水利史研究》第30号，2002年，第14～26页。

Dx[①].11414+Dx.02947前秦拟古诗残本研究——兼论背面契券文书的地域和时代》一文，从2001年出版的《俄藏敦煌文献》(第15册，上海古籍出版社）中找到Дx.11414残片，并将其与《俄藏敦煌文献》第10册所刊布的Дx.02947号文书缀合为一件，判断这件文书中的古诗作者为前秦秘书监朱彤、中书侍郎韦谭，与可能为前秦秘书郎赵整的阙名者，诗钞的年代大概在建元八九年到十三年（372、373—377）；进而又判断Дx.02947v为前秦建元十四年（378）的吐鲁番文书《苏息黑奴买地券》、Дx.11414v为前秦建元十三年（377）吐鲁番文书《赵伯郎买婢券》。[②]2001年出版的《俄藏敦煌文献》第17册[③]中，Дx.17015—17435号科罗特夫收集品中的部分吐鲁番文献亦被学者识别出来[④]，但大多为佛教文献，且残片较小，难以断定具体的时代。

魏晋南北朝时期的吐鲁番文献资料，文书之外十分重要的就是吐鲁番出土砖志。《新疆文物》2000年第3、4期合刊上刊载了穆舜英编制的《吐鲁番阿斯塔那古墓群出土墓志（柩铭）表》(第244～251页)、《吐鲁番阿斯塔那——哈拉和卓古墓区收集墓志表》(第252页)、《北京故宫博物院、辽宁省博物馆、英国伦敦博物院保存的吐鲁番阿斯塔那古墓区出土的墓志表》(第253页)，是21世纪初较早的吐鲁番出土砖志目录汇集，但收集并不全面，且仅为目录简表，不便查阅砖志具体内容。2003年，侯灿、吴美琳合

---

① Dx亦即Дx，本文在叙述文章原文标题时，采取徐俊的写法"Dx"，在论述具体问题时通篇采用"Дx"。

② 徐俊：《俄藏Dx.11414+Dx.02947前秦拟古诗残本研究——兼论背面契券文书的地域和时代》，载季羡林、饶宗颐、周一良主编《敦煌吐鲁番研究》第6卷，北京大学出版社，2002年，第205～220页。

③ 俄罗斯科学院东方学研究所圣彼得堡分所、俄罗斯科学出版社东方文学部、上海古籍出版社合编：《俄藏敦煌文献》第17册，上海古籍出版社，2001年，第50～118页。

④ 荣新江：《吐鲁番出土文献散录》"前言"，第7页。

著的《吐鲁番出土砖志集注》出版，是吐鲁番砖志汇集刊布与研究上具有代表性的成果，书中共收砖志328件，其中210件为沮渠大凉至高昌国时期的资料。[1]该书公布有图版和深入细致的录文、校释、题解等，对于魏晋南北朝高昌政治史、家族史、制度史、区域社会史等研究具有重要价值。学界对《吐鲁番出土砖志集注》有一些补正性成果发表[2]，可共同参考研读。2008年出版的《新获吐鲁番文献》又公布了11方麴氏高昌国时期的墓志，其中粟特人康氏墓志备受关注。2009年，关尾史郎、清水はるか编集出版《トルファン出土漢文墓誌集成（稿）——高昌郡・高昌国篇》[3]，收集高昌郡、高昌国时代砖志共计228件。2020年，张铭心所著《吐鲁番出土墓志汇考》由广西师范大学出版社出版，在侯灿所统计328件砖志的基础上将吐鲁番砖志总数提高到371件。在排除大凉承平十三年（455）《且渠封戴墓表》和一砖二志的麴氏高昌《画承墓表》及《画承夫人张氏墓表》的重复下，尚有高昌郡和高昌国时代的砖志228件，较关尾、清水二氏的收录更为全面，是目前最为完整的吐鲁番砖志辑录。新增部分包含《新获吐鲁番文献》所收的墓志，以及该书首次公布的麴氏高昌义和三年（616）《和氏墓表》等属于魏晋南北朝时期的文献。同时，该书还收录18方非吐鲁番出土的高昌国和唐西州相关碑志，亦是值得关注的史料。

据武海龙介绍，2012—2016年中国社会科学院考古研究所边疆民族考古研究室、吐鲁番学研究院和龟兹研究院等单位联合对吐峪沟石窟东西区进行发掘，保守估计出土汉文佛典和其他古代少数民族文字文书残片近

---

① 侯灿、吴美琳：《吐鲁番出土砖志集注》，巴蜀书社，2003年。

② 参见郑炳林、陈晶晶：《〈吐鲁番出土砖志集注〉校正》，载郝春文主编《敦煌吐鲁番研究》第19卷，上海古籍出版社，2020年，第201～232页。

③［日］关尾史郎、清水はるか：《トルファン出土漢文墓誌集成（稿）——高昌郡・高昌国篇》，《新潟大学大域プロジェクト研究資料叢刊》第14号，2009年。

20000余片。[①]虽具体内容尚待整理和刊布，但是基于前述对吐峪沟出土魏晋南北朝墓葬文书、吐峪沟石窟附近出土文书时代的了解，不难想象其中应该存在魏晋南北朝时期的文书。

三、政治与制度

魏晋南北朝吐鲁番地区政治史演进的过程，与前述魏晋南北朝吐鲁番的历史分期有一定程度的契合。从东汉末年到前凉设高昌郡之间的历史，史料记载十分有限，学界主要研究点集中于戊己校尉和屯田等问题上。

王素曾在其1998年出版的《高昌史稿·统治编》一书中，利用斯文·赫定和斯坦因在罗布泊西域长史故址所获简、纸文献和吐鲁番出土文书，讨论魏晋之际吐鲁番由两汉时期的壁垒向郡、县边疆城市的过渡，以及戊己校尉由两汉的寄治向世袭、久任、土著的发展等问题。[②]而对前凉设置高昌郡前夕，西域长史李柏与赵贞相关史事的研究，围绕“李柏文书”，王素在《高昌史稿·统治编》中对国内外学界20世纪以来诸多观点辩驳总结之后，提出前凉高昌郡设置于东晋咸和二年（327）十月或十月前后，并论述了赵贞与前凉的关系变化原委。21世纪以来，王素又发表《高昌戊己校尉的设置》《高昌戊己校尉的组织》《高昌戊己校尉之罢废》《关于前凉讨伐戊己校尉赵贞的新资料——大谷文书8001号考释》系列论文。[③]后两篇文章与魏晋南北朝关系密切，在之前研究的基础上进一步申论魏晋之际戊己校尉执掌新增兼司诸胡、察举等军政事务，同时文章将大谷文书8001号中的

---

① 武海龙：《国内藏吐鲁番汉文佛教典籍及其价值》，载王振芬、荣新江主编《丝绸之路与新疆出土文献》，第512～541页。

② 王素：《高昌史稿·统治编》，文物出版社，1998年，第97～99页。

③ 分载《新疆师范大学学报》2005年第3期、《中国历史文物》2005年第4期、《吐鲁番学研究》2004年第2期、《文物》2006年第6期。

赵旦阳比定为赵贞，认为赵贞被平定后戊己校尉改治田地城，权力被削至偏守道路，高昌地区实行军、政分离统治，戊己校尉罢废后高昌地区又回归至军政合一体制。王希隆《魏、晋、前凉西域屯田述论》利用楼兰西晋简牍和吐鲁番文书，指出魏晋时期西域长史驻在楼兰，属军屯性质，官兵以“部”为单位管理，士卒既有来自河陇区域的，也有当地征募者。[①]王欣《魏晋西域屯田的特点》指出魏晋之际西域出现民屯，高昌设郡之后民屯地位上升、军屯的制度体系更加完备。[②]韦正《试谈库车友谊路古墓群的年代和墓志身份》认为2007年、2010年在新疆库车友谊路发现的15座东晋十六国墓葬应属前凉前期，其出现背景是前凉平定赵贞后杨宣出兵西域，将势力发展到龟兹地区。文章同时指出，这些墓葬要比吐鲁番阿斯塔那东晋十六国早期墓葬更加精美，应是某种政治活动影响下的特殊产物。[③]王素《吐鲁番新获高昌郡文书的断代与研究——以〈新获吐鲁番出土文献〉为中心》认为2004TAM408号墓为前凉墓葬，出土的《 奍尊钟妻令狐阿婢随葬衣物疏》为前凉文书，2006TAM605号墓出土文书《隗田英随葬衣物疏》亦为前凉文书，是吐鲁番地区出土最早的衣物疏。尊氏为高昌特有姓氏。[④]此外，关尾史郎指出吐鲁番的墓葬文化反映出其与酒泉郡之间的密切关系，但出土墓志记载吐鲁番移民来自敦煌者居多，认为其原因是魏晋之际敦煌相对安宁，河西、酒泉则因秃发树机能叛乱之故，民众向西迁移的时代早于敦煌。同时除了张氏，令狐氏等迁入高昌较晚、规模较小的家族在吐鲁

---

① 王希隆：《魏、晋、前凉西域屯田述论》，《西域研究》2015年第3期。

② 王欣：《魏晋西域屯田的特点》，《中国边疆史地研究》2015年第4期。

③ 韦正：《试谈库车友谊路古墓群的年代和墓志身份》，载教育部人文社会科学重点研究基地、吉林大学边疆考古研究中心编《边疆考古研究》第12辑，科学出版社，2012年，第275～282页。

④ 王素：《吐鲁番新获高昌郡文书的断代与研究——以〈新获吐鲁番出土文献〉为中心》，载郑欣淼主编《故宫学刊》第5辑，紫禁城出版社，2009年。

番的地位较低，故其丧葬文化对高昌影响不大。[①]

前凉时代之后，吐鲁番地区先后经历前秦、后凉、西凉、北凉统治时代。由于出土资料有限，近20年有关前秦、后凉、西凉统治时期吐鲁番政治史、制度史的研究并不多。2006年在吐鲁番洋海墓地赵货墓出土的《前秦建元二十年（384）高昌郡高宁县都乡安邑里籍》被认为是目前所见最早的纸本户籍文书，公布后颇受学界关注。荣新江先后发表《吐鲁番新出〈前秦建元二十年籍〉研究》[②]《吐鲁番新出〈前秦建元二十年籍〉的渊源》[③]两篇论文，讨论户籍的年代、地点、格式、土地、奴婢转移，以及其与中原汉晋之户籍的关系问题。张荣强亦有《〈前秦建元籍〉与汉唐间籍帐制度的变化》[④]《再谈〈前秦建元二十年籍〉录文问题》两篇论文，讨论该籍的录文等问题。他认为这件文书第三栏登载的内容是各户的资产状况，文书记载三月造籍，与秦汉八月造籍、隋唐正月造籍不同，很大原因是当时特定的历史背景造成的；张氏并指出该籍对户主籍贯的记载注明州、郡、县、乡、里，说明纸本户籍不再保存于乡、县，而是进一步上呈至郡、州，甚

① ［日］关尾史郎著，田卫卫译：《“五胡”时期西北地区汉人族群之传播与迁徙——以出土资料为中心》，载陕西师范大学历史文化学院、陕西历史博物馆编《丝绸之路研究集刊》第2辑，商务印书馆，2018年，第92～102页。

② 荣新江：《吐鲁番新出〈前秦建元二十年籍〉研究》，《中华文史论丛》2007年第4辑。后收入荣新江、李肖、孟宪实主编：《新获吐鲁番出土文献研究论集》，中国人民大学出版社，2010年，第23～44页。

③ 荣新江：《吐鲁番新出〈前秦建元二十年籍〉的渊源》，载［日］土肥义和编《敦煌・吐魯番出土漢文文書の新研究》，《東洋文庫論叢》72，东洋文库，2008年，第201～212页。又收入孟宪实、荣新江、李肖主编：《秩序与生活：中古时期的吐鲁番社会》，中国人民大学出版社，2011年，第464～476页。

④ 张荣强：《〈前秦建元籍〉与汉唐间籍帐制度的变化》，《历史研究》2009年第3期。后改名为《〈前秦建元二十年籍〉》，收入氏著：《汉唐籍帐制度研究》，商务印书馆，2010年，第222～266页。

至中央机构。[①]关尾史郎在《〈前秦建元廿（三八四）年三月高昌郡高寧縣都鄉安邑里戶籍〉新釈》中考察前秦户籍制度和运行实态，认为此文书中注记的“新上”是指新编入户籍的新户，认为籍中下部第三栏的内容是各户的资产转移记录，进而指出唐代三年一造户籍的制度可能自前秦时代就已经开始。文章并对户籍所载各户的家庭构成、土地保有情况进行了探讨。[②]在《サンクトペテルブルグ藏,戶籍様文書簡介》[③]和《从吐鲁番带出的“五胡”时期户籍残卷两件——柏林收藏的“Ch6001v”与圣彼得堡收藏的“Дx08519v”》[④]二文中，关尾史郎将德藏Ch6001v号文书定名为《北凉承阳二年（426）十一月高昌郡高宁县户籍残卷》，Дx08519号文书定名为《年次未详（5世纪前期?）高昌郡高昌县都乡户籍残卷》。在《“五胡”时代的户籍制度初探——以敦煌·吐鲁番出土汉文文书的分析为中心》一文中，关尾史郎将前秦建元籍、西凉建初籍、北凉承阳籍置于历史序列中进行考察，指出建元籍中下部第三栏的内容在后面两籍中已经取消，说明户籍制度本身的发展，同时文章探讨了十六国时期“家口帐”与户籍制作的关系。[⑤]丁树芳则在《〈前秦建元二十年籍〉补说》中通过新生儿的年龄判断高昌曾于

---

① 张荣强：《再谈〈前秦建元二十年籍〉录文问题》，《史学史研究》2015年第3期。

② ［日］关尾史郎：《〈前秦建元廿（三八四）年三月高昌郡高寧縣都鄉安邑里戶籍〉新釈》，《東方学》第127辑，2014年，第35～49页。

③ ［日］关尾史郎：《サンクトペテルブルグ藏，戶籍様文書簡介》，《法史学研究会会報》第8号，2003年，第74～80页。

④ ［日］关尾史郎：《从吐鲁番带出的“五胡”时期户籍残卷两件——柏林收藏的“Ch6001v”与圣彼得堡收藏的“Дx08519v”》，载新疆吐鲁番地区文物局编《吐鲁番学研究：第二届吐鲁番学国家学术研讨会论文集》，上海辞书出版社，2006年，第180～190页。

⑤ ［日］关尾史郎：《“五胡”时代的户籍制度初探——以敦煌·吐鲁番出土汉文文书的分析为中心》，载饶宗颐主编《敦煌吐鲁番研究》第14卷，上海古籍出版社，2014年，第224～225页。

前秦建元十四年、十七年、二十年三次（378、381、384）造籍，三年一造籍是前秦常规，制度来源很可能是东晋；并认为该籍下部第三栏的内容与北凉赀簿的计赀有关。[①]可见，目前关于前秦建元籍下部第三栏内容的实质内涵仍然存在以张荣强的各户资产说、关尾史郎的财产转移记录说、丁树芳赀簿相关说3种观点。

关于西凉时期吐鲁番政治和制度史，朱艳桐《酒泉马氏与五凉王国》考证《西凉建初四年（408）秀才对策文》中的马骘与《辛祥墓志》《辛穆墓志》中的辛绍先妻父马骘为同一人，进而论述了酒泉马氏在河西五凉政权中的地位。[②]凌文涛认为该对策文反映了西凉儒、玄并立的立国政策，以及治国思想由儒入玄的变化。[③]关于西凉的户籍制度，张荣强发表《〈西凉建初籍〉与魏晋时期的职役户籍》一文[④]，对S.113《西凉建初十二年（416）正月敦煌郡敦煌县西宕乡高昌里籍》又有新的发覆，认为这件文书并非民籍，而是敦煌行政机构编造的兵户户籍，将该籍中的“散”解释为没有现役的兵户。

高昌郡阶段的吐鲁番文书以北凉时代最为丰富，因此有关北凉时期的吐鲁番学研究成果相当丰硕，杨荣春曾对20世纪的相关成果有详细回顾[⑤]。2000年以来其政治史方面的研究成果亦相当突出。北凉玄始九年（425）沮渠蒙逊以隗仁为高昌太守，是目前可考北凉任命的第一任高昌太守。杨荣春《北凉高昌太守隗仁史迹钩沉》认为隗仁为出自天水的敕勒高车族。[⑥]杨荣春还撰文

---

① 丁树芳：《〈前秦建元二十年籍〉补说》，《敦煌学辑刊》2013年第4期。

② 朱艳桐：《酒泉马氏与五凉王国》，《敦煌研究》2017年第5期。

③ 凌文涛：《吐鲁番出土〈秀才对策文〉与西凉立国之策》，《西域研究》2017年第1期。

④ 张荣强：《〈西凉建初籍〉与魏晋时期的职役户籍》，《中华文史论丛》2021年第2期。

⑤ 杨荣春：《20世纪以来的北凉史研究》，《中国史研究动态》2018年第5期。

⑥ 杨荣春：《北凉高昌太守隗仁史迹钩沉》，《吐鲁番学研究》2014年第2期。

讨论北凉被北魏灭亡后，沮渠无讳和沮渠安周兄弟统治高昌过程中沮渠安周的历史作用，从沮渠安周的角度对高昌大凉国史进行梳理。[①]孟宪实则在《高昌国初期内争索隐——以法进自杀事件为中心》一文中，将北凉高僧法进自杀事件当作沮渠安周与沮渠乾寿夺权斗争的重要组成部分进行解读，认为法进自杀是想利用饥民激起民变，从而为沮渠乾寿再次夺权创造机会，此解读使北凉高昌国史的内涵更加丰满。[②]吴震《俄藏"揖王入高昌城事"文书所系史事考》将Дx.02670号文书所记继承王位的"茂"比定为沮渠蒙逊第三子沮渠茂虔（沮渠牧犍），以北凉国史为线索解读了此件文书，认为此文书可以定名为《北凉（沮渠氏）大事记》。[③]又朱艳桐《北凉王国与胡汉民族》一文，从吐鲁番文书中找出30位高昌隗氏家族人物，对高昌隗氏的发展作了全面梳理，并通过吐鲁番文书讨论胡族在高昌的著籍问题。[④]朱艳桐还将《故凉州武威太守沮渠愍之墓志》中沮渠愍之高祖沮渠提比定为沮渠蒙逊之子沮渠菩提，进一步利用《隋伊穆及妻沮渠氏墓志》《奉先观老君像碑》以及吐鲁番文书，勾稽了高昌大凉灭亡后沮渠人物在中原和西域的去向，她指出，直到隋唐时期仍有一支中原的沮渠氏后裔以"泸水沮渠"自居，对研究中古民族认同和少数民族华夏化具有参考意义。[⑤]李宗俊进一步论证沮渠愍之高祖为沮渠菩提，进而以墓志为线索掘发了北凉沮渠牧犍与沮渠菩提之间的王位争夺内幕、北凉与南朝的交往、沮渠氏的族属等问题。[⑥]

---

① 杨荣春：《沮渠安周与大凉政权》，《青海民族大学学报》（社会科学版）2017年第4期。

② 孟宪实：《高昌国初期内争索隐——以法进自杀事件为中心》，载朱玉麒主编《西域文史》第1辑，科学出版社，2007年。后收入氏著：《出土文献与中古史研究》，中华书局，2017年，第163～175页。

③ 吴震：《俄藏"揖王入高昌城事"文书所系史事考》，《吐鲁番学研究》2001年第2期。

④ 朱艳桐：《北凉王国与胡汉民族》，《敦煌研究》2019年第6期。

⑤ 朱艳桐：《北魏至唐沮渠氏踪迹钩沉》，《中国边疆史地研究》2019年第4期。

⑥ 李宗俊：《〈沮渠愍墓志〉与北凉政权相关问题》，《甘肃社会科学》2022年第1期。

王素、关尾史郎等将高昌郡时代的制度史，尤其是文书制度的研究推向深入。王素《高昌郡府官制研究》将高昌郡府官分为长官（太守）、佐官（丞或长史，或增加都尉，或未设）、属吏3类。属吏分为纲纪、门下、列曹、监察4个系统，其中校曹主簿、校曹书佐负责审校宣传，相当于门下系统。主簿、功曹史、五官为三纲，属政务系统；主簿直属的人员有典军、捉曹、典学、均役等主簿（此四主簿为高昌新设），典学主簿下有内学司成；录事总管列曹文案；功曹有功曹史和功曹书佐；事务系统的列曹则有兵、仓、户、金、掾史五曹；监察系统主要指督邮一职。[①]王素《高昌郡时期县廷官制研究》一文，又将县廷的官员分为长官（令或长）、佐官、属吏3种，指出长官和佐官由中央任命，佐官可能仅有尉一人或尉与丞，属吏由长官从本地人中自行辟用，分为纲纪（主簿、功曹史、廷掾）、门下、列曹（兵曹、贼曹、铠曹）3个系统。[②]王素还指出《道人德受辞》中的“可”字或许为北凉王沮渠蒙逊所批，此件文书的蓝书还见于玄始十一年（422）十一月五日《马受条呈为出酒事》、玄始十二年（423）二月九日《失官马责赔文书》、玄始十二年七月《翟定辞为雇人耕事》几件文书，原因是高昌地区缺墨。[③]关尾史郎关于高昌郡及高昌国时代文书行政制度的系列研究是近20年颇值注意的成果。在《“五胡”時代、高昌郡文書の基礎的考察——兵曹關係文書群の検討を中心として—》一文中，关尾指出十六国时代“兵曹掾○○、史××白”固定句型的文书，为郡、县地方官府兵曹长官

---

① 王素：《高昌郡府官制研究》，载新疆吐鲁番地区文物局编《吐鲁番学研究：第二届吐鲁番学国际学术研讨会论文集》，第16～26页。

② 王素：《高昌郡时期县廷官制研究》，载饶宗颐主编《华学》第9、10辑，上海古籍出版社，2008年，第1081～1086页。

③ 王素：《吐鲁番出土沮渠氏北凉真兴年间“画可”文书初探》，载饶宗颐主编《华学》第4辑，紫禁城出版社，2000年，第127～130页。

“掾”及其下属“史”连名呈报给太守或县令的上行文书。[①]在《〈新获吐鲁番出土文献〉所收“五胡”时代公文书试探》一文中，关尾讨论了《新获吐鲁番出土文献》所公布的6件北凉时代上行“白文书”的性质。[②]他又在《條呈—トルファン出土五胡文書分類試論（1）—》一文中，指出高昌郡时代的条呈文书是高昌县衙内部作成，向县令或与之相当的官员上申的文书，是高昌国上奏文书的早期形态。[③]在《高昌郡时代の上行文書とその行方》一文中，关尾进而论证了高昌郡时代的上行文书和高昌国时代上奏文书及其文书行政系统间的承继关系，认为与高昌郡时代兵曹的上行文书相比，高昌国上奏文书的使用范围已经比较窄了，高昌郡的条呈文书与兵曹文书之类的上行文书是高昌国上奏文书的前身。[④]在《〈五胡〉時代の〈屬〉について—トルファン出土五胡文書分類試論（Ⅱ）—》一文中，关尾考察了哈拉和卓91号、96号墓以及阿斯塔那382号墓出土文书中的“属”文书，指出与兵曹有关的“属”文书的制作，是主簿同意并自署的案件，兵曹掾将其转记在“白”中，加上必要的对应意见，然后交主簿以下自署。[⑤]在《〈五胡〉時代の〈符〉について—トルファン出土五胡文書分類試論

① ［日］关尾史郎：《“五胡”時代、高昌郡文書の基礎的考察——兵曹関係文書群の検討を中心として—》，载［日］土肥义和编《敦煌・吐魯番出土漢文文書の新研究》，东京：东洋文库，2009年，第183～200页。

② ［日］关尾史郎著，王蕾、冯培红译：《〈新获吐鲁番出土文献〉所收“五胡”时代公文书试探》，载刘进宝主编《丝路文明》第2辑，上海古籍出版社，2017年，第61～74页。

③ ［日］关尾史郎：《條呈—トルファン出土五胡文書分類試論（1）—》，《東アジア—歴史と文化—》第10号，2001年，第1～13页。

④ ［日］关尾史郎：《高昌郡时代の上行文書とその行方》，载［日］藤田勝久、松原弘宣编《古代東アジアの情報伝達》，东京：汲古书院，2008年，第75～89页。

⑤ ［日］关尾史郎：《〈五胡〉時代の〈屬〉について—トルファン出土五胡文書分類試論（Ⅱ）—》，《資料学研究》第6号，2009年，第25～34页。

（Ⅲ）—》一文中，关尾论证吐鲁番文书《北凉高昌郡功曹下田地县符为以孙孜补孝廉事》《北凉下二部督邮、县主者符》《北凉神玺三年（399）五月仓曹贷粮文书》《北凉中部督邮残文书》为下行的“符文书”，进而探讨了“符”文书的产生和运作机制。[①]关尾又在《高昌国上奏文書管窺》一文中，推测麴氏高昌的上奏文书被限定于上奏不能用口语或语言代替的事情。[②]关尾氏的《トゥルファン出土文書より見た麴氏高昌国の行政システムと上奏文書》，则论述了麴氏高昌国时代的上奏文书体系。[③]

关于北凉的户籍、赋税制度。关尾史郎亦关注北凉赀簿，发表《サンクト＝ペテルブルゲ藏户籍様文書研究簡介》[④]《〈北凉年次未详（5世纪中頃）貲簿〉残卷の基礎的考察》（上）二文，[⑤]讨论北凉户籍、赀簿的录文及文书性质等问题。裴成国《吐鲁番新出北凉计赀、计口出丝帐研究》一文，判断《计赀出献丝帐》所征收的丝是北凉的户调，根据文书的书写形态推测本文书最初为一件以赀簿为依据制作的赋税征收预案，在后来使用的过程中成为征收情况登记簿，最后又被制作成新的赋税征收案；《计口出丝帐》中的口数是每户的家口，所征收的是北凉的常规性口税，吐鲁番出土

---

① ［日］关尾史郎：《〈五胡〉時代の〈符〉について—トルファン出土五胡文書分類試論（Ⅲ）—》，《西北出土文獻研究》第8号，2010年，第41～53页。

② ［日］关尾史郎：《高昌国上奏文書管窺》，载［日］池田温编《中日律令制の諸相》，东京：东方书店，2002年，第407～428页。

③ ［日］关尾史郎：《トゥルファン出土文書より見た麴氏高昌国の行政システムと上奏文書》，《資料学の方法を探る—情报発信と受容の視点から—》第六集，2007年，第39～46页。

④ ［日］关尾史郎：《サンクト＝ペテルブルゲ藏户籍様文書研究簡介》，《法史学研究會會報》第8号，2003年，第74～80页。

⑤ ［日］关尾史郎：《〈北凉年次未详（5世纪中頃）貲簿〉残卷の基礎的考察》（上），《西北出土文獻研究》第2号，2005年，第42～56页。

的北凉赀簿和家口籍文书分别是这两种税目的征收依据。[①]杨际平则认为北凉计赀出献丝的税率很低，应该是田租的一部分或附加税，计口出丝是口税，北凉《建平某年按赀配生马帐》文书中的计赀配养马则是计赀承役的一种。[②]黄楼研究发现，“献丝帐”中每组内部高、低赀户存在相搭配现象，认为这正与唐长孺揭出的魏晋户调征收的“九品混通”制契合。他指出，每个户组的赀370斛可以折算为75斤丝，与其献丝数额5斤的比率正好形成两汉“十五税一”的户调征收传统，因而应该是国家的正税，至于其税率低于计口出丝税则是由北凉特殊的时代、地理条件所造成。[③]此外，杨荣春《吐鲁番出土〈北凉神玺三年（公元三九九年）〉仓曹贷粮文书研究》一文讨论了段业北凉的常平仓制及其他高昌郡县官制。[④]

孟宪实将吐鲁番文物局2006年征集到的《北凉某七年县仓曹掾杜项符为宋平差遣事》等6件文书的时代判定为北凉承平七年（449），认为这组文书所记之事很可能与高昌大凉对交河的攻占和经营有关，进而探讨了当时的县廷组织。[⑤]黄楼将《兵曹行罚兵士张宗受等文书》和《北凉义和三年（433）幢赵震上言》拼接为一件文书，进而复原北凉上行文书解文的基本

---

① 裴成国：《吐鲁番新出北凉计赀、计口出丝帐研究》，《中华文史论丛》2007年第4辑。

② 杨际平：《谈北凉时期高昌郡的计赀、计口出系与计赀配养马》，《西北师大学报》（社会科学版）2014年第2期。

③ 黄楼：《吐鲁番新出北凉〈计赀出献丝帐〉〈计口出丝帐〉再研究》，《吐鲁番学研究》2019年第2期。修改后收入氏著：《吐鲁番出土官府帐簿文书研究》，社会科学文献出版社，2020年，第24～50页。

④ 杨荣春：《吐鲁番出土〈北凉神玺三年（公元三九九年）〉仓曹贷粮文书研究》，《敦煌学辑刊》2014年第4期。

⑤ 孟宪实：《吐鲁番新出一组北凉文书的初步研究》，载中国人民大学国学院西域历史语言研究所编，沈卫荣主编《西域历史语言研究所集刊》第1辑，科学出版社，2007年。后收入氏著：《出土文献与中古史研究》，第176～192页。

格式。文章指出解文以“言”为标志，与东汉简牍解文中的“言”有一定的历史传承关系，吐鲁番文书中的“上言”多为解文残片，主要用于提请上级官府裁决事务或被上级官府下符差遣或勘责后的回应。[①]陈国灿将《北凉高昌郡高宁县差役文书》25件残片复原为一件文书，重新定名为《北凉高昌郡高宁县条次烽候差役更代簿》，揭出北凉时期高昌城—高宁县—田地县交通线上的烽候警报系统，指出此干线与直通敦煌郡的大海道相接。[②]此外，朱艳桐对北凉尚书、中书、门下、秘书省建置的考证亦是研读北凉官制的重要成果。[③]

460年高昌大凉王沮渠安周被柔然所杀，柔然扶植高昌阚氏家族的阚伯周为王，建立阚氏高昌国政权。阚氏高昌国维系到488年，国王阚首归被高车所杀，高车扶植由敦煌西迁高昌的张孟明为王。阚氏高昌国时期，处在柔然、高车、北魏乃至南朝诸政权复杂角逐的缝隙之中，其对外交通情况与自身政治密切相关。关于阚氏高昌的研究主要集中于对哈拉和卓90号墓出土文书、洋海1号墓出土文书的探讨上。罗新研究了哈拉和卓90号墓出土《高昌主簿张绾等传供帐》文书中的提懃、秃地、折胡真、处论、处罗干等柔然政治名号的意涵。[④]裴成国认为所谓《高昌主簿张绾等传供帐》其实并非传供帐，而是阚氏高昌时期仓部的织物及毯等支出帐，宜重新定名为《阚氏高昌仓部织物及毯等支出帐》，进而探讨了阚氏高昌国客使接待制

① 黄楼：《吐鲁番文书所见北凉解文的复原及相关问题研究》，《敦煌研究》2016年第3期。后收入氏著：《吐鲁番出土官府帐簿文书研究》，第234～252页。

② 陈国灿：《〈北凉高昌郡高宁县条次烽候差役更代簿〉考释》，《吐鲁番学研究》2013年第2期。

③ 朱艳桐：《北凉王国中枢职官考》，《西夏研究》2021年第3期。

④ 罗新：《高昌文书中的柔然政治名号》，《吐鲁番学研究》2008年第1期。后收入氏著：《中古北族名号研究》，北京大学出版社，2009年，第155～165页。

度。[①]荣新江利用洋海1号墓地出土《阚氏高昌永康九年、十年送使出人、出马条记文书》探讨了阚氏高昌国民户的配马制度，考证郡县城镇设置及其今地所在，认为交河地区当时尚未设置郡、县。[②]王素则对洋海1号墓出土《张祖墓表》的录文进行重新校订，认为该墓出土的文书是高宁县官吏根据阚氏高昌中央下发的送使出人、出马文件所抄录的以高宁为主的备忘文稿。[③]陈昊利用洋海1号墓出土文书中的闰月信息，证实阚氏高昌奉用柔然年号的永康元年为公元466年，将同墓出土97TSYM1：13-4号背面文书定名为《阚氏高昌永康十三年、十四年历日》，将97TSYM1：13-3c号背面文书拟题为“甲子推杂吉日法”，进而讨论了两件文书的关系。[④]裴成国初步探讨了洋海1号墓出土的《阚氏高昌永康年间供物、差役帐》的性质及特征，认为这组文书登录的是丁男服杂徭的情况，差役对象具有普遍性、差役项目具有临时性。[⑤]黄楼认为差役帐反映的是永康十年（473）闰三月五日前焉耆王前往漠北柔然汗庭，短期过境高昌时产生的文案，大体反映了高昌杂差科的基本面貌，即征收的内容除了食物、劳动力，有时也包括货币。[⑥]黄楼又有《吐鲁番所出〈阚氏高昌某郡·毯等帐〉考释》一文，注意

① 裴成国：《〈高昌主簿张绾等传供帐〉再研究——兼论阚氏高昌国时期的课使接待制度》，《西域研究》2013年第4期。

② 荣新江：《吐鲁番新出送使文书与阚氏高昌王国的郡县城镇》，载季羡林、饶宗颐主编《敦煌吐鲁番研究》第10卷，上海古籍出版社，2007年，第21～42页。

③ 王素：《关于吐鲁番新出阚氏王国张祖墓表的几个问题》，《文物》2009年第1期。

④ 陈昊：《吐鲁番洋海1号墓出土文书年代考释》，载季羡林、饶宗颐主编《敦煌吐鲁番研究》第10卷，第11～20页。

⑤ 裴成国：《吐鲁番新出一组阚氏高昌时期供物、差役帐》，载中国人民大学国学院西域历史语言研究编，沈卫荣主编《西域历史语言研究集刊》第2辑，科学出版社，2009年。后收入荣新江、李肖、孟宪实主编《新获吐鲁番出土文献研究论集》。

⑥ 黄楼：《阚氏高昌杂差科帐研究——吐鲁番洋海一号墓所出〈阚氏高昌永康年间供物、差役帐〉的再考察》，《敦煌学辑刊》2015年第2期。后收入氏著：《吐鲁番出土官府帐簿文书研究》，第51～94页。

到《阚氏高昌某郡綵毯等帐》缴纳的所有物品都与纺织有关，且数额较大，认为该文书是永康三年（466）高昌郡仓曹文书，文书中向官府输纳綵、毯的是官府控制的织造户，文书所记是官府收纳的除过织造户加工相关杂用的纯收入，故这件文书反映的是官营作坊织造的情况；而官府控制织造户的制度则可追溯至北凉时代，在麴氏高昌依然存续，进而讨论了高昌国对织造户的管理方式问题。[①]

北魏太和十二年（488），高车阿伏至罗杀柔然所立阚首归，立来自敦煌的大族张孟明为高昌王。不久，高车因内乱失去对高昌的控制，496年张孟明为高昌国人所杀，马儒被拥立为高昌王。马儒统治下的高昌，处于高车、柔然、嚈哒、北魏诸政权博弈的夹缝中，马儒向北魏请求内徙，终因"高昌旧人"的激烈反对导致马儒被杀。王欣《高昌内徙与西域政局》一文，一方面注意到在西域柔然、高车、嚈哒诸政权的复杂角逐中，张孟明被杀和马儒被立事件中高昌试图摆脱高车控制的自立性尝试，以及在无北方游牧政权干涉的情况下高昌大族内部势力的相互较量；另一方面从北魏对高昌的处置政策角度指出，北魏欲图以高昌控制丝路交通、牵制柔然和高车，才是489—518年高昌屡求内徙而未果的原因。[②]

501年，马儒被国人所杀后，来自金城的豪右大族麴嘉被拥立为高昌王。关于麴氏一族的郡望，继王素《高昌史稿·统治编》之后，施新荣[③]、薛宗正[④]、董华锋[⑤]等继有讨论。麴氏王室来自金城已为学界普遍认可，分

① 黄楼：《吐鲁番所出〈阚氏高昌某郡綵毯等帐〉考释》，《新疆大学学报》2016年第6期。后收入氏著：《吐鲁番出土官府帐簿文书研究》，第95～113页。

② 王欣：《高昌内徙与西域政局》，《中国边疆史地研究》2011年第3期。

③ 施新荣：《也谈高昌麴氏之郡望——与王素先生商榷》，《西域研究》2001年第3期。

④ 薛宗正：《麴嘉考——兼论麴氏王朝的内外政策》，《新疆师范大学学报》（哲学社会科学版）2008年第1期。

⑤ 董华锋：《汉唐金城、西平麴氏研究》，《西域研究》2008年第3期。

歧主要在于高昌是否有西平麴氏家族，施新荣否认高昌存在西平麴氏家族；董华锋提出西平麴氏指西汉中晚期形成的西平亭麴氏，廓清了西平麴氏的渊源；薛宗正则讨论了麴嘉统治时代高昌国在高车、柔然、北魏之间的政策周旋。王素在《高昌史稿·统治编》之后，利用新见墓志等资料发表多篇论文[①]，对麴氏高昌国史研究又有推进。如对麴伯雅在隋大业五年（609）第一次入隋事的研究，增补佚诗1首，并尽可能复原当时的历史情境；对麴伯雅大业七至八年（611—612）第二次入隋返回高昌后隋炀帝封麴伯雅为弁国公一事，利用梁元帝《职贡图》提出这是因为隋炀帝有平灭高丽后使伯雅镇守的想法，而此想法来源于该图“高昌国使”题记“面貌类高丽”的观点。

麴伯雅延寿年间“解辫削衽”的变服改革、“义和政变”、“重光复辟”对高昌国史影响重大。自吴震利用《张雄夫妇墓志》抉发麴伯雅统治时期高昌发生的“义和政变”史事以来[②]，相关问题备受学界关注[③]，《高昌史稿·统

---

① 王素：《新发现麴伯雅佚诗的撰写时地及其意义——〈高昌史稿·统治编〉续论之二》，《西域研究》2003 年第 2 期；王素：《梁元帝〈职贡图〉“高昌国使”图像与题记》，载武汉大学中国三至九世纪研究所编《魏晋南北朝隋唐史资料》第 41 辑，上海古籍出版社，2020 年；米婷婷、王素：《隋封高昌王麴伯雅弁国公索隐——兼谈梁元帝〈职贡图〉的影响》，《西域研究》2020 年第 2 期。

② 吴震：《麴氏高昌国史索隐——从张雄夫妇墓志谈起》，《文物》1981 年第 1 期。

③ ［日］关尾史郎：《“義和政變”前史——高昌國王麴伯雅の改革を中心として—》，《東洋史研究》第 52 卷第 2 号，1991 年；王素：《麴氏高昌“义和政变”补说》，载季羡林、饶宗颐、周一良主编《敦煌吐鲁番研究》第 1 卷，北京大学出版社，1996 年；［日］关尾史郎：《“義和政變”新釋——隋、唐交替期の高昌国、游牧勢力、中原王朝》，《集刊東洋学》第 70 号，1993 年；孟宪实、姚崇新：《从义和政变到延寿改制——麴氏高昌晚期政治史探微》，载季羡林、饶宗颐、周一良主编《敦煌吐鲁番研究》第 2 卷，北京大学出版社，1997 年。后分别收入孟宪实：《汉唐文化与高昌历史》，齐鲁书社，2004 年，第 273 ～ 318 页；姚崇新：《中古艺术宗教与西域历史论稿》，商务印书馆，2011 年，第 367 ～ 394 页；又王素：《“义和政变”新探》，收入氏著：《高昌史稿·统治编》，第 372 ～ 394 页。

治编》对20世纪的相关研究有详细评述。2001年，张铭心通过对《张师儿墓表》《张鼻儿墓志》等砖志的细致分析，指出620年二月“重光复辟”全面胜利、“重光复辟”期间政变集团内部发生分裂，对麴伯雅“解辫削衽”失败的原因，文章补论了铁勒威胁说的合理性。同时张文认为“义和政变”规模不大，未改变高昌国的官僚组织和政权职能，是一场麴氏宗室内部的宫廷政变。[①]王素将《唐麴建泰墓志》所记的麴建泰家族比定为614—619年麴氏高昌国“义和政变”集团的核心成员，系高昌麴氏家族中的西平麴氏一支。他们在政变失败后逃至中原，被唐王朝安置于光州乐安县。到唐太宗计划平定高昌时，这支麴氏被起用，命其参与治理初定的高昌。[②]王素还讨论了贞观四年（630）高昌王麴文泰与其妻宇文氏入唐后的所见所闻，对唐朝与高昌关系转变的影响。[③]此外，王素考证洛阳出土的唐显庆二年（657）《康子相墓志》中的粟特人康子相作为东突厥粟特旧部的一分子，曾在唐朝平定高昌之时，被充当前军的突厥阿史那社尔招募进军队，参与作战。[④]薛宗正则提出614年麴伯雅变服改革的失败是由于西突厥的挟制，麴文泰统治晚年反唐也是在西突厥乙毗咄陆可汗幕后操纵下转变的。[⑤]宋晓梅

① 张铭心：《“义和政变”与“重光复辟”问题的再考察——以高昌墓砖为中心》，载季羡林、饶宗颐、周一良主编《敦煌吐鲁番研究》第5卷，北京大学出版社，2001年。

② 王素：《唐麴建泰墓志与高昌“义和政变”家族——近年新刊墓志所见隋唐西域史事考释之二》，载武汉大学中国三至九世纪研究所编《魏晋南北朝隋唐史资料》第30辑，上海古籍出版社，2014年。此外，翟旻昊：《新出〈麴建泰墓志〉发微》，载北京大学中国古代史研究中心、中国中古史研究中国中古史青年学者联谊会会刊编委会编《中国中古史研究：中国中古史青年联谊会会刊》第3卷，中华书局，2013年。

③ 王素：《从麴文泰入唐逸事谈高昌与唐关系的变化——〈高昌史稿·统治编〉续论之三》，《吐鲁番学研究》2012年第2期。

④ 王素：《唐康子相和成公崇墓志中有关高昌与西州的资料——近年新刊墓志所见隋唐西域史事考释之三》，《故宫博物院院刊》2016年第1期。

⑤ 薛宗正：《父子悲剧高昌王——论麴伯雅与麴文泰》，《新疆师范大学学报》（哲学社会科学版）2001年第2期。

论述唐朝出兵高昌前的西域形势、麴氏高昌晚期的政治动向，以及唐朝平定麴氏高昌的经过等，抉发了不少麴氏高昌晚期的历史面相。[①]此外，殷盼盼对高昌和氏的仕宦、婚姻等进行了系统梳理，认为和氏家族虽参与“义和政变”，但影响不大。[②]刘莹从唐长孺的笔记中找到关于“义和政变”相关内容，对相关学术史研究具有一定意义。[③]

龚静虽然在《唐麴建泰墓志》的解读上与王素不同，但其以该墓志为契机对唐平定高昌后麴氏宗室去向相关资料的搜罗值得肯定。[④]刘安志指出，唐朝平定高昌后将高昌王室、大族、一般民户等经过精心挑选的3类人群迁徙到长安、洛阳等地，并征募犯罪流死之徒充实、配防高昌（西州）。[⑤]裴成国对唐朝平定麴氏高昌的过程、占领初期的统治策略、高昌民众人情动向等问题进行了精彩的论述。他的《论贞观十四年以降的唐西州形势》一文，讨论唐朝贞观十四年（640）平定高昌过程中遭遇的抵抗和十四年至十六年（640—642）对高昌的豪右迁徙、军团镇守、户籍整顿等政策的实施情况。[⑥]在《唐朝初年西州人与洛州亲属间的几通家书》一文中，裴成国通过对阿斯塔那24号墓所出唐西州赵义深兄妹相关的4封家信，阿斯塔那5号墓所出李贺子、李举人兄弟4封家信的写作时间和背景的挖掘，揭出贞观二十年（646）以后，高昌与西州之间的音信往来逐渐恢复，唐朝对高昌

---

① 薛宗正：《麴朝晚期政治与高昌国衰亡》，《吐鲁番学研究》2003年第1期。

② 殷盼盼：《从河西张掖到西域高昌：麴氏高昌国和氏研究》，《西域研究》2020年第1期。

③ 刘莹：《关于麴氏高昌“义和政变”学术史的新发现——读唐长孺先生整理吐鲁番文书笔记零拾》，《西域研究》2021年第2期。

④ 龚静：《高昌平灭后的麴氏王姓》，《社会科学战线》2015年第5期。

⑤ 刘安志：《唐初西州的人口迁移》，《中华文史论丛》2007年第3辑。修改后收入氏著：《敦煌吐鲁番文书与唐代西域史研究》，商务印书馆，2011年，第24～43页。

⑥ 裴成国：《论贞观十四年以降的唐西州形势》，载周伟洲主编《西北民族论丛》第13辑，社会科学文献出版社，2016年。

徙民的政策逐渐宽柔、官制变松的政策调整过程，亦呈现了亡国民众在国策裹挟下的动荡支离与悲欢离合。[①]在《故国与新邦——以贞观十四年以后唐西州的砖志书写为中心》中，裴成国又以唐西州墓志中出现的“讳”和“字”等考察唐朝文化对高昌地域的影响，注意到高宗龙朔以后，砖志书写以“伪”指代高昌国政权，隐含有唐朝的规范性措施以及高昌民众对故国的情感。文章并考察了唐朝平定高昌国后对高昌豪右官僚的迁徙、处置策略，以及高昌民众的政治认同变化，颇具启发。[②]在《高昌国末年以降砖志书写中的“高昌人”》一文中，裴成国认为麴氏高昌晚期砖志中出现的“交河郡民”的籍贯书写，可能反映在外部威胁加剧的形势下，部分上层人士的高昌认同开始觉醒。而唐西州前期高昌砖志中偶有的“高昌人”书写在高宗永徽、龙朔年间的集中出现，是高昌灭亡之后高昌人认同觉醒的延续和发展，很可能永徽年间内徙中原的高昌人的返回高昌刺激了觉醒的迅速发展。[③]

对高昌国麴氏王统研究有重要推进的是2016年陈晓伟对明永乐十三年（1415）胡广所撰《记高昌碑》中《重光寺铭》《记寺田园界之碑》《右卫将军领宿卫事麴叡芝追远寺铭》《无量寿窟铭》的发现，为麴氏高昌世系研究提供的全新线索。据新出史料，陈晓伟指出麴嘉的继任者名为麴子坚，高昌王麴嘉、麴子坚、麴乾固之间为父子关系，对王素《高昌史稿・统治编》所论麴嘉—子坚—玄喜—□□—宝茂—乾固诸代高昌王均为父子相承的观点质疑。[④]某种程度

---

① 裴成国：《唐朝初年西州人与洛州亲属间的几通家书》，载荣新江主编《唐研究》第22卷，北京大学出版社，2016年，第321～356页。

② 裴成国：《故国与新邦——以贞观十四年以后唐西州的砖志书写为中心》，《历史研究》2012年第5期。

③ 裴成国：《高昌国末年以降砖志书写中的“高昌人”》，《中国边疆史地研究》2020年第1期。

④ 陈晓伟：《胡广〈记高昌碑〉与高昌麴氏、唐李元忠事迹丛考》，《文献》2016年第6期。

上讲，这些材料的发现对自1914年罗振玉编订《高昌麴氏年表》以来，整个20世纪的麴氏高昌世系研究提出了挑战。李淑和孟宪实判断《重光寺铭》《记寺田园界之碑》（该文称为《寺田园刊之碑》）为一碑之阴阳两面，指出麴氏高昌国与北魏、唐朝的交往、佛教信仰等史事，更为重要的是重新排定了麴氏诸王的世系，认为麴氏高昌第六位国王麴宝茂与第二、三位高昌王麴光、麴子坚同辈。[①]此外，黄楼指出吐鲁番文书所见“麴郎某某”中“郎”是侍郎一职的省称，“麴郎某某”称谓反映负责传宣高昌王令的官职虽主要由高昌的世家大族担任，但麴氏占绝对多数，在身份和地位上具有特殊性。[②]这有助于我们理解高昌国麴氏家族的发展及高昌门阀社会的特征。

2004年，孟宪实《汉唐文化与高昌历史》将其已发表的高昌史系列论文[③]合为一书出版，使零散的论文体系化，其中包括部分2000年以后发表的成果。如讨论高昌国文书制度的《略论高昌上奏文书》《论高昌国的下行文书——符》二文[④]，对麴氏高昌上奏文书的运作程序、下行文书“符”的

---

① 李淑、孟宪实：《麴氏高昌国史新探——以明人胡广〈记高昌碑〉为中心》，《文史》2017年第2辑。

② 黄楼：《吐鲁番文书所见“麴郎某某”试释》，《吐鲁番学研究》2016年第2期。后收入氏著：《吐鲁番出土官府帐簿文书研究》，第252～267页。

③ 孟宪实发表于20世纪90年代的论文，包括：《麴伯雅高昌祀部班祭诸神及其祭祀制度初探》，《新疆文物》1991年第3期；《吐鲁番出土张行伦墓志考释》，《新疆师范大学学报》（哲学社会科学版）1993年第2期；《吐鲁番古墓出土随葬衣物疏的性质与发展》，《新疆地方志》1993年第1期；《关于麴氏高昌王朝的地方制度的几个问题》，《西域研究》1993年第2期；《〈盖蕃墓志〉与唐太宗西州移民》（与刘玉锋合著），《新疆地方志》1993年第4期；《统一后西州人故乡观念的转变》，《新疆师范大学学报》（哲学社会科学版）1994年第2期；《论麴氏高昌中央诸曹职掌》（与宣红合著），《西域研究》1995年第2期；《高昌国的覆灭》，《北京大学研究生学刊》1995年第4期；《从“义和政变”到“延寿改制”——麴氏高昌晚期政治史探微》（与姚崇新合著），载季羡林、饶宗颐、周一良主编《敦煌吐鲁番研究》第2卷；《麴文泰与玄奘》，载季羡林、饶宗颐、周一良主编《敦煌吐鲁番研究》第4卷。

④ 孟宪实：《略论高昌上奏文书》，《西域研究》2003年第4期；孟宪实：《论高昌国的下行文书——符》，《西域研究》2004年第2期。

变化和存档程序的讨论。《麴氏高昌追赠制度初探》一文对高昌追赠的原则、方式等均作了相当有益的探讨。[①]在《试论麴氏高昌的绾曹郎中》一文中，孟宪实指出麴氏高昌的绾曹郎中是仅次于高昌令尹的副宰相，统管中央各部，担任者主要是麴氏王室人员，不过此地位形成于麴宝茂执政的延昌年间改革之后。[②]此外，关尾史郎发表《トゥルファン出土文書よりみた麴氏高昌国（501～640年）の行政システムと上奏文書》一文，探讨麴氏高昌国行政系统的构成和上奏文书运作程序问题。[③]王素《高昌王令形制综论》一文，将高昌王令分为"下令"和"传令"两种形制，前者以高昌王名义直接颁布下达，后者则大致均是由王国中央出纳审查机构官员直接宣传高昌王的口令，这种文书制度可能始创于阚爽统治高昌时期。文章通过对沮渠大凉至麴氏高昌相关文书制度的系统梳理，指出沮渠大凉政权的制度传统来自河西北凉政权，而阚氏高昌以后的制度则有其自身的发展脉络。[④]本间宽之《麴氏高昌国的将军号和兼官》一文认为麴氏高昌的将军号是具备实体的官职，可以单独成为本官，将军号和将军号+兼官比特定部署的官号有优先成为本官的倾向。[⑤]侯灿《再论麴氏高昌的将军戎号与宿卫兵将（上、下）》一文，将麴氏高昌的将军戎号分为麴乾固延昌年间以前和麴

---

① 孟宪实：《麴氏高昌追赠制度初探》，载季羡林、饶宗颐、周一良主编《敦煌吐鲁番研究》第5卷，第147～160页。

② 孟宪实：《试论麴氏高昌的绾曹郎中》，《新疆师范大学学报》（哲学社会科学版）2004年第1期。

③ ［日］关尾史郎：《トゥルファン出土文書よりみた麴氏高昌国（501～640年）の行政システムと上奏文書》，《資料学の方法を探る——情報発信と受容の視点から——》第6号，2007年，第39～46页。

④ 王素：《高昌王令形制综论》，《西域研究》2019年第1期。

⑤ ［日］本间宽之：《麴氏高昌国的将军号和兼官》，载新疆吐鲁番地区文物局编《吐鲁番学研究：第二届吐鲁番学国际学术研讨会论文集》，第173～179页。日文版见《麴氏高昌国の将軍号と兼官》，《史觀》第153册，2005年，第41～60页。

伯雅、麴文泰统治时期两个阶段排定其等级，注意到后一阶段出现加“大”字的戎号将军和新官职含将军戎号的现象，文章还进一步论述了麴氏高昌宿卫兵将的等级排列问题。[①]

四、交通、地理与经济

关于高昌国的交通问题，代表性的成果是王素2000年出版的《高昌史稿·交通编》（文物出版社）。该书于高昌自然地理环境、政区地理（如郡县城镇的设置及其位置）；经济地理（如农业、畜牧业发展状况）；手工业（如冶铸、制盐、酿酒、蚕桑、纺织）；高昌与中原间的交通道路（如白龙堆道、大沙海道、伊吾路、青海路的开通和使用，车马、馆驿等交通设施的建设和管理）；魏晋南北朝吐鲁番与周边及中原诸政权、民族的交往，尤其是对阚爽、沮渠大凉、诸高昌国政权与柔然、高车、突厥，以及中原南北朝诸政权的交通往来等问题进行了系统梳理。西村阳子等利用谷歌地图对格伦威德尔等早期探险队所绘的高昌考察图进行详细比定，提出了“地图史料批判”的研究路径。[②]荣新江梳理了从高昌郡到高昌国时代郡、县、城、镇设置情况的变迁，并将其中有遗址存在的故城遗址置于谷歌地图中观察其分布特点，对认识高昌国的地理结构特征提供了直观的地图材料。[③]陈国灿对吐鲁番古代地名研究颇有贡献，发表多篇论文考论传世典籍、出

---

① 侯灿：《再论麴氏高昌的将军戎号与宿卫兵将（上、下）》，《吐鲁番学研究》2006年第1、2期。后收入氏著：《西域历史与考古研究》，中西书局，2019年，第170～209页。

② ［日］西村阳子等撰，刘子凡译：《古代城市遗址高昌的遗构比定——基于地图史料批判的丝绸之路探险队考察报告整合》，载朱玉麒主编《西域文史》第9辑，科学出版社，2014年，第155～202页。

③ 荣新江：《从吐鲁番出土文书看古代高昌的地理信息》，《陕西师范大学学报》（哲学社会科学版）2016年第1期。

土文献所见汉代至西州回鹘时期吐鲁番历代郡县城镇的历史沿革、名称来源与演变、所在位置等问题，并进行遗址现状的考古调查，是治吐鲁番学不可或缺的重要成果。①此外，李树辉②、殷晴③、徐佑成和朱海生④、张永兵⑤、王旭送⑥等亦发表了高昌历史地理考证的相关论文。现阶段我们对高昌郡至高昌国时代诸地名的方位已经有了较为清晰的认识。

荣新江利用洋海1号墓所出阚氏高昌永康年间的送使文书，详细探讨了阚氏高昌与柔然、北印度乌苌国（印度河上游斯瓦特地区）、西域南商子合国（和田与塔什库尔干之间的叶城县治哈尔噶里克）、婆罗门、焉耆地区，以及南朝间的交往关系及其交通道路。⑦裴成国指出，西突厥与高昌建立了良性的经济关系，高昌国对西突厥大可汗之外的其他突厥系游牧集团

---

① 如《对吐鲁番地名发展演变规律的探讨——吐鲁番古代地名研究之一》，载吐鲁番学研究院、吐鲁番博物馆编《吐鲁番学研究：吐鲁番与丝绸之路经济带高峰论坛暨第五届吐鲁番学国际学术研讨会论文集》，上海古籍出版社，2016年，第66～73页；《吐鲁番地名的开创期——吐鲁番地名研究之二》，《吐鲁番学研究》2015年第2期；《高昌王国对郡县的扩建——吐鲁番地名研究之三》，《吐鲁番学研究》2016年第1期；《唐西州的四府五县制——吐鲁番地名研究之四》，《吐鲁番学研究》2016年第2期；《西州回鹘时期吐鲁番地名的音变——吐鲁番古代地名研究之五》，《吐鲁番学研究》2017年第1期；《对高昌公布诸城遗址的查访——吐鲁番古代地名研究之六》，《吐鲁番学研究》2017年第2期。

② 李树辉：《丝绸之路"新北道"的开通与兴盛》，《石河子大学学报》（哲学社会科学版）2015年第3期。

③ 殷晴：《汉唐时期柳中的发展及其相关的几个问题》，《吐鲁番学研究》2005年第2期。

④ 徐佑成、朱海生：《柳中故城形制初探》，《吐鲁番学研究》2015年第1期。

⑤ 张永兵：《吐鲁番酒泉城的历史及今地考》，《吐鲁番学研究》2017年第2期。

⑥ 王旭送：《晋唐时期高昌坞的变迁》，《西域研究》2017年第4期。

⑦ 荣新江：《阚氏高昌王国与柔然、西域的关系》，《历史研究》2007年第2期。修改后收入氏著：《丝绸之路与东西文化交流》，北京大学出版社，2015年，第42～58页。同氏《对高昌国诸城"丁输木薪额"文书的研究——兼论高昌国早期的诸城分布》，《吐鲁番学研究》2015年第1期。

使节的接待，仅从本国租税中提供粮食和酒，其他肉类、干果、蔬菜等需要客使自费，而这部分消费使高昌民众从中获益不少；同时西突厥对欧亚东部交通秩序的维持则使高昌在丝路交通和贸易中获利。[①]裴氏的《论5—8世纪吐鲁番与焉耆的关系》一文，则以唐贞观年间为界，将吐鲁番与焉耆的关系分为前后两个阶段，文章指出，贞观年间以前吐鲁番与焉耆先后臣服于北魏、柔然、高车、突厥、铁勒等政权，无力主导自身的外交活动，虽往来密切，但在各自宗主国的压力和丝路贸易利益的驱动下，二者亦有冲突乃至战争发生。[②]荒川正晴在欧亚大陆东部世界交通、贸易的宏大视野下，观察吐鲁番等绿洲政权与突厥、唐朝的交通、贸易往来，2003年出版《オアシス国家とキャラヴァン交易》（山川出版社），讨论高昌等丝路沿线绿洲政权中的粟特人、丝路贸易等问题。2010年，荒川正晴将其博士学位论文《ユーラシアの交通・交易と唐帝国》修订出版[③]，该书第1部《トルコ系遊牧国家とオアシス国家》的3章内容《トルコ系遊牧国家の成立と交通システム》《オアシス国家・遊牧国家とソグド人》《オアシス国家の接待事業と財政基盤》，[④]主

① 裴成国：《论高昌国与突厥之间的关系》，载周伟洲主编《西北民族论丛》第11辑，社会科学文献出版社，2015年，第19～30页。

② 裴成国：《论5—8世纪吐鲁番与焉耆的关系》，《新疆师范大学学报》（哲学社会科学版）2016年第3期。

③ ［日］荒川正晴：《ユーラシアの交通・交易と唐帝国》，名古屋：名古屋大学出版社，2010年。中译本参冯培红、王蕾译《欧亚交通、贸易与唐帝国》，甘肃教育出版社，2023年。

④ 此3章的主体内容，荒川正晴在该书出版以前已经以论文的形式发表，收入该书时有进一步修订。参见［日］荒川正晴：《麴氏高昌国の王権とソグド人》，载《福井重雅先生古稀・退職記念論集 古代東アジアの社会と文化》，东京：汲古书院，2007年，第337～362页；［日］荒川正晴：《遊牧国家とオアシス国家の共生関係——西突厥と麴氏高昌国のケースから——》，《東洋史研究》第7编第2号，2008年，第194～228页；［日］荒川正晴：《麴氏高昌国の灌漑水利と税役》，《西北出土文獻研究》第7号，2009年，第19～41页。

要以西突厥远行交通体制ulaγ在绿洲政权的使用、麴氏高昌的粟特人聚落及粟特人物与麴氏政权的关系、粟特人在麴氏高昌等绿洲政权与西突厥等游牧政权之间的使节与贸易职能、麴氏高昌的使节接待相关税役等问题为主体框架，勾勒出西突厥与麴氏高昌等绿洲政权的统属关系变化，以及这种关系下所形成的彼此之间的共生关系与地域秩序。[①]此后，荒川正晴在《トゥルファンにおけるソグド人》一文中指出，5世纪前半期吐鲁番粟特人聚落的宗教信仰表现出一定的混淆状态，他们以原本的祆教为基本信仰，同时对佛教有较大的宽容性，迁入佛教文化占优势的地域的粟特人也有不少信仰佛教，但其佛教信仰保留有祆教的痕迹；文章亦探讨了5—6世纪西突厥派往高昌的使团中的粟特使节及其与高昌的交易方式。[②]在《ソグド人の交易活動と香料の流通》一文中，荒川正晴把麴氏高昌的市场分为绿洲政权对外交易窗口的市场和绿洲政权内部的交易市场，提出前者主要是外来粟特商人交易的场所，很可能由高昌王或王室信任的粟特人管理，同时高昌对外市场上的香木贸易是由粟特人从西方带来贩卖的，又由粟特人进一步向东方地区进行中转贸易。[③]在《西突厥汗国的Tarqan达官与粟特人》一文中，荒川正晴以吐鲁番出土的麴氏高昌相关文书为主要依据，指出西突厥“达官”是充当可汗、可敦等游牧集团高层人物的近侍，以达官的姓名为线索，认为西突厥可汗等

---

① 书评参见［日］福岛惠：《荒川正晴〈ユーラシアの交通・交易と唐帝国〉》，《東洋史研究》第70编第4号，2012年；冯培红：《实证与创新——荒川正晴〈欧亚交通、贸易与唐帝国〉读后》，载童岭编《域外汉籍研究集刊》第23辑“隋唐中国与域外文献”专号，中华书局，2022年。

② ［日］荒川正晴：《トゥルファンにおけるソグド人》，载［日］森部丰编《ソグド人と東ユーラシアの文化交渉》（アジア遊学175），东京：勉诚出版，2014年，第101～118页。

③ ［日］荒川正晴：《ソグド人の交易活動と香料の流通》，《専修大学古代東ユーラシア研究センター年報》第5号，2019年，第29～47页。

游牧集团派往高昌的使节代表和随从多为粟特人。[①]

吐鲁番出土北凉写本《金光明经》题记中“高昌城东胡天南太后祠”的记载，对北凉时代吐鲁番的粟特人聚落、宗教信仰研究至关重要，研究者众。王丁论证“南太后”为粟特语神名“nnδβ’mbn”的汉译，是祆教神祇之一，[②]同时指出“‘胡天南太后祠’位于高昌东边城外，是一座祆祠，或者说是一座改造为佛祠的祆教祠宇”，认为这件文书反映了其出土地安伽勒克存在祆、佛二重寺和祆、佛相互渗透的现象。[③]王睿系统考察吐鲁番文献所见粟特胡名“阿揽（榄）”“浮㖿”的意涵，认为前者是佛教色彩浓厚的祆神之名，词源与中亚布哈拉古都“阿滥谧”及唐代名禽“阿滥堆”有关；“浮㖿”则是华化佛名，意为佛祖的觉悟，但亦不排除其为“菩提”（bodhi）的可能。[④]姜伯勤讨论了《高昌乙酉丙戌岁某寺条列日用斛斗帐历》中“供苟（狗）”相关记载与祆教神灵的关系。[⑤]薛宗正认为，《北史·西域传》所载高昌“俗事天神，兼信佛法”中的天神应是汉土的“昊天上帝”天神信仰，吐鲁番出土的伏羲、女娲合体像即昊天上帝，同时《高昌章和五年（535）取羊供祀帐》中“大坞阿摩”“丁谷天”的记载反映高昌虽存在祆教

---

① ［日］荒川正晴：《西突厥汗国的Tarqan达官与粟特人》，载荣新江、罗丰主编《粟特人在中国：考古发现与出土文献的新印证》，科学出版社，2016年，第13～23页。

② 王丁：《南太后考——吐鲁番出土北凉写本〈金光明经〉题记与古代高昌及其毗邻地区的那那信仰与祆教遗存》，载荣新江、华澜、张志清主编《粟特人在中国——历史、考古、语言的新探索》，第430～456页。

③ 王丁：《吐鲁番安伽勒克出土北凉写本〈金光明经〉及其题记研究》，载季羡林、饶宗颐主编《敦煌吐鲁番研究》第9卷，中华书局，2006年，第35～56页。

④ 王睿：《“阿揽”与“浮 ”：吐鲁番粟特胡名中的佛教因子》，《历史研究》2011年第3期。

⑤ 姜伯勤：《中国祆教艺术史研究》，生活·读书·新知三联书店，2004年；姜伯勤：《吐鲁番所出高昌“祀天”文书考》，载季羡林、饶宗颐主编《敦煌吐鲁番研究》第8卷，中华书局，2005年，第31～34页。

神祠，但信众主要是西域胡人，并非高昌主体居民汉人的信仰。[①]张世奇则主张“俗事天神”所指为道教信仰中的天神。[②]朱玉麒对6至18世纪出土文献及传世文献中丁谷山相关记载的系统梳理，可以加深我们对祆教祭祀场所丁谷天的认知。[③]荣新江的《中国中古与外来文明》一书2001年初版（生活·读书·新知三联书店），2014年修订再版（生活·读书·新知三联书店），该书第一编“胡人迁徙与聚落”、第二编“胡人与中古政治”、第三编“‘三夷教’的流行”均收录魏晋南北朝高昌相关篇目。其中第一编的《西域粟特移民聚落考》《北朝隋唐粟特人之迁徙及其聚落》分别曾在《西域考察与研究》（1994年）、《国学研究》（第6卷，1999年）发表，前者未措意前人论述较多的吐鲁番粟特聚落，后者补论了高昌国时期吐鲁番的粟特聚落。第二编所收《高昌王国与中西交通》一文以《高昌主簿张绾传供帐》等吐鲁番文书考察了阚氏、麴氏高昌对柔然、西突厥、铁勒、吐谷浑等政权的客使接待制度，讨论《高昌内藏奏得称价钱帐》等所见高昌国对丝路商胡的交易税征收等管理措施，与《高昌曹莫门陀等名籍》所见高昌国的粟特移民安置措施。[④]第三编所收《祆教初传中国年代考》判断祆教最晚在西晋末年传入中国，认为高昌故城出土的309—388年间铸造的萨珊波斯银币是吐鲁番最早的祆教相关证据，而吐鲁番文书中的“胡天”“丁谷天”“萨薄”“阿摩”等则是反映此地祆教信仰的材料，可与史籍高昌“俗

---

① 薛宗正：《论高昌国的天神崇拜》，《中南民族大学学报》（人文社会科学版）2009年第5期。

② 张世奇：《高昌“俗事天神”新论——以魏晋南北朝时期道教流布为中心》，载陕西师范大学历史文化学院、陕西历史博物馆、陕西师范大学人文社会科学高等研究院编《丝绸之路研究集刊》第6辑，商务印书馆，2021年，第196～207页。

③ 朱玉麒：《吐鲁番丁谷山文献疏证》，《吐鲁番学研究》2020年第1期。

④ 荣新江：《高昌王国与中西交通》，载余太山、李锦绣主编《欧亚学刊》新2辑，中华书局，2000年。

事天神”的记载相印证。[①]此外，林梅村[②]、陈凌[③]等从考古文物的角度讨论了高昌的粟特人群及祆教信仰相关问题。

2014年，荣新江出版《中国中古与粟特文明》一书（生活·读书·新知三联书店），收录已刊论文《西域粟特移民聚落补考》[④]的修订版，该文的高昌部分补充了《新获吐鲁番出土文献》中公布的《延昌十四年（574）康虏奴及妻竺氏墓表》《延寿七年（630）康浮面墓志》相关资料所见吐鲁番的粟特聚落。该书所收《新获吐鲁番文献所见的粟特人》[⑤]一文的修订版，原是配合《新获吐鲁番出土文献》出版而进行的专题研究之一，2011年曾收入《秩序与生活：中古时期的吐鲁番社会》[⑥]一书。该文主要对《新获吐鲁番出土文献》收录的巴达木、洋海、交河沟西墓地出土的粟特人相关资料进行初步梳理，使我们更多地了解到高昌城之外其他吐鲁番地域的粟特人聚落及其状况。李肖利用《新获吐鲁番出土文献》公布的交河沟西墓地出土麴氏高昌《康□钵墓志》《康蜜乃墓志》《康僧众墓志》《康业相墓志》和唐《(康）延愿墓志》等所记志主姓名、任官及职业的记载，考察交河郡粟特聚落的汉化过程。[⑦]张铭心则对上述新出粟特人物墓志的书写格式进行了深入分析，并认为交河地区存在粟特胡人武装，生活在交河的

---

① 荣新江：《祆教初传中国年代考》，《国学研究》1995年第3期。

② 林梅村：《高昌火祆教遗迹考》，《文物》2006年第7期。

③ 陈凌：《中国境内祆教相关遗存考略（之一）》，载余太山、李锦绣主编《欧亚学刊》新2辑。

④ 荣新江：《西域粟特移民聚落补考》，《西域研究》2005年第2期。

⑤ 荣新江：《新获吐鲁番文献所见的粟特人》，《吐鲁番学研究》2007年第1期。

⑥ 孟宪实、荣新江、李肖主编：《秩序与生活：中古时期的吐鲁番社会》，中国人民大学出版社，2011年，第345～355页。

⑦ 李肖：《交河沟西康家墓地与交河粟特移民的汉化》，载季羡林、饶宗颐主编《敦煌吐鲁番研究》第10卷，第85～93页。

粟特人与当地汉人有相同的义务和权利。[①]陈凌则通过对交河沟西单人墓95TYGXM5、95TYGXM2以及坟院式家族墓94TYGXM1、95TYGXM1的墓葬形制与突厥墓葬形制的比较研究，认为交河沟西这两种形制特殊墓葬的出现与突厥对高昌的影响有关。[②]而杨发鹏、李伟静则认为交河沟西20号墓主人为汉人，与前述荣新江、李肖、张铭心等认为是粟特人的观点相异，可备一说。[③]此外，关于魏晋南北朝吐鲁番粟特家族，董华锋对吐鲁番文献所见康氏人物进行了全面稽考，可借此观察康氏家族在吐鲁番的发展轨迹以及其职业特征、宗教信仰、婚宦状况等。[④]陈菊霞认为吐鲁番地区的翟氏也有一部分为粟特人。[⑤]王启涛指出，吐鲁番文献中的翟姓、目姓人物多为粟特人，进入华夏边地后主要从事商贸、医药、工艺、翻译、军事等职业。[⑥]王启涛还认为竺（竹）姓人物为天竺人，在全面搜集吐鲁番文书竺（竹）姓人物信息的基础上，系统分析了他们的职业、婚姻、仕宦、经济活动乃至文化与信仰等。[⑦]陈海涛与刘惠琴考论吐鲁番文书所见粟特人在高昌国的著籍情况，认为粟特人于吐鲁番定居应在6世纪70年代以后，定

---

① 张铭心：《吐鲁番交河沟西墓地新出土高昌墓砖及其相关问题》，《西域研究》2007年第2期。

② 陈凌：《吐鲁番交河沟西墓地突厥因素略论》，载新疆吐鲁番学研究院编《吐鲁番学研究：第三届吐鲁番学暨欧亚游牧民族的起源与迁徙国际学术研讨会论文集》，上海古籍出版社，2010年，第190～200页。

③ 杨发鹏、李伟静：《交河沟西康氏茔院20号墓主人为康姓粟特人辨析》，《敦煌学辑刊》2014年第3期。

④ 董华锋：《汉唐吐鲁番康氏述论》，《敦煌学辑刊》2007年第4期。

⑤ 陈菊霞：《西域、敦煌粟特翟氏及相关问题研究》，《中国边疆史地研究》2008年第3期。

⑥ 王启涛：《“目”、“翟”二姓与粟特关系新证——以吐鲁番出土文献为中心》，《民族研究》2017年第1期。

⑦ 王启涛：《吐鲁番文献所见竺（竹）姓辑考》，《民族研究》2020年第4期。

居后的粟特人仍有很多从事与经商、贸易见证人和担保人、客馆管理和接待相关的职业。[①]郑燕燕则主要利用吐鲁番出土文书对高昌地区粟特商队的规模、组成和贸易特点，以及商人在丝路贸易中的衣食住行问题进行探讨，亦可作为我们了解中古粟特商队的重要参考。[②]陈国灿、吾迈尔·卡德尔判断2009年新疆博物馆征集文书中的《高昌被符诸色差役名籍》为高昌国早期文书，认为文书所记的"末胡营"是高昌政府所设专供胡商居住和交易的市场，位于高昌城东（即今吐鲁番巴达木村西南侧的安集延古城），与高昌大城内的坊市相区别，"胡天南太后祠"正是处在"末胡营"之内。[③]

2002年，法国学者魏义天（Étienne de la Vaissière）出版了其1999年通过法国高等研究应用学院（École pratique des hautes études）博士答辩的学位论文*Histoire des marchands sogdiens*[④]，2005年詹姆斯·沃德（James Ward）翻译了此书的英文版*Sogdian Traders:A History*，[⑤]2012年王睿翻译出版了中文版《粟特商人史》（广西师范大学出版社），2019年影山悦子翻译出版了日文版《ソグド商人の歴史》（岩波书店）。该书第五章《在中国》讨论了吐鲁番文书所见粟特聚落及《高昌内藏奏得称价钱文书》所见的粟特人丝路贸易。2002年，吉田丰曾对其在1988年与森安孝夫、新疆维吾尔自治区博物馆合作发表的《麹氏高昌国時代ソグド文女奴隷売買文

① 陈海涛：《从胡商到编民——吐鲁番文书所见麹氏高昌时期的粟特人》，载武汉大学中国三至九世纪研究所编《魏晋南北朝隋唐史资料》第19辑，第197～209页；刘惠琴、陈海涛《商业移民与部落迁徙——敦煌、吐鲁番著籍粟特人的主要来源》，《敦煌学辑刊》2005年第2期。

② 郑燕燕：《论高昌地区粟特商业的运营》，《西域研究》2012年第2期。

③ 陈国灿、吾迈尔·卡德尔：《古丝路上的国际商城——高昌"末胡营"考》，《西域研究》2018年第3期。

④ Étienne de la Vaissière, *Histoire des marchands sogdiens*, Collège de France/De Boccard, Paris, 2002.

⑤ James Ward, *Sogdian Traders:A History*, Leiden: Bril,2005.

書》[①]一文中所释译的粟特文女奴买卖文书进行补释，撰成“Translation of the Contract for the Purchase of a Slave-Girl Found at Turfan and Dated 639”，刊布在芮乐伟·韩森（Valerie Hansen）关于粟特人研究的一篇综述文章的附篇中[②]，后又收入《ソグド人の言語》[③]一文，魏义天《粟特商人史》的英文版即采用了此最新成果。2007年，森安孝夫出版《シルクロードと唐帝国》（讲谈社）一书，2018年我国台湾学者张雅婷曾将其翻译为《丝路、游牧民族与唐帝国》出版（八旗文化出版社），2020年石晓军又翻译出版简体中文本《丝绸之路与唐帝国》（北京日报出版社）。该书第一章《粟特人的登场》对《高昌内藏奏得称价钱文书》给予了一定的关注，认为此文书反映了粟特人对丝路贸易的垄断和丝路贸易的中转特征；第五章对《粟特文〈女奴买卖契约〉》给出了粟特文文书的修订版释文，并指出这件契约文书中买主约定购买奴隶的使用方式相关语句，在句型上承袭了贵霜王朝的格式传统，但直接来源于巴克特里亚语。2019年斯加夫（Jonathan Karam Skaff）发表“Lavery and Foreign Slaves at Turfan during the Gaochang Kingdom (442—640) ”（《高昌国（442—640）时期吐鲁番地区的奴隶制与胡奴》，宋馨译）一文，亦讨论了高昌国市场的奴隶买卖相关问题。[④]王丁则通过对文书所涉词语的考释，尤其是粟特胡名与汉文

---

① ［日］吉田丰、［日］森安孝夫、新疆维吾尔自治区博物馆：《麴氏高昌国時代ソグド文女奴隷売買文書》，《内陸アジア言語の研究》第4号，1988年。

② Valerie Hansen, “New Works on the Sogdians, the Most Important Traders on the Silk Road, A. D. 500-1000,” with an Appendix by Y. Yoshida“Translation of the Contract for the Purchase of a Slave-Girl Found at Turfan and Dated 639”, *T'oung Pao,* LXXXIX, 2003, pp.159-161.

③ ［日］吉田丰：《ソグド人の言語》，载［日］曾布川宽、吉田丰编《ソグド人の美術と言語》，京都：临川书店，2011年，第94～95页。

④ ［美］斯加夫著，［德］宋馨译：《高昌国（442—640）时期吐鲁番地区的奴隶制与胡奴》，载 Shing Müller, Thomas O. Höllmann, and Sonja Filip, eds.*Early Medieval North China: Archaeological and Textual Evidence*（《从考古文献看中古早期的中国北方》），Harrassowitz Verlag · Wiesbaden:2019。

对音文字的释证，推断文书中的“cwy’kkh kwtr’nch”即指突厥朱耶氏。[①]

此外，芮乐伟·韩森对丝路贸易规模的评价并不高，其观点引起学界相当的关注。[②]她观察到《高昌内藏奏得称价钱文书》所记交易的商品中没有丝路贸易中最为频繁的丝织物，并解释其原因是丝织物并非按重量出售的商品。[③]她还指出，当吐鲁番农民与丝路商人发生交易时经常立契，说明商业意识对民众有重要影响，不过她更加强调的是唐朝经营西域的军费开支对丝路贸易影响重大，而当地农民与丝路贸易的关系则比较小。[④]2012年芮乐伟·韩森出版*The Silk Road:A New History*（Oxford University Press）一书，2015年张湛翻译出版了中文本《丝绸之路新史》（北京联合出版公司）。该书第三章《高昌：胡汉交融之所》通过对吐鲁番文书所见高昌地区众多丝路贸易案例的分析，进一步论述唐朝统治高昌以前，吐鲁番以自给自足的经济为主、丝路贸易影响不大的观点。这与学界通常认为的中古陆上丝路贸易繁荣、高昌为丝路贸易网络重要一环的观点大相径庭。

关于高昌商品交易和券契、货币等相关问题的研究，2000年以来学界亦有新的推进。关尾史郎先后发表《トルファン將來“五胡”時代契約文書簡介》《トルファン將來“五胡”時代契約文書簡介補訂》二文，讨论

---

① 王丁：《粟特语高昌张延相买婢契补考》，《国学学刊》2022年第3期。

② 详情可参见裴成国：《丝绸之路与高昌经济——以高昌国的银钱使用与流通为中心》，载朱玉麒主编《西域文史》第10辑，科学出版社，2015年。

③ ［美］芮乐伟·韩森著，王锦萍译：《丝绸之路贸易对吐鲁番地方社会的影响：公元500—800年》，载荣新江、华澜、张志清主编《粟特人在中国——历史、考古、语言的新探索》，中华书局，2008年，第113～140页。

④ ［美］芮乐伟·韩森著，王锦萍译：《从吐鲁番、撒马尔罕文书看丝绸之路上的贸易——本文献给年初逝世的吐鲁番考古学家吴震先生》，载新疆吐鲁番学研究院编《吐鲁番学研究：第三届吐鲁番学暨欧亚游牧民族的起源与迁徙国际学术研讨会论文集》，第623～640页。

吐鲁番出土文书的形态、年代、内容等。[①]乜小红对中古券契文书研究颇有贡献，比如她将俄藏Дx.11414+Дx.02947号背面文书《前秦建元十三年（377）十月十五日赵伯龙买婢券》《前秦建元十四年（378）七月八日赵迁妻随某买田券》置于中国古代券契发展史的脉络中进行研究，指出这两件文书表明高昌郡时期市场上券契盛行，进而对十六国北朝券契从简牍书写到纸质书写后在内容上和格式上的变化进行了探讨；[②]通过对麴氏高昌时期雇佣券契的研究，指出7世纪的雇佣关系有带有承包责任的雇佣和纯雇工、出卖劳动力两种雇佣形式；[③]通过对阿斯塔那135号墓出土粟特文《高昌延寿十六年（639）买女奴契》《高昌延寿四年（627）赵明儿买作人券》的分析，指出在高昌国时期进行奴婢买卖也需要有经过官方认可的券契，且粟特文券契模仿了汉文券契。[④]在《对古代吐鲁番葡萄园租佃契的考察》一文中，乜氏则讨论了高昌国和唐西州时期一年制、多年制葡萄园租佃关系的租金、券契订立方式等问题。[⑤]乜氏后来将其成果整合、系统化后出版《中国中古契券关系研究》一书，将吐鲁番的土地和奴婢买卖券契、土地及葡萄园租佃券契、雇佣关系券契文书置于中国中古券契发展史脉络中进行整

---

① ［日］关尾史郎：《トルファン將來“五胡”時代契約文書簡介》，《西北出土文獻研究》第1号，2004年，第71～90页；［日］关尾史郎：《トルファン將來“五胡”時代契約文書簡介補訂》，《西北出土文獻研究》第2号，2005年，第67～72页。

② 乜小红：《略论〈俄藏敦煌文献〉中的两件十六国买卖券》，《中国经济史研究》2008年第2期。

③ 乜小红：《从吐鲁番敦煌雇人放羊契看中国7—10世纪的雇佣关系》，《中国社会经济史研究》2003年第1期。

④ 乜小红：《从粟特文券契看高昌王国奴婢买卖之官文券》，《西域研究》2009年第4期。

⑤ 乜小红：《对古代吐鲁番葡萄园租佃契的考察》，《中国社会经济史研究》2011年第3期。修改后收入氏著：《中国中古券契关系研究》，中华书局，2013年，第178～196页。

体考察，可使学界了解吐鲁番券契与中原之间的关系及其特性。裴成国通过对《高昌延昌二十八年（588）某道人从□伯崇边夏枣树券》《高昌延昌二十七年（587）张顺和夏树券》《高昌延寿二年（625）田婆吉夏树券》3件文书内容的复原研究，探讨了夏树活动背后的经济动因。[①]裴氏还考察了吐鲁番契约文书的书写、形制、画指、随葬问题，注意到高昌国时期的契约文书正背两面书写或两件写于同一面的情况较为常见，而唐西州前期则未见这种情况；高昌国时期契约文书中的"书券""倩书"到西州时期不再出现，而新增"保人"、僧人充当书手是高昌国契约的典型特点；麴氏高昌国晚期以后出现的"画指为信"取代了之前契约末尾的"署名为信"，并被唐西州所延承；6世纪以后高昌契约独自发展，与中原契约在形制上的差别日渐明显，使我们更多地了解了契约文书形制的完善经过。[②]此外，1995年芮乐伟·韩森出版的*Negotiaing Daily Life in Traditional China:How Oridinary People Used Contracts,600-1400*一书，2008年经鲁西奇翻译后在江苏人民出版社出版。[③]该书研究的主要时间段虽然集中在唐朝以后，但在第二章《现世契约》中对吐鲁番出土的250份契约文书给予了充分的关注，其中亦涉及对《前凉升平十一年（367）王念卖驼券》和麴氏高昌国时期地契文书与中原地区同时代地契的比较研究。作者指出，这些汉文契约与中原地区的契约有惊人的相似，反映出吐鲁番的契约在表达用语方面几乎没有受到外国的影响。作者同时也对唐朝统一高昌后契约文书的复杂化等变化进行了有益的讨论。

阿斯塔那320号墓所出《高昌张武顺等葡萄亩数及租酒帐》等文书所见高

---

① 裴成国：《高昌国夏树契约研究》，载中共金塔县委等编《金塔居延遗址与丝绸之路历史文化研究》，甘肃教育出版社，2014年，第759～764页。

② 裴成国：《唐西州契约的基础研究》，《西域研究》2020年第1期。

③ Valerie Hansen, *Negotiaing Daily Life in Traditional China: How Oridinary People Used Contracts,600—1400,* New Haven and London:Yale University,1995. 中文版见鲁西奇译《传统中国日常生活中的协商：中古契约研究》，江苏人民出版社，2008年。

昌国至唐西州时期的葡萄、葡萄酒相关经济问题继续受到学者的关注。关于文书中“无租”“租了”“得酒”“有酒”“储酒”“无酒”“无桃”“姓”等字词的含义，以及文书的性质解读，卫斯①、卢向前②、陈习刚③、裴成国④等发表多篇论文参与讨论。虽然对这件文书的性质判定尚存争议，但是也使学界对高昌的葡萄种植、葡萄园租佃、酒税、酒的丝路贸易等有了相当深入的了解。卢向前的论文探讨了麴氏高昌至唐西州吐鲁番的葡萄栽培技术、种植和管理状况、种植规模和葡萄干种类，葡萄酒的酿造、储藏技术，以及高昌国葡萄酒税等问题。裴成国认为《高昌张武顺等葡萄亩数及租酒帐》是租酒纳毕后官府调查及收购百姓存酒情况的文书，同时文章揭出了高昌地区葡萄酒作为丝路贸易商品的属性。陈习刚重新校释《高昌张武顺等葡萄亩数及租酒帐》的录文，认为这件文书主要是针对租酒缴纳不足葡萄园主酒情况的调查与收购。陈习刚考释诸种不同“酱”“浆”的具体涵义，其对反映葡萄加工技术的“酱”“浆”和中原地区“酱”的辨析对理解相关文书及吐鲁番的葡萄产业具有参考价值。⑤

关于吐鲁番丝、棉业的研究成果亦丰。乜小红认为吐鲁番在西晋时已经植

---

① 卫斯：《关于吐鲁番出土文书〈租酒帐〉之解读与“姓”字考》，《西域研究》2003年第2期。

② 卢向前：《麴氏高昌和唐代西州的葡萄、葡萄酒及葡萄酒税》，《中国经济史研究》2002年第4期。

③ 陈习刚：《吐鲁番所出〈高昌张武顺等葡萄亩数及租酒帐〉再探讨》，《吐番番学研究》2015年第1期。

④ 裴成国：《〈高昌张武顺等葡萄亩数及租酒帐〉再研究——兼论高昌国葡萄酒的外销》，载吐鲁番学研究院、吐鲁番博物馆编《吐鲁番学研究：吐鲁番与丝绸之路经济带高峰论坛暨第五届吐鲁番学国际学术研讨会论文集》，第56～65页。日文版见《〈高昌張武順等葡萄畝數および租酒帳〉の再研究——高昌國の葡萄酒の販路を兼ねて》，载［日］荒川正晴、［日］柴田幹夫编《シルクロードと近代日本の邂逅》，东京：勉诚出版，2016年，第101～123页。

⑤ 陈习刚：《吐鲁番文书中的“酱”、“浆”与葡萄的加工、越冬防寒问题》，《古今农业》2012年第2期。

桑养蚕、煮丝织练，到十六国时代，出土的衣物疏显示高昌的丝织品更加多样，丝织品成为一种交换物品，北凉时期桑田的经营和丝的生产受官方管理，官府组织百姓进行丝织品的生产，模仿龟兹、波斯、粟特样式的锦也为适应丝路贸易的需要在高昌进行生产。[①]杨洁梳理吐鲁番文书所见植桑、养蚕活动，指出高昌官府通过收购、赋税等方式征收蚕丝后也参与市场交易，并谈及高昌丝织品借助丝路外销问题。[②]孟宪实认为《北凉计赀献丝帐》反映高昌的户调征收计赀出丝，进而从官府的户税征收和管理角度考论北凉至麴氏高昌国时期吐鲁番的丝织业发展状况。孟氏指出，麴氏高昌国后期至唐西州时期吐鲁番丝织业的衰落，一方面与丝路贸易中波斯萨珊银币取代丝绸等价物的地位有关，另一方面则与突厥兴起后控制丝路贸易，来自中原的丝织品进入高昌，对吐鲁番丝织业构成的冲击有关。[③]乜小红与丁君涛的合作研究，从织户的角度勾勒高昌郡至高昌国时期的丝织业发展史，认为高昌郡及高昌国前期由于中原丝织品绢帛供给受阻，高昌的蚕桑和丝织业在丝路交易的推动下发展繁荣；麴氏高昌时期臣属北魏，丝路再开，中原丝绸大量输入高昌市场，导致高昌本地的丝织业由盛转衰；唐西州时期中原先进技术生产的丝织品的涌入，致使高昌的蚕桑丝织业进一步衰退，被緤布的生产所取代。[④]王艳明探讨了前凉至唐吐鲁番地区的棉花种植、棉纺织、印染、棉布使用等问题。[⑤]钱伯泉认为棉花种植和纺织纱布技巧大概到3世纪才传入高昌，吐鲁番考古发现棉

---

① 乜小红：《略论十六国以来高昌地区的丝织业》，《西北师范大学学报》（社会科学版）2003年第5期。

② 杨洁：《汉唐间吐鲁番地区的蚕丝生产与贸易》，《吐鲁番学研究》2012年第2期。

③ 孟宪实：《论十六国、北朝时期吐鲁番地方的丝织业及相关问题》，载中国敦煌吐鲁番学会等主编《敦煌吐鲁番研究》第12卷，上海古籍出版社，2011年，第197～227页。后收入氏著：《出土文献与中古史研究》，第207～244页。

④ 乜小红、丁君涛：《古丝绸之路上蚕桑丝织业的兴衰》，《中国经济史研究》2016年第4期。

⑤ 王艳明：《晋唐时期吐鲁番的植棉和棉纺织业》，《敦煌研究》2005年第1期。

织物和吐鲁番文书见到棉布则在4世纪以后，进而以出土文书为主考察了魏晋南北朝吐鲁番的棉纺织业发展状况。[①]此外，郑燕燕论述了高昌国麻作物的种植概况。[②]杨荣春以吐鲁番及河西出土文献为主，讨论北凉的冶铸、酿造、蚕桑、纺织等手工业发展状况，以及北凉经济贸易中的人口和土地买卖、借贷、租赁等经济活动，[③]吐鲁番及河西出土的墓葬壁画及其他出土文物被纳入讨论范围，为相关研究提供了多元的文物证据，具有新意。

2003年，日本丝绸之路学研究中心和新疆维吾尔自治区博物馆合作出版的《新疆出土のサーサーン式银貨——新疆ウイグル自治区博物馆藏のサーサーン银貨》刊布了吐鲁番所出的35枚萨珊式银币的照片。[④]2008年，李肖、张永兵、丁兰兰又撰文介绍了2004—2005年在交河沟西、巴达木、木纳儿、阿斯塔那墓地发掘到的多枚仿拜占庭金币、萨珊波斯银币、“高昌吉利”钱等钱币的出土情况和图版[⑤]，为学者们探讨吐鲁番的货币流通提供了全新的资料。杨洁认为，6世纪中叶到8世纪初吐鲁番文书中的“银钱”很大可能是当地自铸的银钱；[⑥]《赵明儿买作人券》中的“银钱”是高昌当地铸造的钱币，“残钱”则是含银纯度较高的波斯萨珊银币，前者是高昌的银钱本位时代（561—680）流

---

① 钱伯泉：《从吐鲁番出土文书看南北朝时期高昌地区的棉纺织业》，《吐鲁番学研究》2017年第2期。

② 郑燕燕：《中国古代麻作物析论——以于阗、吐鲁番及敦煌文书为中心》，载荣新江主编《唐研究》第20卷，北京大学出版社，2014年，第439～468页。

③ 杨荣春：《北凉手工业研究——兼论北凉的经济贸易》，《新疆大学学报》（哲学·人文社会科学版）2018年第2期。

④ シルクロード学研究センター、新疆维吾尔自治区博物馆：《新疆出土のサーサーン式银貨——新疆ウイグル自治区博物馆藏のサーサーン银貨》（シルクロード学研究19），奈良·シルクロード博記念國際交流財团／シルクロード学研究センター，2003年。

⑤ 李肖、张永兵、丁兰兰：《吐鲁番近年来出土的古代钱币》，《吐鲁番学研究》2008年第1期。

⑥ 杨洁：《论流入中国的波斯萨珊银币的功能——以吐鲁番出土银币为例》，《中国社会经济史研究》2010年第2期。

通的主要货币；麴氏高昌国末期延寿年间出现的按“个”计量的铜钱则是高昌自铸的“高昌吉利”钱，作为高昌地区的辅币存在；麴氏高昌国出现的金币并不具货币流通功能。[①]粟特文女奴买卖文书显示粟特人之间的交易有使用萨珊波斯银币的情况，同时高昌市场还存在高昌国仿制的质量较差的银币。[②]裴成国发表的麴氏高昌国至唐西州时期吐鲁番货币流通相关的系列论文，对高昌国流通货币问题的研究有重要的推进。裴氏的《丝绸之路与高昌经济——以高昌国的银钱使用与流通为中心》一文，研究银钱进入高昌地方经济的方式和普通百姓获得银钱的途径，通过对平民、寺院、国家的银钱来源和收支的分析，认为高昌形成了银钱流通系统，高昌政府主导下的对胡商、客使等外来人口的消费供应和丝路贸易是银钱流入高昌的主要渠道，并且指出了高昌国粮食、畜牧业、葡萄酒生产的外向性特征，颇具新意。[③]裴氏注意到与墓葬出土银币较多残损不同的是高昌故城所出4世纪所制萨珊银币保存状况好，且重量均在4克以上，虽是作为宝物的收藏品，但代表了流通货币的一般情况。裴氏认为，麴氏高昌流通的银钱是萨珊波斯银币，吐鲁番墓葬所出重量较轻的残损银币可能是萨珊波斯或粟特地区仿制而成的，数量不多，亦曾混杂流通于高昌，终因纯度低、易破损退出流通，埋入墓葬。[④]裴氏指出高昌流通的萨珊银币只有1文一种面值，由于币值较高不敷使用，故出现“半文”的计量单位，后者通常以粮食折

---

① 杨洁：《丝路绿洲国家的货币：本地铸造，抑或外部流入？》，《中国经济史研究》2011年第3期。

② 杨洁：《从粟特文文书看入华粟特人的货币问题》，《史林》2012年第2期。

③ 裴成国：《丝绸之路与高昌经济——以高昌国的银钱使用与流通为中心》，载朱玉麒主编《西域文史》第10辑，第127～169页。

④ 裴成国：《麴氏高昌国流通银钱辨正》，《北京大学学报》（哲学社会科学版）2016年第1期。

算，粮食充当小额交易中的实物货币，弥补了银钱币值高的缺陷。①裴氏进而将拜占庭金币流入高昌地区的情况也纳入考察范围，通过对中国境内所见拜占庭金币、萨珊波斯银币的比较研究，指出金币流入中国比萨珊银币晚200年，其流入与突厥有直接的关联，数量远少于银币，仅在个别时候流通，中国发现的银币主要是萨珊波斯铸造，而金币则有很大一部分是仿造的，或为粟特人在中亚、中国打造。②裴氏还考察了唐代的货币情况，兹不赘述。③此外，芮乐伟·韩森和荣新江合撰“How the Residents of Turfan used Textiles as Money, 273-796CE”一文，论述粟特人在高昌市场上用银钱和丝织物作为货币进行交易的方式变迁问题。④徐秀玲分析指出，高昌国时期的成年雇工价为每日麦粟1.1～1.2斗、未成年每日粟3～7升，畜牧业等领域的雇价约1.83～3斗；认为麴氏高昌国的寺院银钱不足，并主要用于赋税缴纳，多以粮食作为赋税和商业交换以外的支付手段。⑤

关于高昌国后期铸造的“高昌吉利”钱，学界亦有新成果问世。盛观熙撰文指出，此钱币是麴氏王室发行的纪念性厌胜钱，用于对官员、贵戚的赏赐。⑥王永生亦主张此钱币是纪念性钱币，不具流通功用，是麴氏高昌

① 裴成国：《麴氏高昌国流通货币研究》，《中国史研究》2018年第1期。

② 裴成国：《中古时期丝绸之路金银货币的流通及其对中国的影响》，《吐鲁番学研究》2021年第1期。

③ 裴成国：《唐西州银钱的使用与流通》，载陕西师范大学历史文化学院、陕西历史博物馆编《丝绸之路研究集刊》第2辑，第72～80页。

④ Valerie Hansen, Xinjiang Rong, “How the Residents of Turfan used Textiles as Money, 273-796 CE”, *Journal of the Royal Asiatic Society*, Third Series, Vol. 23, No. 2, *Special Issue: Textiles as Money on the Silk Road,* 2013, pp.281-305.

⑤ 徐秀玲：《麴氏高昌国时期雇价问题探讨——兼论高昌寺院银钱的使用情况》，《历史教学》2014年第14期。

⑥ 盛观熙：《再论“高昌吉利”钱》，《新疆钱币》2004年第2期“中国钱币学会丝绸之路货币研讨会”专刊。

国延寿改制背景下的产物，他认为“吉利”为突厥语“ilik”或“ilig”的音译，意为“王”，或可备一说。[①]吕媛媛介绍了旅顺博物馆藏的3枚钱币，认为“高昌吉利”钱的铸造年代可能在627—640年，不过她认为“高昌吉利”钱亦有多种规格，具有流通的功用。[②]

此外，宋晓梅《高昌国——公元五至七世纪丝绸之路上的一个移民小社会》（中国社会科学出版社，2003年）是魏晋南北朝时期高昌社会史研究的重要成果，对吐鲁番的生态、诸高昌国政权与丝路交通、河陇移民与高昌国的门阀社会、高昌国的礼俗文化、丝织业与手工业发展状况等问题都作了有益探讨。殷晴《丝绸之路与西域经济——十二世纪前新疆开发史稿》（中华书局，2012年）一书的第四章《魏晋南北朝时期的社会经济活动》，讨论了高昌国土地、赋税、手工业、蚕桑养植业、葡萄种植、丝路贸易、货币流通等问题。张安福《汉唐屯垦与吐鲁番绿洲社会变迁研究》（中国农业出版社，2013年）则系统梳理了汉唐间吐鲁番绿洲社会的屯田概况、民族变迁，以及农业、畜牧业、商业变迁和行政管理制度、社会文化变迁过程。李艳玲《田作畜牧——公元前2世纪至公元7世纪前期西域绿洲农业研究》（兰州大学出版社，2014年）重点讨论塔里木盆地沿边绿洲自然条件等农业资源、农业经营和管理、农业生产技术、农产品贸易问题。该书第五章《公元5世纪中期至7世纪前期西域的绿洲农业》以及其发表的单篇论文《公元5世纪至7世纪前期吐鲁番盆地农业生产探析》指出，从沮渠无讳大凉政权到麴氏高昌国末期，高昌民户的土地占有规模由于人口增加逐渐缩小；高昌的经济作物结构中，桑、蒲陶、枣等占高昌经济作物比重最大，

---

① 王永生：《“高昌吉利”钱币考——兼论隋唐之际高昌地区的文化融合》，《西域研究》2007年第1期。后收入氏著：《钱币与西域历史研究》，中华书局，2011年，第11～13页。

② 吕媛媛：《试析“高昌吉利”钱的年代及性质》，《吐鲁番学研究》2018年第1期。

丝的产量大与丝路贸易相关；粮食作物的比重从大到小分别是粟、糜、大麦、小麦，身份较高者以麦制面食为主食，普通百姓则以糜粟为主食，小麦的价格则最高，粟的价值最低。[①]宋晓梅考察了高昌自耕农的构成、土地占有情况、生产经营方式以及其对高昌农业社会的影响等问题。[②]裴成国亦注意到北凉时期吐鲁番民众占有的土地面积远大于麴氏高昌国，存在大土地所有制；高昌国民众的田地户均占有3亩多，未见私人大土地所有制，而高昌国官府拥有的土地则较多，认为高昌民众的土地买卖要经国王批准，其批准条件是买主缺田、贫困、已有土地未超过法定限额，这在很大程度上抑制了高昌大土地所有制的发展。[③]苏金花亦注意到不同身份的人粮食食用结构有差别。[④]杨荣春则利用传世文献及出土文献，讨论北凉的农作物、经济作物、林果和蔬菜作物的种类，以及畜牧业的发展等问题，在材料利用上有所扩展。[⑤]

李方研究中古时期高昌水渠问题，发表了8篇系列论文，对高昌至西州时期吐鲁番水渠分布、流向、里程及其水渠周边的土地状况等进行全面探讨。其中的《西域高昌水渠》主要考证高昌城的水渠及其分布，《高昌国水渠与唐西州水渠的关系》考证高昌城水渠与西州水渠的承继与沿革关

---

① 李艳玲：《公元5世纪至7世纪前期吐鲁番盆地农业生产探析》，《西域研究》2014年第4期。

② 宋晓梅：《试论高昌郡、国时期的自耕农与庄园经济》，《吐鲁番学研究》2004年第1期。

③ 裴成国：《文书所见高昌国平民土地占有状况研究》，载朱玉麒主编《西域文史》第8辑，科学出版社，2013年，第105～127页。

④ 苏金花：《晋唐时期吐鲁番绿洲农业的粮食作物结构及其演变》，《历史教学》2016年第12期。

⑤ 杨荣春：《北凉农牧业研究——以吐鲁番、河西出土文献为中心》，《古今农业》2017年第2期。

系，其他讨论唐西州水渠的论文也偶有对高昌时期水渠的补充。[①]崔永强指出，高昌郡文书中的“行水”并非官名，高昌郡府不常设水曹，由平水负责日常水利事务，在季节性用水时郡府从各曹抽调人员向特定区域派出临时行水人员。他还考察了阿斯塔那382墓出土3件行水相关文书的关系，推断高昌郡的行水和督邮均是分部进行，高昌郡时期可能分有东、中、西、南4部，并分别设有四部督邮。[②]此外，董永强考察了高昌郡至唐西州时期吐鲁番高昌斗和唐西州所推行的唐斗在吐鲁番文书中的不同称谓、量制及其行用状况。[③]裴成国指出，高昌国时期使用了来自中原的斛、斗、升的量制，唐西州时期官方使用石、斗、升、合、勺的量制单位，民间文书则仍依“高昌旧制”使用斛、斗、升制。[④]裴成国还通过辨析吐鲁番文书中“作人”及与其他词连用的“×（×）作人”之意涵，指出吐鲁番文书中作人的意涵无法统一解释，需在不同情境下具体分析其所指；并以《高昌延寿九年（632）十一月曹质汉、帐参军作人海富合夏麦田券》为例，分析指出作人有权佃种土地，但不能像平民一样在契约末尾画指，作人既属其主又受

① 李方：《西域高昌水渠考》，载新疆维吾尔自治区博物馆、中国敦煌吐鲁番学会编《丝路历史文化研讨会论文集》，新疆科学技术出版社，2013年，第51～61页；《中古时期西域水渠研究（二）》，载饶宗颐主编《敦煌吐鲁番研究》第13卷，上海古籍出版社，2013年，第241～262页；《中古时期西州水渠考（三）》，《吐鲁番学研究》2013年第1期；《高昌国水渠与唐西州水渠的关系——中古时期西域水利研究之四》，载王三庆、郑阿财合编《2013敦煌、吐鲁番国际学术研讨会论文集》，成功大学中国文学系，2013年，第204～209页；《唐西州高昌城水渠考——中古时期西域水利研究之七》，《西域研究》2014年第4期；《唐西州高昌城西水渠考（续）——中古时期西域水利研究之八》，《吐鲁番学研究》2014年第2期。

② 崔永强：《北凉高昌地区行水问题研究——兼论其时督邮分部情况》，《西域研究》2022年第2期。

③ 董永强：《三至八世纪吐鲁番地区量制的演变》，《吐鲁番学研究》2004年第1期。

④ 裴成国：《从高昌国到唐西州量制的变迁》，载季羡林、饶宗颐主编《敦煌吐鲁番研究》第10卷，第95～114页。

国家控制，需要承担高昌国的徭役；讨论了作人、使人、奴婢对高昌经济社会发展的作用，颇具新意。[①]

五、考古报告的整理

近20年来，一些吐鲁番的考古发掘报告获得整理。2001年，新疆文物考古研究所编著出版《交河沟西——1994—1996年度考古发掘报告》（新疆人民出版社），公布了新疆文物考古研究所和日本早稻田大学的学者联合发掘交河沟西台地墓葬的考古报告，其中台地中部的22座地表有封堆茔域的斜坡墓道洞室墓为6—7世纪的墓葬。据介绍，整个交河沟西台地有车师王国时期的墓葬130余座，高昌至唐西州的墓葬多达1500座，数量相当大。2007年，赵崇民、巫新华翻译出版了德国学者格伦威德尔所著的《新疆古佛寺：1905—1907年考察成果》（中国人民大学出版社），其中包括格伦威德尔在柏孜克里克、吐峪沟、高昌故城周边地区的考察报告。2015年，管平翻译出版了格伦威德尔1902—1903年冬季在高昌国故城周边的考古发掘报告《高昌故城及其周边地区考古工作报告》（文物出版社），方便学界研究20世纪初格伦威德尔到达高昌古城时的状况以及格伦威德尔所获文物的发掘情况。2019年，中国社会科学院主持翻译了奥雷尔·斯坦因《西域考古图记》（1—5卷）的修订本（广西师范大学出版社），其第四卷亦包含不少在高昌故城的考察信息。

2018年，新疆文物考古研究所编著《吐鲁番阿斯塔那——哈拉和卓墓地：哈拉和卓卷》出版（文物出版社），刊布了1964年、1966年、1969年、1975年在哈拉和卓发掘的64座墓葬的详细报告，是我们配套研读《吐鲁番

① 裴成国：《高昌国“作人”问题再论》，《中国经济史研究》2014年第2期。

出土文书》的重要成果，借此可以校订后者中的一些失误。[①]2019年，吐鲁番市文物局、吐鲁番学研究院、吐鲁番博物馆合编的《吐鲁番晋唐墓地：交河沟西、木纳尔、巴达木发掘报告》出版（文物出版社），是2004—2005年在3个墓地进行墓葬清理发掘的详细报告，此报告是研读《新获吐鲁番出土文献》的重要资料，借此可以更加详细地了解墓葬文书及文物的出土情况，还原更加丰富的历史信息。2019年，吐鲁番市文物局、新疆文物考古研究所、吐鲁番学研究院、吐鲁番市博物馆还编著出版了《新疆洋海墓地》（文物出版社），公布了2003年以来在洋海发掘的500多座青铜时代及早期铁器时代墓葬的详细发掘报告。

此外，21世纪学界整理发表了多种吐鲁番地区的考古简报或报告，笔者将其中有关魏晋南北朝的部分列表如下（见表1），以便读者检阅。

表1　21世纪吐鲁番地区考古简报或报告（魏晋南北朝的部分）一览表

序号	题名	刊载信息
1	阿斯塔那古墓群第二次发掘简报（1960年11月）	《新疆文物》2000年第3～4期
2	阿斯塔那古墓群第三次发掘简报（1960年11月）	《新疆文物》2000年第3～4期
3	阿斯塔那古墓群第十次发掘简报	《新疆文物》2000年第 3 ～ 4 期
4	阿斯塔那古墓群第十一次发掘简报	《新疆文物》2000年第 3 ～ 4 期
5	新疆鄯善三个桥墓葬发掘简报	《文物》2002年第6期
6	新疆吐鲁番地区阿斯塔那古墓群西区408、409号墓	《吐鲁番学研究》2004年第2期
7	吐鲁番交河故城沟西墓地康氏家族墓清理简报	《吐鲁番学研究》2005年第2期
8	吐鲁番巴达木墓地清理简报	《吐鲁番学研究》2006年第1期
9	新疆吐鲁番地区阿斯塔那古墓群西区408、409号墓	《考古》2006年第12期

① 参见仵婷：《新出三种吐鲁番考古报告介评》，《吐鲁番学研究》2019 年第 2 期。

续表

10	新疆吐鲁番地区交河故城沟西墓地康氏家族墓	《考古》2006年第12期
11	新疆吐鲁番地区木纳尔墓地的发掘	《考古》2006年第12期
12	新疆吐鲁番地区巴达木墓地发掘简报	《考古》2006年第12期
13	吐鲁番地区鄯善县洋海墓地斜坡土洞墓清理简报	《吐鲁番学研究》2007年第1期
14	2006年吐鲁番阿斯塔那古墓群西区发掘简报	《吐鲁番学研究》2007年第1期
15	吐鲁番地区鄯善县洋海墓地斜坡土洞墓清理简报	《敦煌吐鲁番研究》第10卷，2007年
16	2006年鄯善洋海一号墓地保管站北区清理简报	《吐鲁番学研究》2008年第2期
17	2005—2009年度高昌故城考古发现与研究	《新疆文物》2009年第3～4期
18	新疆鄯善县吐峪沟石窟寺遗址	《文物》2011年第7期
19	新疆鄯善县吐峪沟东区北侧石窟发掘简报	《文物》2012年第1期
20	新疆鄯善县吐峪沟西区北侧石窟发掘简报	《文物》2012年第1期
21	新疆柏孜克里克千佛洞窟前遗址发掘简报	《文物》2012年第5期
22	新疆库车友谊路魏晋十六国时期墓葬2007年发掘简报	《文物》2013年第12期
23	新疆吐鲁番阿斯塔那墓地西区2004年发掘简报	《文物》2014年第7期
24	雅尔湖石窟调查简报	《吐鲁番学研究》2015年第1期
25	雅尔湖石窟调查简报	《吐鲁番学研究》2015年第1期
26	近年吐峪沟石窟考古收获与认识述略	《欧亚学刊》新3辑，2015年
27	新疆吐鲁番阿斯塔那古墓群西区考古发掘报告	《考古与文物》2016年第5期
28	新疆吐鲁番胜金口石窟发掘报告	《考古学报》2016年第3期
29	新疆吐鲁番木尔吐克萨依遗址发掘简报	《吐鲁番学研究》2017年第2期
30	新疆鄯善吐峪沟西区中部高台窟院发掘报告	《考古学报》2020年第3期
31	新疆吐鲁番巴达木墓地2005年发掘简报	《吐鲁番学研究》2021年第1期
32	吐峪沟石窟的斩山崖面区段与遗址考古分期	《考古》2021年第11期
33	新疆鄯善县杨家沟墓地发掘简报	《吐鲁番学研究》2021年第1期

结　语

近20年来吐鲁番学魏晋南北朝史方向的进展远不至此，限于篇幅和精力，笔者只选取其中的几个方面进行了概述。21世纪，在文学、文献学、宗教学、民族学、考古学、艺术学等领域，吐鲁番学研究都有丰富多元的选题和研究成果问世，翻检《敦煌学国际联络委员会通讯》所载历年的吐鲁番学研究综述便可了然，此外学人编著的吐鲁番学相关论文集亦可体现此点。关于后者，除前文已经提及者，笔者管见所及，尚有朱雷《敦煌吐鲁番文书论丛》（甘肃人民出版社，2000年），[①]殷晴主编《吐鲁番学新论》（新疆人民出版社，2006年），荣新江主编《黄文弼所获西域文献论集》（科学出版社，2013年），黄文弼著、黄烈编《西域史地考古论集》（商务印书馆，2015年），土肥义和编《敦煌、吐鲁番出土漢文文書の新研究（修订版）》（东洋文库，2013年），土肥义和，气贺泽保规编《敦煌・吐鲁番の世界とその時代》（汲古书院，2017年）、侯灿《西域历史与考古研究》（中西书局，2019年），孟凡人《北庭和高昌研究》（商务印书馆，2020年），以及刘安志主编《吐鲁番出土文书新探》第一、二编（武汉大学出版社，2019年、2021年），等等。

21世纪以来吐鲁番学研究取得的丰硕成果，仅就陈国灿、荣新江、王素等人在世纪初提出的，吐鲁番学研究要补足的考古报告的整理和公布、外国探险队早期考古报告的翻译、国内外公私所藏吐鲁番文书的整理和公布、吐鲁番古代遗址的系统调查几方面而言，都有十分重要的成果问世。正如郑阿财所讲，吐鲁番学已经实现了与敦煌学的分进合流，正在朝着荣新江所期待

① 又朱雷：《朱雷敦煌吐鲁番文书论丛》，上海古籍出版社，2012年；朱雷：《敦煌吐鲁番文书研究》，浙江大学出版社，2016年。

的与敦煌学“比翼齐飞”的方向迅猛发展。其中，吐鲁番文书的搜集、整理、公布发挥了尤为重要的作用。伴随新资料的公布，学界在吐鲁番魏晋南北朝政治史、制度史、交通史、经济史、历史地理考证等领域取得了重要突破，麴氏高昌国政治史、沮渠大凉至高昌国时代的文书行政、高昌政权的对外交往、高昌国的经济史，以及丝绸之路视野下吐鲁番经济社会研究等方面的成果尤其突出。吐鲁番学研究的魅力在于不断有新资料被发现，我们期待随着考古工作的持续展开，将来会有更加丰富的资料被发掘和公布，从而推动吐鲁番学在纵、横维度上的进一步拓展，也希望在学者们的努力下，会有更多元的研究方法、理论运用于旧资料的“再发现”。

近10年来十六国时期天命观研究综述

洪寅欣

在中古华夏世界的思想、文化领域，神学因素曾起到过至关重要的作用，这就是华夏传统政治观念中的天命观。这些颇具神学色彩的思想理论体系长期影响着古人的政治观和历史观，深刻体现在中古中国的政治实践和历史进程中，而在分裂割据、改朝换代频繁的“乱世”尤为显著。自两汉以降，至隋唐大一统王朝再建之间的漫长历史时期，即三国两晋南北朝时期，便是典型的“乱世”。

十六国时期的历史，从广义上来说包含于三国两晋南北朝的历史进程中，然而其自身亦极具特点。在分裂割据的同时，十六国时期存在极其剧烈的民族冲突与融合，这种冲突与融合不仅体现在政治、军事等领域，更体现在文化、思想等深层次的领域，二者互为表里且互相影响，成为这一时期的时代特征之一。尽管这一时期，活跃在华夏世界政治舞台上的政权及其主导者大多属于非汉民族，然而华夏政治观念中的天命观和正统观仍然作为政治观念中的主流存在，影响、改变着进入华夏世界的各民族统治者，使得十六国时期诸政权的天命观念具有强烈的时代特殊性。以往，学术界常常将十六国时期笼统地归入魏晋南北朝或三国两晋南北朝的历史进程中进行讨论，难免显得轮廓过大，缺乏深度掘进。然而近10年来，随着学术界研究思路的转变，研究角度的多样化，学者对于十六国时期的研究呈现出数量上丰富、质量上显著提高的良好趋势，对于十六国政权天命观的相关研究亦是如此。因此，本文拟就近10年来有关十六国天命观问题的研究作一简要的研究综述，如有疏漏或解释不当，敬请方家批评指正。

一、对十六国时期天命观的整体性研究

有关十六国时期天命观问题的整体性研究。胡鸿所著长文《十六国的华夏化："史相"与"史实"之间》[①]，反思、分析了传统史书中呈现的十六国"史相"及其背后的"史实"。首先，作者明确了北魏崔鸿所编纂的《十六国春秋》中，入选"十六国"的均为相当程度上接受了华夏帝国政治文化的政权，换句话说，十六国政权均不同程度上接受了华夏世界的天命思想和天命观念。其次，作者从十六国诸王的文学素养、具有的神异形象以及史书中对君主事迹的模式化叙事等3个方面，指出十六国的国史撰述本身，通过种种手法将本国君主和政权塑造成华夏正统形象，从而巧妙地将十六国历史与汉魏历史融为一体。史书呈现的十六国"史相"既与史实有别，也反映了十六国政权利用华夏历史、政治资源实现自我华夏化的努力。郭硕的《五德历运与十六国北魏华夷观的变迁》[②]一文，从华夏传统的五德历运之学入手，考察其背后的华夷观念在十六国及北魏时期的变迁。该文虽主要讨论北魏一朝，但文章的第一部分首先对十六国时期的五德历运问题和华夷观进行了考察，认为十六国诸政权借助五德终始说来论证天命，其

---

① 胡鸿：《十六国的华夏化："史相"与"史实"之间》，《中国史研究》2015年第1期，第135～162页。

② 郭硕：《五德历运与十六国北魏华夷观的变迁》，《中央民族大学学报》（哲学社会科学版）2018年第45卷第5期，第20～28页。

背后多有以此解决“胡族出身”与“华夏天子”的身份矛盾之用意。作者指出，传统华夷观的深入人心，是试图建立统治的胡族精英不得不面对的现实困境。为了解决这一矛盾，同样自两汉以来深入人心的天命理论、五德终始说便开始起到作用，在十六国时期建立起一套胡族君主的五德传承次序，这就是史书借前秦苻坚之口所说的“五胡次序”，最终，胡族政权也可以被纳入华夏天命体系这一观念成为十六国时期的一种共识。然而作者同样指出，即便十六国诸王借助五德历运之学来强调自身的天命和统治合法性，但华夷之辨和胡汉冲突同样并未消弭，始终构成十六国政权构建统治合法性的障碍。陈勇《从五主到五族：“五胡”称谓探源》[①]一文，探究了“五胡”一称的本源，并对“五胡次序”这一概念作出解释。作者指出，东晋十六国时期南北政权通用的“五胡”称谓，经历了从率先入主中原并称帝的5位胡人君主：汉赵主刘渊、刘聪、刘曜和后赵主石勒、石虎到5个活跃于北方的主要少数民族——匈奴、羯、鲜卑、氐、羌的转变，且介于“十六国”这一概念形成于北魏时期，作为北魏“国人”的拓跋则与“五胡”区分开来。因而作者认为，“五胡”这一概念发生的变化，正反映了胡汉政权持续对抗的形势下，对十六国历史的一种总结性认识。通过“五胡”这一概念的变化，我们能够从中发现，华夏世界对于入主中原的少数民族政权的法统认可，同样经历了从认可汉赵、后赵诸君对北方中国的长期统治，到广泛认同北方的少数民族政权法统的转变，这一过程实际上亦是十六国时期天命观的转变过程。徐冲《“五胡”新诠》[②]一文，同样就“五胡”称谓这一概念进行详细考察。作者认为，《晋书·苻坚载记》中的“五胡次序”故事，不太可能源自前秦或后秦国史，当出自刘宋治下人士所撰

---

① 陈勇：《从五主到五族：“五胡”称谓探源》，《历史研究》2014年第4期，第21～33、189页。

② 徐冲：《“五胡”新诠》，《文史》2020年第3辑，第45～66页。

"前秦史"，内含强调东晋建康政权正统性，否认北方十六国诸政权法统的政治立场。"五胡"称谓中，带有一定的政治预言性质，暗示"五胡"气数将尽，华夏正朔将重返中原。徐冲根据《宋书·天文志》的叙事手法指出，"五胡"当指在华北依次而起的5个胡人王朝，即石氏后赵、慕容氏前燕、苻氏前秦、慕容氏后燕及南燕、姚氏后秦，而屠各刘氏汉赵政权则被排除在外。"五胡"这一称呼十六国诸民族的泛称，是在北朝历史后期华北精英以自身的历史认识加以改造后的结果。

李磊《天下的另一种形态——东晋及东北族群政权建构中的天下意识探析》[①]一文从"天下形态"的独特视角，考察分析十六国这一分裂的"多元天下"时期，东晋、慕容氏燕国甚至高句丽政权所构成的天下秩序以及这一时期的天下意识等问题。作者指出，"天下"这一概念是中国本土极为重要且关键的政治思想资源，天下秩序的存在，以华夷共有的天下意识为前提。在华夏传统天下意识的制约下，"聚变"，即从多元天下向一元天下的演变，始终是中国历史的主线。文章中分析了慕容氏燕国（前燕）在这一天下秩序中采取的政治路线：首先承认华夏世界的天下秩序，发展自己的实力，随后取而代之，由天下的边缘成为天下的中心。而这一进程同样存在由多元天下向一元天下（只不过以自身政权为唯一正统）的演变。事实上，对华夏天下体系、天下秩序、天下意识等概念的承认和遵循，即是十六国诸政权对华夏世界天命观的承认和遵循。该文将哲学上的天下观念与史学相融合，为我们认识十六国时期诸政权的天命观提供了非常有益的角度和思路。王安泰《皇帝的天下与单于的天下——十六国时期天下体系的构筑》[②]同样从天下

---

① 李磊：《天下的另一种形态——东晋及东北族群政权建构中的天下意识探析》，《华东师范大学学报》（哲学社会科学版）2014年第5期，第17～27、178～179页。

② 王安泰：《皇帝的天下与单于的天下——十六国时期天下体系的构筑》，载童岭主编《皇帝·单于·士人：中古中国与周边世界》，中西书局，2014年，第78～94页。

体系入手，指出十六国时期各胡族政权将诸侯虚封至地方，包含了一层中央与地方对应的关系，是各个政权宣称自身拥有统治天下的正统性而排斥同时期存在的其他政权的一种宣传手法。

楼劲先生《谶纬与北魏建国》[①]一文，以谶纬作为切入点研究了北魏开国建制过程中谶纬因素起到的影响。文章通过对北魏建国前流行的“当涂高”“真人出”“五胡运终”等谶纬进行考察，指出这些谶纬大多在十六国时期乃至更早的历史中便已经流行并应用于政治中，诸如后赵石虎篡位前称魏王、冉闵称魏王、前秦瓦解后丁零翟辽称大魏天王等，均是“当涂高”之谶在十六国时期产生效力的结果。而“五胡运终”的谶纬不仅为总结十六国的北魏所利用，十六国时期的诸多政权亦以此谶为自身之瑞应，自视为终结“胡乱”的正统王朝。而北魏建立过程中的根本特点，在于其比十六国时期的五胡政权更为深入和系统地受到华夏思想文化的影响，更为自觉、全面地贯彻了对正统性的争夺。因此，尽管此文重在分析北魏政权的天命观和正统观，我们亦可借此窥见北魏所继承并发展的十六国时期的天命观。胡鸿《星空中的华夷秩序——两汉至南北朝时期有关华夷的星占言说》[②]则从天文星占入手，分析十六国时期的君主利用天文星占的华夏符号体系维护自身合法性的努力。作者指出，十六国时期的胡族君主重视昴宿星占的实际作用，但在宣传中则回避华夏天文图景中“昴为胡星”的说法，转而采用分野说加以粉饰。同时，十六国政权努力将紫宫、心、房、大角等象征帝国或皇帝的星象与自身相联系，极力强调自身对天命的占有。

胡静《传国玺传说在十六国时期的流传与书写》[③]将视角调整到华夏传

---

① 楼劲：《谶纬与北魏建国》，《历史研究》2016 年第 1 期，第 4 ～ 23、190 页。

② 胡鸿：《星空中的华夷秩序——两汉至南北朝时期有关华夷的星占言说》，《文史》2014 年第 1 辑，第 55 ～ 74 页。

③ 胡静：《传国玺传说在十六国时期的流传与书写》，《青海社会科学》2019 年第 5 期，第 216 ～ 220 页。

统政治观念中天子权力的象征——传国玺，考察了十六国时期传国玺传说的历史书写，通过这一可能从未存在的帝王器物，讨论了十六国时期入主中原的诸胡人政权对自身天命和正朔的强调。首先，文章回顾了汉晋时期流传的传国玺传说，指出传国玺传说的书写可能肇始于孙吴史官为本朝争取正统性的努力，以此开创的传国玺书写模式便为后世，尤其是十六国时期的胡族君主强调自身天命和正朔提供范式。其次，作者对史料中十六国时期出现的传国玺记载进行了详细考察，指出十六国前期的胡人政权，如汉赵、后赵，对待传国玺的态度不一。而自慕容氏前燕始，传国玺的政治价值得到了强化和定型，此后的诸政权，如前秦、后秦等，均以传国玺为天命和正朔的象征，可见自前燕始，对传国玺的书写模式基本成型。最后，作者指出，十六国时期对传国玺传说的书写不断强化，实际上反映了十六国诸胡族政权通过华夏正统论中的“器物说”，为缺乏政治合法性的自身塑造、强调统治中原的正统性的事实。岳凯峰发表的《“五胡次序”与“自造正统”：十六国政权的玉玺之争》[①]一文，同样将研究视角放在玉玺这一器物上，研究了西晋灭亡后，中国北方的十六国政权围绕玉玺的争夺和塑造。此文的创新之处在于，其不仅论述了十六国政权对华夏王朝传国玺的传承和争夺，亦考察了这一时期的诸政权“自造玉玺”的现象及其背后的政治动机。作者指出，十六国政权对玉玺的争夺和伪造，目的在于强调自身“继承中国”，也就是标榜自身政权是华夏天命所归的形象，从而强调自身的正统性，这亦反映出十六国政权的封建化，以及胡族精英们对汉文化的接受，希望通过效仿华夏而争取民族认同的努力。

吴芳佳的硕士论文《兼华戎之美——十六国“天王”名号考论》[②]研究了

---

① 岳凯峰：《“五胡次序”与“自造正统”：十六国政权的玉玺之争》，《咸阳师范学院学报》2022 年第 37 卷第 1 期，第 72 ～ 77 页。

② 吴芳佳：《兼华戎之美——十六国“天王”名号考论》，南京大学硕士学位论文，2013 年。

十六国时期诸王称“天王”号这一现象，辨析了胡族君主们称“天王”的原委。文章首先回顾了华夏文化中“皇帝”称号的源流与承袭，以及“天王”这一称号在华夏文化中的由来。其次，作者以后赵石勒、石虎两位君主的比较作为开端，考察了“天王”这一称号所蕴含的北方民族政治文化因素。再次，作者对十六国时期君主称“天王”的案例进行论述，最后则质疑“天王”号的佛教源流说。作者认为，十六国时期的胡族君主们采取“天王”称号，多有权宜之计的意味，是胡族诸王们为了取得对华夏的统治合法性，而在本族习俗和汉化之间的一种挣扎，即所谓“兼华戎之美”。日本学者小野响《五胡十六国时期“天王”号的意义——以石虎与冉闵为中心》[①]一文，通过考察石虎、冉闵两位君主自称“天王”号入手，探讨了十六国时期“天王”称号的政治意义。作者在整理、比较学术界对“天王”号的不同解释后认为，冉闵称“天王”号的目的在于与石勒一样为称帝做铺垫，而石虎称“天王”号则在于构建新的王朝体制和法统。而从“天王”号的角度看，冉闵尽管以严酷镇压羯族为人所知，冉魏政权却受到了后赵政权的深刻影响。因此，作者指出，称“天王”号作为一种政治手法，为五胡诸国的不少君主采用，可见其影响力，同样亦反映了后赵政权在十六国时期具有强大的影响力。

刘东升《十六国时期佛教的中国化与五胡王朝崇佛》[②]一文，则从十六国时期佛教的中华化趋势入手，探讨了佛教作为华夷共同的信仰，在弥合夷夏矛盾、加速民族融合、构建五胡王朝合法性中起到的重要作用。作者指出，儒家思想在五胡君主们论证自身合法性的过程中固然起着不可动摇

① ［日］小野响：《五胡十六国时期“天王”号的意义——以石虎与冉闵为中心》，《南京晓庄学院学报》2018 年第 2 期，第 31 ～ 39 页。

② 刘东升：《十六国时期佛教的中国化与五胡王朝崇佛》，《衡水学院学报》2021 年第 6 期，第 114 ～ 117 页。

的作用，然而佛教对其产生的影响同样不容忽视，五胡君主崇佛，正是看中了佛教同样具有论证统治合法性、缓和社会矛盾等巩固统治的作用，而“佛是戎神”却受到华夏信众的广泛礼拜，亦能对应胡族政权有资格享有华夏天命和正朔，因此五胡王朝崇佛的现象也就顺理成章。

二、对十六国具体政权天命观的专题研究

有关十六国具体政权天命问题的专题研究，以下拟按国别依次进行综述。

吴洪琳《十六国“汉”、“赵”国号的取舍与内迁民族的认同》[①]考察了匈奴族首领刘渊、刘曜以及羯族首领石勒将国号定为“汉”“赵”的原因，指出这两个国号皆与前朝或先秦时期有密切关系，对后来内迁的少数民族建立政权、选择国号起到了明显的示范作用。另外，作者亦指出，这两个国号的选择，亦是胡族君主利用汉文化传统中的政治观念树立自身正统地位的方式。李磊《历史论述与地域统合：刘曜的国号选择与十六国新法统之创建》[②]认为，刘曜迁都长安后除宗庙、改国号，在以“夏后”为起点、纳“北夷”入华夏的历史论述中，视“赵”为华夏正朔由“汉”至“赵”转换的标志，由此开启十六国的新法统。此外，此举亦有借此笼络关中流人和河北人心、动摇石勒政权统治合法性的目的。而童岭《“五牛旗建”与“赤牛奋靷”——文本视域下南匈奴汉赵时代的预言与谶纬》[③]分为两部分，分别探讨前赵刘曜政权统治时期“五牛旗建”的政治意象，以及终南山白玉所带谶纬之言的

① 吴洪琳：《十六国“汉”、“赵”国号的取舍与内迁民族的认同》，《陕西师范大学学报》（哲学社会科学版）2013 年第 4 期，第 169 ～ 174 页。

② 李磊：《历史论述与地域统合：刘曜的国号选择与十六国新法统之创建》，《中国史研究》2021 年第 4 期，第 79 ～ 91 页。

③ 童岭：《“五牛旗建”与“赤牛奋靷”——文本视域下南匈奴汉赵时代的预言与谶纬》，《文学遗产》2016 年第 6 期，第 170 ～ 186 页。

政治内涵。其对谶纬文本内容的考察，涉及天文星象、干支纪年、岁星纪年等知识体系。作者在文末提出，伴随着汉帝国的瓦解，对北方民族而言亘古不变的匈奴帝国也随之瓦解。后赵与前赵的更替，并不仅仅是一般意义上十六国政权的更替，南匈奴屠各部的最后消亡，意味着在北方胡族的"共同体"意识中，血统不再是称王称帝的最重要因素，臣服于匈奴的诸胡，自此开始轮番觊觎皇帝宝座。王磊的硕士学位论文《变夷从夏：十六国时期汉赵、前燕的政权建设与华夏认同研究》[①]讨论了汉赵、前燕这两个十六国前期的胡族政权在中原地区建立政权、构筑政权合法性的一系列政权建设举措，指出刘渊集团通过汉化、增强华夏认同、攀附炎汉祖源等举措号召汉人群体反对西晋统治。而刘曜集团在国号上废"汉"立"赵"，在法统上承接西晋，在文化上延续汉化崇儒的同时又展现出族群的自我认同，表现了其华夏认同的多重性。前燕的建立经历了较长的过程，其初期"拥晋"，后期自立，同时重用汉人精英、推行汉化，实现了争取北方汉人承认其政权的目的。作者认为，以汉赵、前燕为代表的十六国诸族政权扩张的过程，就是其由华夏边缘向核心区靠拢的过程，亦是其族群由蛮夷向华夏身份转换的过程。这一过程既突破与发展了中国传统的夷夏观和正统论，亦演绎了中国历史由分裂走向统一的整体趋势。

李磊《石勒的政治名号与政治建构——兼论十六国法统之汉晋复归》[②]考察了石勒从自立到建号称制的过程中采取的一系列政治名号：石勒先后自称赵王、大赵天王、赵皇帝，起初承认汉国法统，依春秋封国之例，将自身置于诸侯王的位置，以此作为进位皇帝的阶梯。此后，石勒攻灭刘曜政

---

① 王磊：《变夷从夏：十六国时期汉赵、前燕的政权建设与华夏认同研究》，云南民族大学硕士学位论文，2022年。

② 李磊：《石勒的政治名号与政权建构——兼论十六国法统之汉晋复归》，《江海学刊》2019年第1期，第246～253页。

权，先后自称天王、皇帝，越过汉国法统，以水德承金德。作者指出，与“冒顿配天”的刘曜不同，石勒政权建构的最终目标是接续华夏王朝的法统。同样，李磊在《十六国前期正统性建构中的符号策略与政治表达——以石虎“天人之望”的营造为中心》①一文中指出，正是因为石虎夺取后赵君位的手段不正当，其即位之初便存在严重的法统问题，因此石虎自居摄时期始，便竭力利用谶纬、符瑞、宗教等政治观念或符号，以及大兴宫室等看似奢靡的行为来强化自身的帝王权威，强调自身对天命的占有，从而构建出自身的统治合法性。童岭《石勒“赵王元年”与慕容儁“燕王元年”——从“春秋列国故事”看十六国前期政权的正统化》②一文，考察了后赵和前燕分别使用过的“赵王元年”“燕王元年”这样的无年号纪元，指出这种比华夏帝王常用的年号纪年次一等的列国元年纪年法，不仅涉及这两个政权与江南东晋王朝之间的关系，同时亦牵涉北方少数民族之间的正统之争。这种无年号纪年的列国纪年法符合华夏《春秋》之义，事实上是后赵、前燕政权谨慎地遵循华夏政治文化传统，从而以更合法、更程式化的方式逐步过渡到天下王权支配的策略。

赵红梅《前燕正统观的发展变化——兼及中原士人出仕前燕心态》③一文指出，3—5世纪，慕容鲜卑的正统观念在“华夷观”“正闰观”“道统观”的阶段性变化中，体现出前燕从“勤王杖义”“自称燕王”“已为天子”的历史性转变。而从中原士人出仕前燕的心态变化中，亦能看出其从受“华

---

① 李磊：《十六国前期正统性建构中的符号策略与政治表达——以石虎“天人之望”的营造为中心》，《云南民族大学学报》（哲学社会科学版）2021年第4期，第118～127页。

② 童岭：《石勒“赵王元年”与慕容儁“燕王元年”——从“春秋列国故事”看十六国前期政权的正统化》，载武汉大学中国三至九世纪研究所编《魏晋南北朝隋唐史资料》第43辑，上海古籍出版社，2020年，第38～67页。

③ 赵红梅：《前燕正统观的发展变化——兼及中原士人出仕前燕心态》，《北方论丛》2011年第6期，第74～77页。

夷之辨”影响，到逐渐承认前燕统绪的转变。周倩倩《从祥应管窥慕容前燕政权的汉化》[①]一文指出，慕容前燕政权的每一代统治者都积极学习先进的汉族文化，利用汉文化中的祥应来为政权寻求正统性。祥应的多寡与慕容前燕政权的发展过程、汉化过程呈现正相关，能够很好地管窥前燕的汉化进程。李磊《从水德到木德——前秦建立与权力更迭中的合法性诉求及其运作》[②]分析了前秦政权在五德次序上由水德转为木德的进程，指出通常认为前秦承前、后赵法统自居木德，然而实际上苻健建立政权时极有可能承晋金德而自居水德之位，这从苻氏政权建国前后的祥瑞和谶纬中可看出端倪。前秦居木德，很可能始自苻坚即位后，为解决合法性不足的问题，而行“内禅”、造图谶、重构历史叙事等。经过苻坚时期的历史叙事，形成了车频《秦书》、崔鸿《十六国春秋》以至《晋书》相关载记中所见的叙事传统。此外，李磊《淝水战后关陇地区的族际政治与后秦之政权建构》[③]一文指出，淝水战后关陇地区的族际政治围绕着苻氏与姚氏的权力竞争展开。姚苌初建后秦政权之际，苻坚之死是触动关陇政局的核心事件，“关西雄杰”摇摆于二秦之间，使得双方的战争旷日持久，直到姚苌之死终结了苻坚之死的政治意义，苻登失去号召“关西雄杰”的政治资源，后秦在关陇地区的统治才得以建立。

李磊《后燕建立之际的合法性诉求及其运作》[④]指出，后燕慕容垂遭到慕容暐一系的排斥，使其称燕王的行为难以从前燕政治统绪中取得合法性

① 周倩倩：《从祥应管窥慕容前燕政权的汉化》，《敦煌学辑刊》2018年第4期，第132～140页。

② 李磊：《从水德到木德——前秦建立与权力更迭中的合法性诉求及其运作》，《中华文史论丛》2018年第4期，第193～212、400页。

③ 李磊：《淝水战后关陇地区的族际政治与后秦之政权建构》，《西南民族大学学报》（人文社科版）2018年第7期，第22～27页。

④ 李磊：《后燕建立之际的合法性诉求及其运作》，《史林》2020年第4期，第65～73、220页。

资源。因此慕容垂的燕王号并不单纯地上承于前燕，慕容垂最初构想在前燕故地建立称藩于前秦的诸侯国，而在慕容暐、苻坚死后，慕容垂称帝的法统障碍已不复存在，其以收复龙城为称帝依据，建构了上溯昌黎政权、并行于前燕帝系的正统谱系，一步步完成了新王朝的法统建构。张勇健的硕士论文《五凉异象研究》[①]从政治文化的角度切入，详细考察了十六国时期史籍文献中五凉政权统治时期的异象记载，分析五凉政权在建构统治正当性、巩固政权时对异象的运作；五凉政权动荡、衰亡时，各方政治势力进行政治斗争过程中围绕异象进行的解释，以及后世史家对五凉亡国异象的历史书写。作者研究指出，异象在五凉政权兴起、发展、衰亡过程中扮演了重要角色，五凉政权的异象在很大程度上亦是十六国时期政治关系和思想世界错综复杂的一种表现。

三、对十六国时期天命观研究的思考与展望

近10年来，学术界对于十六国天命观问题的相关研究，取得了颇为丰硕的成果，与此前相比，近10年来相关研究的数量可谓爆发式增长，总体质量上亦有极大提高。十六国史不再被宽泛地视作魏晋南北朝史中不甚重要的一部分，而是作为一个独立的专题受到重视。这与学术界研究思路和方法的不断更新、海内外学术交流的日益频繁是分不开的。另外，近10年来，诸如胡鸿、童岭、李磊等一批学者，对十六国时期天命观问题这一领域的研究颇为有力，大量相关研究成果的发表得益于他们的贡献，其对中古时期流行的各类符命、谶纬等神学政治符号的深入研究，为我们全面了解十六国时期时人的精神世界提供了助益。不过，在高度肯定十六国天命问题相关研究的同时，笔者认为这一领域同样存在以下几个有待继续推进

① 张勇健：《五凉异象研究》，兰州大学硕士学位论文，2020年。

的方面：

首先，鉴于十六国时期史料本身的匮乏，以往的学术研究大多基于已有的资料展开，尽管学者们通过不同视角，运用不同研究方法，能够不断推陈出新，但归根到底仍受到匮乏的史料本身的限制。随着考古发掘的推进，出土的地下史料或能弥补文字史料的不足，学界可基于新的考古发现，完善对十六国时期有关问题的研究，从而在这一领域继续取得新的进展。

其次，就目前对十六国时期诸政权的专题研究而言，学术界始终存在用力深浅不一的情况，十六国中较大的政权，诸如汉赵、后赵、前燕、前秦、后秦、后燕等，显然要比其他较小的政权更受到学者们的重视。尽管近10年来学术界对于十六国天命观问题的研究进入了一个兴盛期，但重点仍然放在对几个较大政权的研究考察上，而较少关注似乎“不那么重要的”其他政权。不过，如此一来，我们同样也可以说，对十六国天命观问题的研究尚有领域可为，因此存在进一步深入的可能。

最后，对十六国天命观问题的研究，必然涉及胡汉关系和胡胡关系，对这二者学术界均已给予足够重视。不过，学者们对这两者的关注，主要还是默认基于观念中的国与国展开，而较少关注分裂割据时期，与大的“国”并存的其他胡汉势力。事实上我们无法否认，十六国政权在崛起的过程中，并不只在和同时期较大的政权打交道，而是同样要面对遍布北方中国的各路胡汉群雄，这一层胡汉关系和胡胡关系同样值得我们进一步挖掘。

古代口头文本研究综述

刘芳君

谣谚风俗、传闻旧说是中国古代统治者了解民众的重要途径，先秦有輶轩使者“巡游万国，采览异言”[①]，东汉有“举谣言”[②]制度，唐代沙州图经中也有“歌谣”条目[③]。传统史书也取材了诸多口传材料，《史记》中就有诸多材料源自“异闻”和“旧俗风谣”[④]。但是传统史学对口传材料的可信度颇有质疑，对口传材料能在多大程度上反映历史则长期保持着谨慎态度。[⑤]

---

① 〔汉〕扬雄撰，华学诚汇证：《扬雄方言校释汇证》，中华书局，2006年，第1页。

② 〔南朝宋〕范晔撰，〔唐〕李贤等注：《后汉书》卷五七《刘陶传》注，中华书局，1965年，第1851页。

③ 上海古籍出版社、法国国家图书馆编：《法藏敦煌西域文献》第1册，上海古籍出版社，1995年，第166页。

④ 〔汉〕司马迁撰，〔南朝宋〕裴骃集解，〔唐〕司马贞索引，〔唐〕张守节正义：《史记》附录四《史记索引后序》，中华书局，1959年，第9页。

⑤ 赵世瑜：《传说·历史·历史记忆——从20世纪的新史学到后现代史学》，《中国社会科学》2003年第2期，第176页。

20世纪初，随着“国家”“国民”“群”“社会”等概念的传入[①]和中国帝制时代的终结，当时正在兴起的以胡适、顾颉刚等史学家为代表的现代历史学主张“建设全民众的历史”[②]。歌谣[③]、戏曲、故事[④]、传说由此受到关注，这些不同传统民间文化体裁之间的“口传”“口说”的共性被发现，书面文化传统以外的广泛口头传统在史学领域显现出来，从而使古代口头文本在现代史学发端之时就成为重要研究对象。

20世纪30年代，西方学界也发现了口头传播的文化传承方式，帕里、洛德开始研究南斯拉夫英雄史诗的“口头传统”（oral tradition）。“口头传统”是指产生于过去且在几代人中流传的口头信息[⑤]，具体形式包括日常语言信息（常用语、祈祷语）和规则语言信息[⑥]（诗歌、传说、谣谚）。口语、诗歌、传说等语言信息形式是人类社会的普遍文化现象，泛称为“口语文化”（oral culture）。口语文化经过文字记录进入书面传统，可称作“口头文本”（oral texts）[⑦]。口头文本是历史学、文学、人类学等多个学科的研究对

---

① 可参考王汎森的梳理：《晚清的政治概念与新史学》，载罗志田主编《20世纪的中国学术与社会·史学卷》（上），山东人民出版社，2000年，第46、54页。

② 顾潮：《顾颉刚年谱·一九二八年》，中国社会科学出版社，1993年，第150页。

③ 赵世瑜：《谣谚与新史学——张守常〈中国近世谣谚〉读后》，《历史研究》2002年第5期，第166页。

④ 可参考王东杰在《贯穿于“疑古”与“释古”之间的“故事”眼光》中的梳理，收入氏著：《历史·声音·学问：近代中国文化的脉延与异变》，东方出版社，2018年，第298～299页。

⑤ Jan M. Vansina, *Oral Tradition as History*, Madison: University of Wisconsin Press, 1985, p.3.

⑥ 原文中的“规则语言信息”（messages subject to special language rules）仅指诗歌。诗歌分为史诗和叙事，叙事分为传说、格言、谚语。鉴于这种分类方式不符合汉语语境，相关内容在转引时有所调整。Jan M. Vansina, *Oral Tradition as History,* p.13.

⑦ 有时也被译作“口述文本”。鉴于“述”字在现代汉语中常有“有条理的表达”之意，故本文选择使用“口头文本”。

象，或作为历史记忆，或作为俗文学、口头文学，或作为组织社群的规则，从不同角度向各个领域提供研究资料。近一个世纪以来，口头传统作为区别于书面传统的诸多特征逐渐明晰，不再仅仅作为文学、人类学等各个学科的研究材料，而以其自身的独特性质发展出口头传统研究的专门领域。

20世纪90年代，“口头传统”“口语文化”“口头文本”等概念进入国内，用以指称与书面文化相对应的语词、歌谣、故事、传说等依靠口头传承的文化现象，扩大了顾颉刚等学者提出的“口传”“口说”研究的史料范畴，使20世纪初兴起的口头文本研究进入了新的发展时期。口头传统研究随着国内外相关成果日渐累积，影响了诸多学科的研究视角与方法，欧美史学尤其是欧洲中世纪史领域也受其冲击，10余年来中国史学亦受到浸染。以下从20世纪初期兴起的口头传统研究视角出发，梳理不同历史时期口头文本研究的发展脉络。

一、20世纪初期的“新史学”与“口传”史料

20世纪初，中国历史学界开始建设“新史学”，倡导研究民众的历史，从而关注到口语文化与口头文本，梁启超、胡适、顾颉刚是这一时期的代表人物。1921年，梁启超提出史学的研究范围应该扩充音乐、小说、天文、宗教等问题[①]，应当叙述“一群人相交涉相竞争相团结之道”与“修养生息同体进化之状”[②]，并认为文字之外还有“现存之实迹”“遗下之古物”与“传述之口碑”[③]。

① 梁启超：《中国历史研究法》，收入氏著：《梁启超史学论著四种》，岳麓书社，1998年，第138～140页。

② 梁启超：《新史学》，收入氏著：《梁启超史学论著四种》，第243页。

③ 梁启超：《中国历史研究法》，收入氏著：《梁启超史学论著四种》，第147页。

胡适在"整理国故"运动中提倡"平民的眼光""历史的方法"[①]，主张"扩大研究的范围"，以"历史的眼光"将民间歌谣和小说放在与《诗经》和"高文典册"的"同等位置"上。[②]1920年，胡适以严谨态度撰写了《水浒传考证》，尔后引发学界关于《水浒》故事的讨论。其中李宗侗认为《水浒》故事在"第一个时期，先有口传的故事"，在北宋末年至南宋末年期间"变成笔记的《水浒》故事"。[③]1929年，胡适搜集了更多《水浒传》古本，更细致地梳理了《水浒》故事的源流，并表示他赞成李宗侗对早期《水浒》故事的论断。[④]

顾颉刚则积极投身于"歌谣运动"中，并将其对当时歌谣、小说、戏剧的认识运用到古代口头文本的研究中。早在1913年，鲁迅就在《拟播布美术意见书》中提出要搜集、整理民间歌谣。[⑤]1918年，北京大学国文系的刘半农、沈尹默决定征集民间歌谣，并在《北京大学日刊》上发表《北京大学征集全国近世歌谣简章》，尔后收到1100余首歌谣。1920年，北大歌谣研究会成立，由沈兼士、周作人主持，并发行《歌谣》周刊。1922年，歌谣研究会并入国学门，《歌谣》周刊并入《国学》。1923年，风谣调查会成立，向国内寄出数千份《风谣调查表》。[⑥]顾颉刚从1918年就参与了"歌谣

---

① 可参考王汎森的梳理：《民国的新史学及其批评者》，载罗志田主编《20世纪的中国学术与社会·史学卷》（上），第46、54页。

② 胡适：《〈国学季刊〉发刊宣言》，收入氏著：《胡适文存》（二），华文出版社，2013年，第8页。

③ 胡适：《百二十回本〈忠义水浒传〉序》，收入氏著：《胡适文存》（三），华文出版社，2013，第270页。

④ 胡适：《百二十回本〈忠义水浒传〉序》，收入氏著：《胡适文存》（三），第272页。

⑤ 顾颉刚等辑，王煦华整理：《吴歌·吴歌小史》，江苏古籍出版社，1999年，第1页。

⑥ 徐新建：《民歌与国学：民国早期"歌谣运动"的回顾与思考》，巴蜀书社，2006年，第17～23页。

运动”[①]，在《歌谣》周刊上发表了所采歌谣和研究论文。

1925年，顾颉刚编纂的《吴歌甲集》出版，胡适、钱玄同都为其作序。[②]顾颉刚早早意识到了洛德《故事的歌手》中的“书写与口头传统”的关系，顾颉刚认为：

> 我以为歌谣与唱本实在没有严密的界限。……就两者的关系上说，歌谣有从唱本上来的，如唱本失传而歌谣不失传，就给人看作歌谣了；唱本有写录歌谣的，如歌谣失传而唱本不失传，也就给人看作唱本而不看作歌谣了。[③]

顾颉刚既认同口头歌谣与书面唱本有交互性影响，也承认二者有各自传统的分野。不过，顾颉刚认同二者的交互关系，前提是将大同小异的唱本与口头歌谣视作一首特定的歌。

胡适则认为研究歌谣要采用“比较的研究法”，认为歌谣之间的“大同小异”，“大同”在于“本旨”（“文学的术语上叫做‘母题’”），“小异”是“随时随地添上的枝叶细节”。[④]胡适认识到了中国口头歌谣不依赖固定文本，存在“随时随地”的即兴创作，与西方口头传统领域中著名的“口头程式理论”所谓“主题”“变体”分析有相似之处。

关于口头歌谣的“变体”现象，1926年顾颉刚在《古史辨》第一册的《自序》中的见解与西方口头传统名著《故事的歌手》中的一些发现非常相似，对比如下：

---

① 顾颉刚：《古史辨》第一册“自序”，上海古籍出版社，1982年，第37页。

② 顾颉刚等辑，王煦华整理：《吴歌·吴歌小史》，第9、19、231页。

③ 顾颉刚、吴立模：《苏州唱本叙录》，载顾颉刚等辑，王煦华整理《吴歌·吴歌小史》，第683页。原载《开展月刊》第十、十一期合刊，1921年。

④ 胡适：《歌谣的比较的研究法的一个例》，载钟敬文编《歌谣论集》，上海文艺出版社，1989年影印本，第119页。原书于1928年由上海北新书局出版。

关于口头歌谣的“变体”现象的描述

顾颉刚《古史辨一·自序》[1]	洛德《故事的歌手》[2]
歌谣也和小说戏剧中的故事一样会得随时随地发生变化	各种各样的“版本”和形形色色的“变异”，这些都是口头传统材料的最具特色的东西
同是一首歌，两个人唱着便有不同	两位歌手不可能一模一样地演唱同一支歌
就是一个人唱的歌也许有把一首分成大同小异的两首的	在一种非常真实的意义上，每一次表演都是独一无二的
有的歌因为形式的改变以至连意义也随着改变了	由前两个成分开始的史诗，可以朝着两个方向发展

从认知上看，胡适、顾颉刚对口头歌谣的认识已经触及“口头程式理论”的基本原理，只惜尚未形成理论。从时间上看，顾颉刚、胡适对口头歌谣的关注更早。这一时期北京大学的歌谣运动，一方面保存了的大量口头歌谣；另一方面，即便顾颉刚、胡适已经意识到了口头歌谣传播的一些特点，但正如胡适批评的，当时通行的歌谣采集方法仍是“向许多类似的歌谣里挑出一首他自己感觉最好的”[3]，而忽略了歌谣的口头传统。

顾颉刚很快意识到口头歌谣的传播特点不是孤立的，要清楚“歌谣的意义”，就要把研究范围扩展到“方言、谜语、唱本、风俗、宗教各种材料”。[4]这些民俗材料中，方言、谜语是口语文化；唱本中应有一部分是口头文本，另一部分可能是书面文学创作；风俗和宗教中也有相当体量的内容依靠口头传承。

顾颉刚处理了包含了大量口语文化的民俗学材料，从“戏剧和歌谣中”

① 顾颉刚：《古史辨》第一册“自序”，第 37 页。

② ［美］阿尔伯特·贝茨·洛德著，尹虎彬译：《故事的歌手》，中华书局，2004 年，第 173、39、5、175 页。

③ 胡适：《歌谣的比较的研究法的一个例》，载钟敬文编《歌谣论集》，第 131 页。

④ 顾颉刚：《古史辨》第一册“自序”，第 39 页。

收获了“研究古史的方法”[①]，即故事、歌谣与古史在知识传统生成中都有“层次”。顾颉刚在思考《蝴蝶梦》《桑园会》故事的演变史时，受到胡适《水浒》故事研究的启发，意识到故事演变有其“层次”，而不是“一朝一夕”完成的，研究古代史也可以运用“研究故事的方法”。[②]1924年，顾颉刚在《歌谣》周刊上发表《孟姜女故事的转变》，揭示了孟姜女故事在长期流传的过程中的“层次”：故事中的主要人物、故事中心、时代背景等信息都在随着社会风俗、民众情感不断发生变化，逐渐才演变成世人熟知的故事形态。[③]顾颉刚研究了孟姜女故事后，就“试把这件故事比拟传说中的古史”[④]。

顾颉刚的研究历程与帕里研究《荷马史诗》的计划有相似之处，都是以对当代口头歌谣的考察来理解古代口头文本；帕里的研究目的是认识《荷马史诗》，而顾颉刚自称“研究歌谣是有所为而为的，我想借此窥见民歌和儿歌的真相，知道历史上所谓童谣的性质究竟是怎样的”[⑤]。二者的学术成果则是不同的，帕里与其学生洛德建立了口头程式理论，而顾颉刚将他在口头歌谣上的认知反馈给了历史学。

在多年研究歌谣、戏剧、故事的过程中，1923年，顾颉刚提出“层累地造成的中国古史”，主张“时代愈后，传说的古史期愈长”，“时代愈后，传说中的中心人物愈放愈大”，“不能知道某一件事的真确的状况，但可以知道某一件事在传说中的最早的状况”。[⑥]顾颉刚的研究目的是“作成一个

---

① 顾颉刚：《古史辨》第一册“自序”，第66页。

② 顾颉刚：《古史辨》第一册“自序”，第40页。

③ 顾颉刚：《孟姜女故事的转变》，载顾颉刚《顾颉刚全集》第15册《顾颉刚民俗论文集》卷2，中华书局，2021年，第6～25页。原载《歌谣周刊》第69号（孟姜女专号一），1924年11月23日。

④ 顾颉刚：《古史辨》第一册“自序”，第68页。

⑤ 顾颉刚：《古史辨》第一册“自序”，第75页。

⑥ 顾颉刚：《与钱玄同先生论古史书》，收入氏著：《古史辨自序》，湖北教育出版社，2000年，第4页。

'中古期的上古史说'"，研究"战国秦汉的思想史和学术史"，探寻中古时期的"上古史观念及其所造作的历史"。①顾颉刚以"层累地造成的中国古史"的思维进行考证，认为有关上古史的诸多说法是战国以来形成的，超越了胡适的"存疑主义"，在学界引发强烈反响。②

从梁启超到疑古学派，20世纪初的学者表现出对口头材料的重视，使得古代文献中的口头文本成为史料学中的独立类别。20世纪30年代，陈垣在北京讲授"史源学研究"课程，认为历史研究法的史源学大概分见闻、传说、记载、遗迹4项③，"见闻"中的"闻"和传说都是指文献记录的口头材料。同一时期傅斯年也讲道"笔记小说虽是著于文字的材料，然性质实在是口说"，"口传的史料，每每将年代、世系、地域弄得乱七八糟，然亦有很精要的事为之保留"。④傅斯年强调了口头文本中可信的一面，已经涉及西方20世纪80年代以来口头传统、历史记忆研究中提出的有关口头传统"稳定性"的论点。⑤

陈寅恪也投入故事、传闻等口头文本的研究，认为"故事一经演讲，不得不随其说者听者本身之程度及环境，而生变易，故有一故事，而歧为二

---

① 顾颉刚：《古史辨》第二册"自序"，上海古籍出版社，1982年，第6页。

② 王汎森：《民国的新史学及其批评者》，载罗志田主编《20世纪的中国学术与社会·史学卷》（上），第57～62页。

③ 陈垣：《陈垣史源学杂文》，人民出版社，1980年，第1页。

④ 傅斯年：《史学方法导论》，载欧阳哲主编《傅斯年全集》第2卷，湖南教育出版社，第351页。

⑤ 哈弗洛克认为口语社会中，传统依靠一代一代的重复和忠实的仪式性话语，否则就会失去文化的连贯性；扬·阿斯曼认为无文字社会"得益于实物的、礼仪的和传统的帮助大都比较稳定"，口头说唱的"内容却是极其传统的而且可能还相当古老"。Eric Alfred Havelock, *The muse learns to write: Reflections on orality and literacy from antiquity to the present*, New Haven and London：Yale University Press, 1986, pp.69～70；［德］扬·阿斯曼：《有文字的和无文字的社会——对记忆的记录及其发展》，载王霄冰译，黄亚平等主编《广义文字研究》，齐鲁书社，2009年，第14～15页。

者，亦有原为二故事，而混为一者”，历史学者可以从故事演变中“窥见时代之风气”。[①]1936年，陈寅恪又将故事考证方法运用到了具体历史问题的研究中。其《桃花源记旁证》以与《桃花源记》情节相似的“檀山坞”故事，把“桃源”故事和河洛一带的坞壁及“桃”相关的地名联系起来，认为《桃花源记》故事原型来自北伐将领戴祚在关中的见闻，讲述的是躲避苻秦的“坞聚”，经陶渊明增入了“刘驎之衡山采药”故事而成。[②]

以顾颉刚为代表的疑古学派不仅“几乎笼罩了全中国的历史界”[③]，也对文学、民俗学产生了深刻影响，用“历史的眼光”和“层累地造成”说来考证口头文本也成为历史学、文学和民俗学共享的研究方法。与西方史学从口头传统研究中受到启发不同，中国史学界处理古代口头文本的方法，是顾颉刚等历史学家主动投入歌谣、故事等口语文化的研究工作而得出的，并转而影响到文学、民俗学的研究方法。

1935年，闻一多在《高唐神女传说之分析》中分析了《高唐赋》与《诗经》《楚辞》及中古时期“女子化虹”故事的关系，认为高唐神女本是楚地的女性始祖，掌管婚姻与子嗣，也是兴云降雨的祖先神灵，以蜺虹（“朝隮”）、朝云为灵。虽然女性始祖在父系社会分化为高唐神女、男性祖先高阳二人，但汉唐间的民间仍然流传着“美人虹”的传说，将虹看作女子、阴性的象征。[④]《高唐神女传说之分析》结合了文学、古文字学、历史

① 陈寅恪：《〈西游记〉玄奘弟子故事之演变》，收入氏著：《金明馆丛稿二编》，生活·读书·新知三联书店，2001年，第222页。原载《史语所集刊》第2本第2分，1930年。

② 陈寅恪：《金明馆丛稿初编》，生活·读书·新知三联书店，2001年，第188～200页。原载《清华学报》第11卷第1期，1936年。

③ 徐旭生：《中国古史的传说时代》，文物出版社，1985年，第23页。

④ 闻一多：《高唐神女传说之分析》，收入氏著：《神话与诗》，上海人民出版社，2005年，第69～97页。原载《清华学报》第10卷第4期，1935年。

学的研究方法，把相关传说、故事作为书面文学，而承认这些书面文学的背后有“民间流行的俗语”[①]，从零散而看似无关的书面材料中揭示出口头传说的演变、分化、遗存，并探讨了传说背后的历史原因。

20世纪中后期，疑古学派的研究成果逐渐边缘化[②]，但“层累地造成”的研究方法仍有一定影响力。1959年，唐长孺在《读〈桃花源记旁证〉质疑》搜集了更多“桃花源”式的故事，认为这些故事“本是南方的一种传说”，经陶渊明结合民众逃亡入山的时事传闻而创作成《桃花源记》。但原本的口头故事仍在流传，后来还出现了蜀地的新版本。据此又进一步分析“桃花源”故事在东晋南朝广泛流传的原因是符合蛮民逃避赋役的需求，其中的公社性质也会转变为豪强统帅的宗部。[③]

民族史学者讨论民族起源传说时，也往往分析传说的异同与层次。薛综正《突厥始祖传说发微——论阿史那氏到突厥族的历史演变》认为突厥起源传说“内容大同小异，绝不可以扬此抑彼，把它们看作迥然相反，真妄不容共存的对立物，而应综合看待，视为同一传说不同角度，不同阶段的历史反映，从而正好相互补充”[④]，该文从突厥起源诸说中提炼出相同之处，继而发现传说是随着“古阿史那氏辗转迁徙的运行轨迹”而发生变化的，清理出突厥民族起源的线索。

20世纪中后期以来，马克思主义史学强调“劳动人民是历史的主人”[⑤]，

---

① 闻一多：《高唐神女传说之分析》，收入氏著：《神话与诗》，第82页。

② 李学勤：《走出疑古时代》，长春出版社，2007年。

③ 唐长孺：《魏晋南北朝史论丛（外一种）》，河北教育出版社，2000年，第622～635页。

④ 薛宗正：《突厥始祖传说发微——论阿史那氏到突厥族的历史演变》，《新疆社会科学》1987年第1期，第72页。

⑤ 白寿彝、瞿林东：《马克思主义史学在中国的传播和发展》，载周久玖主编《〈史学史研究〉文选·中国近现代史学》，华夏出版社，2017年，第336页。

唐长孺等历史学家的口头文本研究仍有“层累地造成”的迹象，但总的来说，这一时期历史学更关注封建制度、生产方式、土地所有制、农民战争等问题，[①]“层累地造成”的方法遗产主要被文学、民俗学继承。[②]

20世纪初“口传”史料的发现和研究，是伴随着现代史学的发端和帝制结束后知识群体建设“民众的历史”的思潮产生的。在这一代学者眼中，民众的历史应该与传统正史中的“朝廷上之君若臣”相反，使民众作为国家的群体而成立。[③]而此时的中国民众识字率尚且有限，传承文化、凝聚观念仍多依赖于口头，如同古代史上的绝大部分人。所以在以民众为主体的“新史学”浪潮中，“口传”史料具有超越传统史学的革新意义。大致相同而稍晚的时期，西方学界“口头传统”兴起，使“口传”的概念、性质、理论得到进一步完善。

二、“口头传统”基本理论的起源与发展

西方口头传统研究在起源时就具有跨学科、跨地域的鲜明特征。在西方古典文学研究领域，“口头传统”一词早已有之，既指民间传说[④]、口传历

---

① 蒋大椿：《20世纪中国马克思主义史学》，载罗志田主编《20世纪的中国学术与社会·史学卷》（上），第131～448页。

② 王煦华：《顾颉刚先生对民间文学、民俗学的研究及贡献》，载顾颉刚著，王煦华编《孟姜女故事研究及其他》，商务印书馆，2017年，第381页；吕静：《“筚路蓝缕以启山林”——顾颉刚先生与中国民俗学》，《史林》1993年第3期，第1～8页。

③ 梁启超：《新史学》，收入氏著：《梁启超史学论著四种》，第243页。

④ 洛特斯佩希认为，冰岛地区不同版本的家庭传奇可能糅合了短小书面故事及其“口头传统”。C. M. Lotspeich, “The Composition of the Icelandic Family Sagas,” *The Journal of English and Germanic Philology*,Vol.8,No.2,1909,pp.217-224.

史①等文化传承的口头形式，也指主要凭借口头文学传承文化的社会状态②。这代表了“口头传统”研究兴起之前，西方学界已经隐约意识到了“口头”相关的研究对象具有区别于文字社会的各种特质。作为口语文化传承过程的“口头传统”概念起源于口头程式理论。20世纪30年代初，哈佛大学古典学系助理教授米尔曼·帕里（Milman Parry）计划考察史诗演唱的原理以研究《荷马史诗》，揭开了“口头传统”研究的序幕。

帕里的研究思路受到了结构语言学的启发。帕里在巴黎攻读博士学位期间，师从语言学家安杜恩·梅耶（Antoine Meillet）。梅耶是著名语言学家索绪尔（Ferdinand de Saussure）的学生，认为“荷马史诗完全程式构成，程式则由诗人们传播”③。1928年，帕里继承了梅耶的观点④，继而意识到《荷马史诗》有其史诗传统并且可能源自口头创作⑤。

帕里认为“口头史诗的组织结构理论”（theory of composition）不能建

---

① 佩顿根据《创世纪》中地名、人名的词源，认为其中的历史素材来自阿拉伯沙漠、巴比伦尼亚、迦南以色列人、迦南人的“口头传统”。Lewis Bayles Paton, The Oral Sources of the Patriarchal Narratives, *The American Journal of Theology*, Vol.8, No.4, 1904, pp.658-682.

② 所罗门·甘兹研究《圣经》与巴基斯坦学校的职业记忆者时使用了“口头传统时期”“口头文学时期”等词汇。Solomon Gandz, The Rōbeh רובה or The Official Memorizer of the Palestinian Schools, *Proceedings of the American Academy for Jewish Research*,Vol.7,1936,pp.5-12.

③ 初刊于1923年，转引自［美］约翰·迈尔斯·弗里著，朝戈金译：《口头诗学：口头程式理论》，社会科学文献出版社，2000年，第18～19页。

④ 《荷马史诗的程式与韵律》初刊于1928年，后收入论文集。参见 Milman Parry, Homeric Formulae and Homeric Metre, in Adam Parry(eds.), *The Making of Homeric Verse : The Collected Papers of Milman Parry*, Oxford: The Clarendon Press, 1971,pp.191-239。

⑤ 《口头诗歌创作的史诗技巧研究》初刊于1930年，后收入论文集。参见 Milman Parry, Studies in the Epic Technique of Oral Verse-Making, in Adam Parry(eds.), *The Making of Homeric Verse : The Collected Papers of Milman Parry*, pp.266-324。

立在“其他理论基础”之上，必须以“口头诗歌的实际运作”为基础。[①]鉴于《荷马史诗》的口头形式已经消亡，帕里转而探索当时的吟游诗人学习、创作史诗的方式，[②]即寻找“活的荷马”。帕里考量了识字情况、史诗演唱传统的保存、政治局势等因素，最终选择以南斯拉夫作为考察地点，计划观察当地文盲歌手是如何学习和实践其英雄史诗艺术的，并在口头诗歌传承与创作的现实基础之上建立口头史诗传统的基本理论模型。[③]1935年，帕里开始写作《故事的歌手》一书，但写了几页后就因为意外离世而未果，他的学术计划由其学生及助手洛德继续并完成。

1960年，阿尔伯特·贝茨·洛德（Albert Bates Lord）出版了《故事的歌手》，超越性地完成了帕里的研究计划，提出了口头传统研究的基本理论。1949年，洛德向哈佛大学比较文学系提交的博士论文《故事的歌手》即后来出版的《故事的歌手》的原初形式。

洛德以南斯拉夫地区的英雄史诗录音、文本记录为基本资料，得出了文盲史诗歌手在诗歌演唱传统中的记忆、演唱和创作的“口头程式理论”（Oral Formulaic Theory）[④]：

（一）口头传统：从古到今的所有故事歌手，都属于口头史诗演唱传统的一部分。在口头诗歌中，书面诗歌中的创作与表演、阅读的鸿沟并不存在。歌手在不断的积累、再创作过程中保存传统。[⑤]

---

① ［美］阿尔伯特·贝茨·洛德著，尹虎彬译：《故事的歌手》“引言”，第39页。

② ［美］阿尔伯特·贝茨·洛德著，尹虎彬译：《故事的歌手》，第3页。

③ A.B.Lord, Homer, Parry, and Huso, in Adam Parry(eds.), *The Making of Homeric Verse : The Collected Papers of Milman Parry*, pp.465–478.

④ 为便于理解，在尽量保证原文语义的前提下，对原文有所调整、提炼，并增加番号和小标题。

⑤ ［美］阿尔伯特·贝茨·洛德著，尹虎彬译：《故事的歌手》“引言”，第11、39、18页。

（二）程式（重复词语）：歌手的创作方式受到快速表演要求的支配，他依赖于反复灌输的习惯。程式的象征意义、声音、模式，是为了魔术般的创作效率而诞生的。①

（三）主题（诗歌间的相同主要事件）：一个主题牵动另一个主题，从而组成了一支歌。主题群的组合，由叙事的逻辑和约定俗成从的联系力量内聚到一起。主题并非是静止的实体，而是一种活的、变化的、有适应性的艺术创造。变异是源于一种一贯的、保守的要求，即要在主题或主题群中所表达的核心意义。②

（四）变体：口头诗歌不存在一个固定的文本，在歌手们那里并没有像我们想象中的那种记忆之类的东西。在任何一部史诗歌中，都有趋向不同方向的力量，歌手可能采取任何一种力量或方向。一部歌在传统中是单独存在的，同时又不可能与其他歌割裂开来。③

（五）书写与口头传统：叙事歌在文字出现之前就已经很成熟，书写记录是歌手无数次表演中的一次。一种固定的文本建立，歌手并不受到任何影响。他继续不断地和同行们一样，像平常一样创作、演唱。传统继续发展。接受固定文本观念的歌手，已经脱离了口头传承的过程。④

"口头程式理论"由帕里、洛德师生共同创立，也被称作"帕里－洛德理论"。洛德用这一理论来分析荷马史诗，消解了荷马史诗的作者问题，因为口头史诗的作者是复数的。荷马史诗以及诸多古代口头创作的诗歌，可能都没有特定作者，只有演唱时不断创作的"作者"。

洛德的"口头传统"概念表示口语文化传承、创作、传播的整体过

---

① ［美］阿尔伯特·贝茨·洛德著，尹虎彬译：《故事的歌手》，第92、94页。

② ［美］阿尔伯特·贝茨·洛德著，尹虎彬译：《故事的歌手》，第135、139、136页。

③ ［美］阿尔伯特·贝茨·洛德著，尹虎彬译：《故事的歌手》，第174、178页。

④ ［美］阿尔伯特·贝茨·洛德著，尹虎彬译：《故事的歌手》，第179～180、198页。

程,《故事的歌手》开创了口头诗歌研究的新范式。此后，文学研究者开始广泛运用口头程式理论来研究贝奥武夫等古英语诗歌[①]，古典学者如哈弗洛克（Eric Alfred Havelock）认为柏拉图对吟游诗人的非议本质上是文字时代对史诗传统的批判[②]。口头程式理论逐渐辐射到上百种独立语言文化的研究，使“口头传统”学科逐渐形成，并对诸多学科产生了深远影响，[③]引发了“大分野”派（Great Divide between orality and literacy）和“连续体”派（Oral/Literate Continuum）长达数十年的论争[④]。

20世纪60年代以来，人类学、传播学等多个领域出现了研究口头传统的潮流，主要讨论口语与书面二元对立关系，被称为“大分野”派。1961年，法国人类学家列维－斯特劳斯（Claude Lévi-Strauss）在其参与创办的《人类》(*L'Homme*）期刊上发表了对《故事的歌手》的书评，认为洛德对口头文本的起源问题做出了独特贡献。[⑤]1962年，列维－斯特劳斯的《野性的思维》认为语词的精细化首先是为了满足理智的需要，代表了以层次区分为特征的科学思维，语言、图腾、神话是原始部落构建认知的途径。[⑥]尔后又有4卷《神话学》探讨神话的逻辑结构及一些神话的同构性，以生与熟、鲜与腐等二元对立关系讨论原始部落的思维、观念。

1963年，英国人类学家杰克·谷迪（Jack Goody）发表《书面文化的

---

① John Miles Foley,The Viability of the Comparative Method in Oral Literature Rreserch, *The Comparatist*,Vol.4,No.1,1980,pp.47-56.

② Eric Alfred Havelock,*Preface to plato*, Boston: Harvard University Press, 1963.

③ ［美］约翰·迈尔斯·弗里著，朝戈金译：《学科的形成》，载《口头诗学：口头程式理论》，第 139 ～ 244 页。

④ Emevwo Biakolo, On the theoretical foundations of orality and literacy, *Research in African Literatures*, Vol.30 ,No.2 ,1999,pp.42-65.

⑤ Claude Lévi~Strauss, AB Lord, The singer of Tales, *L'Homme*, Vol.1,No.2,1961,p.137.

⑥ ［法］列维－斯特劳斯著，李幼蒸译：《野性的思维》，商务印书馆，1997 年，第 1 ～ 16 页。

结果》，指出口头交流是传承文化、组织社会、储存记忆的重要手段；书写系统的发展促使东方文化的管理、技术取得巨大进步，造就了文化精英阶层，成为维持中央集权官僚机构运转的重要驱动力。[①]

传播学家麦克卢汉（Marshall McLuhan）于1962年出版《古登堡星汉璀璨》，自述是对洛德《故事的歌手》进行补充。麦克卢汉将语言、文字视为与印刷、电力相同的技术革命，比较了“口头文化社会”与“文字社会”在人类认知上的差别，指出语言、文字等媒介是人类感官的延伸，传播技术会促使人类认知习惯、社会结构发生改变。[②]20世纪60年代以来“大分野”派对口语文化和书面文化的持续讨论，区分了二者在文化传播、社会特征方面的不同影响，指出了口语、文字的使用是界定社会类型的重要指标。[③]

随后“连续体”派在学术舞台上活跃起来，“大分野”派受到质疑，学者们开始重视口语与文字的交互联系。英国人类学家芬尼根（Ruth Finnegan）在1970年使用了“口头文学”（Oral Literature）概念讨论非洲口头诗歌，[④]在1977年出版的《口头诗歌：性质、意义与社会语境》中反思帕里、洛德、麦克卢汉的研究，认为他们无条件信任传播技术对社会结构的作用，过于强调口头与书面的对立关系，实际上口头传统与书面传统是存在交叉的“连续体”，诗歌写作中常有倾向口头的表达。[⑤]

---

① Jack Goody and Ian Watt, The Consequences of Literacy, *Comparative Studies in Society and History*, Vol.5, No.3,1963, pp.304-345.

② ［加］麦克卢汉著，杨晨光译：《古登堡星汉璀璨：印刷文明的诞生》，北京理工大学出版社，2014 年。

③ 可参考［美］布卢斯·格龙贝克：《口语 - 文字定理与媒介传播学》，载［美］林文刚编，何道宽译《媒介环境学：思想沿革与多维视野》，北京大学出版社，2007 年，第 259 页。

④ R.Finnegan, *Oral literature in Africa*, Clarendon Press,1970.

⑤ Ruth Finnegan,*Oral poetry: its nature, significance and social context,* Wipf and Stock Publishers, 2018,pp. 259-260、272.

1987年，美国历史学家布莱恩·斯托克（Brian Stock）在《识字的影响》中，分析了欧洲中世纪书面文化发展的社会影响，证实了口语文化和书面文化在构建人类意识方面的复杂交互性，认为中世纪文本与口语文化相互依存。[①]“连续体”派揭示了口头传统与书面传统相互渗透、影响，但受到冲击的理论主要是谷迪、麦克卢汉等主张口语与书面决定了社会结构的观点。口头程式理论并未受到影响，因为《故事的歌手》意在审视口语社会中的史诗传统，纯粹依靠口语的史诗传统是其研究成立的前提，也是其选择南斯拉夫地区文盲诗人的史诗演唱来构建理论模型的原因。

“大分野”派和“连续体”派的论争使学者们意识到口语文化的内部差别。1982年，传播学家沃尔特·翁（Walter J.Ong）在《口语文化与书面文化：语词的技术化》中，对口语文化进行的细化分类，认为口头程式理论是对“原生口语文化”（primary oral cultures）即“不知文字为何物的文化”的发现；“次生口语文化”（secondary oral cultures）是指依赖于书面文化的口语，其中有文字反馈给口头表达的“书面语方言”（grapholect）或“文字性口语”（literate orality），也包含遗存性口语（oral residue）。[②]沃尔特·翁对口语文化的内部分类，使口语文化与书面文化交叉的模糊状态得以描述，让以芬尼根为代表的“连续体”派变得更加审慎，也为“大分野”派注入了新的活力。

哈弗洛克接受了沃尔特·翁的“原生口语文化”概念并将其应用到对古希腊社会的研究，口语文化的细化分类被古典学界承认、接受。1986年，哈弗洛克在《缪斯学会书写》中指出，原生口语文化中的人与人、人与社会之

① 转引自 Elizabeth Shakes Alexander, *Transmitting Mishnah: The shaping Influence of Oral Tradition*,New York: Cambridge University Press,2006,p.17。

② ［美］沃尔特·翁著，何道宽译：《口语文化与书面文化：语词的技术化》，北京大学出版社，2008 年，第 2、81、123 页。

间的关系完全受声音支配，应当被理解成一种社会现象。[①]口头传统是集体和社会的声音，文化传承凭借具有编码性的语言来实现。作为传统的声音在一代一代的人群中稳定地重复，保持着传统的连贯性。一旦这些声音被记录下来，口语文化的自发性、流动性、即兴性就被书面文化的固定性替代。[②]

口头传统基本理论发端于古典学，尔后在人类学、传播学等领域引发持续讨论，历史学家也参与其中，口头传统区别于书面传统的特征及对社会结构、人类意识的影响逐渐明晰。口头传统不仅是一种传播方式，也是组织社群、确立规范的社会管理手段，参与了人类意识的构建。口语文化的分类渐趋精细，原生口语文化与次生口语文化得以区分，次生口语文化中的书面语和口语遗存被发现。口头传统的基本理论和研究范式确立起来。

三、口头传统视角下的西方文化史研究

口头传统理论对西方历史学的影响包括两个方面，即史学理论和具体的历史研究。在史学理论方面，口头传统是社会记忆的载体。杰克·谷迪、列维斯特劳斯、沃尔特·翁等口头传统研究者的诸多观点被视作口头记忆的研究成果，雅克·勒高夫（Jacques Le Goff）、赫顿（Patrick H. Hutton）等历史学者继而证明了口头传统中的记忆是由连续的时间、平行的历史基础、过去的权威、自由的创造等因素构成的。[③]在扬·阿斯曼（Jan Assmann）的阐释中，史诗歌手的记忆是“不断重复和循环式更新的方式”，但记忆内

---

① Eric A. Havelock.*The Muse Learns to Write: Reflections on Orality and Literacy from Antiquity to the Present*.New Haven:Yale University Press,1988,pp.65、68-69.

② Eric A. Havelock.*The Muse Learns to Write: Reflections on Orality and Literacy from Antiquity to the Present*.New Haven:Yale University Press,1988,p.69-70.

③ Barbara Misztal,Theories of social remembering, McGraw-Hill Education, 2003,pp.27-30.

容是“传统”而“古老的”，无文字社会在口头传统的帮助下保持稳定。[①]

在具体的历史研究方面，口头传统研究对西方史学界的影响主要表现为两种研究路径。一是以口述材料为史料，表现为20世纪口述史兴起。口述史先驱们对“普通劳动人民的经历更感兴趣”，J.范西纳（Jan Vansina）的《作为历史的口头传统》、米勒（Joseph Calder Miller）的《非洲曾说：口头传统与历史论文集》、芬尼根（Ruth Finnegan）的《口头传统与口头艺术》等著作体现了口头传统研究与非洲史的视角交汇。[②]

二是在口头传统视角下，西方古代史学者研究文献中口语文化的起源、传承及历史背景。[③]早在19世纪末历史学家开始关注“大众文化”时，民谣、口头故事等口语文化[④]就与“舞蹈、礼仪、艺术品和手制工艺品”一并被纳入了史学研究范围。[⑤]1932年，法国历史学家乔治·勒费弗尔（George Lefebvre）对法国大革命时期的谣言进行了深入分析。其《1789年大恐慌》通过讨论交通地理、信息传播对“收割青苗”等谣言流布的影响，认为在

---

① ［德］扬·阿斯曼著，王霄冰译：《有文字的和无文字的社会——对记忆的记录及其发展》，载黄亚平等主编《广义文字研究》，第14～15页。

② 口述史兴起和发展的四次范式转变可参考 Alistair Thomson, Four Paradigm Transformations in Oral History, *The Oral History Review*,Vol.34,No.1,2007,pp.51-52.

③ 可参考 Lori Ann Garner, Stories Which I Know to Be True:Oral Tradition,Oral History,and Voices from the Past, *The Oral History Review*,Vol.43,No.2,2006,pp.263-291.

④ 民谣、口头故事既属于“大众文化”史的研究范畴，也是口头传统领域的分析对象。历史学家霍布斯鲍姆（Eric Hobsbawm）曾研究过爵士乐，认为爵士乐是一种社会与政治的反抗形式。而《口头传统》杂志上发表的韦克菲尔德·福斯特（H. Wakefield Foster）的《爵士音乐家和南斯拉夫口头史诗吟游诗人》则研究不同地域间的爵士乐的作曲、方言使用。前者更关注爵士乐对民众、社会的意义，后者对口语文化的创造过程更有兴趣，二者间不同的研究侧展现了历史学和口头传统研究的学科差异。［英］彼得·伯克著，蔡玉辉译：《什么是文化史》（第三版），北京大学出版社，2020年，第23页；H. Wakefield Foster,Jazz Musicians and South Slavic Oral Epic Bards, *Oral Tradition*, Vol.19,No.2,2004,pp.155-176。

⑤ ［英］彼得·伯克著，蔡玉辉译：《什么是文化史》（第三版），第23页。

粮食歉收与饥饿难捱的社会中，谣言和恐惧足以酿成革命。[①]《1789年大恐慌》是心态史研究的代表作，已经触及口语文化传播的一些问题。

20世纪60年代，西方历史学家开始把口头传统作为一种“艺术形式”看待。[②]这一时期西方文化史领域引入了人类学研究方法[③]，人类学对口头传统的重视影响了历史学，中世纪史研究领域的进展尤其突出。20世纪60年代，列维–斯特劳斯对美洲地区语言、神话的研究启发了雅克·勒高夫、勒华拉杜里（Emmanuel Le Roy Laduric）等历史学家以相同方法来分析欧洲神话。[④]

1976年，卡洛·金茨堡（Carlo Ginzburg）具有口头传统与书面传统的关系视角。其《奶酪与蛆虫：一个16世纪磨坊主的宇宙》以16世纪的宗教法庭口述记录为主要材料，揭示了在法庭上辩论的磨坊主的思想来源包括书面文献和“深深根植于欧洲乡村地区的口头传统”，而“他事实上将许多取自口头传统的元素投射到了书面文字之上”。[⑤]《奶酪与蛆虫》第24章直接题为《书面文化与口语文化》，展现了欧洲普通民众在书本和口头传统的双重影响下的思想与行为，带有“连续体”派的色彩，展现了书面传统、口传统头交互影响，是历史学中的书面传统与口头传统关系研究的绝佳范本。不过《奶酪与蛆虫》虽然考虑了口头传统对个人思想的影响，但尚未重视口头传统本身的形成与流变。

彼得·伯克（Peter Burke）是较早将口头程式理论直接用于史学研究的

---

① ［法］乔治·勒费弗尔著，周恩成译，高毅校：《1789年大恐慌——法国大革命前夜的谣言、恐慌和反叛》，山西人民出版社，2019年。

② ［英］彼得·伯克著，姚朋等译：《口述与书写》，载《历史学与社会理论》，上海人民出版社，2010年，第117页。

③ ［英］彼得·伯克著，蔡玉辉译：《什么是文化史》（第三版），第33页。

④ ［英］彼得·伯克著，蔡玉辉译：《什么是文化史》（第三版），第47～48页。

⑤ ［意］卡洛·金茨堡著，鲁伊译：《奶酪与蛆虫：一个16世纪磨坊主的宇宙》第58章，广西师范大学出版社，2021年，第236页。

历史学家。19世纪70年代，彼得·伯克受到洛德、沃尔特·翁、芬尼根等人的口头传统研究著作的影响，用口头程式理论来研究大众表演，成果是1978年《欧洲近代早期的大众文化》中的《大众文化的结构》。[①]2004年，彼得·伯克在《什么是文化史》也特别指出，《欧洲近代早期的大众文化》是以洛德《故事的歌手》中的方法“研究大众表演”的尝试。[②]彼得·伯克将帕里、洛德关心的吟游诗人扩大到中世纪的表演艺人（乐师、杂耍者、新闻歌手、占卜者等），将叙事歌、传奇故事等有规则的口语文化一并视作“大众韵文”，研究其主题、变体、组合过程。

受到口头与书面关系视角的影响，印刷文化、代写信件等书写文化也受到关注，艺术史研究也开始以类似方式研究“视觉文化”。阿比·瓦尔堡（Aby Warburg）的“悲情套路”和贡布里希（Sir E.H.Gombrich）的“图式”与口头文化研究“明显是相互呼应的”[③]。

20世纪80年代新文化史兴起，语言应用、阅读等“实践的历史”成为备受关注的领域，[④]口头传统研究直接或间接地影响了史学研究的对象和方法。诗歌、传说、神话等口语文化的历史文本是传统文化史的常用材料，在新文化史兴起后获得了更加充分的研究。[⑤]雅克·勒高夫在《试谈另一个中世纪——西方的时间、劳动和文化》中指出，历史学家要研究“日常的

---

① ［英］彼得·伯克著，王海良等译，杨豫校：《传统的形式》，载《欧洲近代早期的大众文化》，上海人民出版社，2005年，第139～179页。

② ［英］彼得·伯克著，蔡玉辉译：《什么是文化史》（第三版），第129页。

③ ［英］彼得·伯克著，姚朋等译：《口述和书写》，载《历史学与社会理论》，第120页。

④ ［英］彼得·伯克著，蔡玉辉译：《什么是文化史》（第三版），第79～83页。

⑤ 可参考 Adam Fox, *Oral and literate culture in England,1500~1700*.Clarendon Press, 2000. Woolf, Daniel,and Adam Fox,*The spoken word: Oral culture in Britain,1500~1850*. Manchester University Press,2003。

人”，就会依次遇到考古材料、图像材料和口头传统。[①]1985年，比利时历史学家范西纳以非洲史领域的口述史实践，认识到口头传统可能对历史学家有潜在的价值，无论是谚语、诗歌、冗长的历史文本还是史诗。[②]美国历史学者大卫·海涅格（David Henige）受到范西纳的影响，提出应该将历史文献放到其生成环境中来理解。[③]

1984年，澳大利亚学者罗伯特·斯克里布纳（Robert Scribner）研究了具体历史场景中的口头传统。在《口语文化与改革思想的传播》中探讨了演讲、朗读、流言、民谣等口语文化对改革思想传播的影响，认为口头传播是在识字的、半文盲的和文盲的德国全体民众中得以形成公众舆论的实现途径。[④]

近20年来西方文化史仍在推进历史上的口头传统的研究。2004年，彼得·伯克在《什么是文化史》中评论“《故事的歌手》一书提供的分析至今尚无出其右者”[⑤]。2005年，雅克·勒高夫在《中世纪的英雄与奇观》中，将口头诗歌、传说的文本记录与书面文学一并视为文化传统，将亚瑟、独角兽、吟游诗人等各种中世纪意象作为文化传统形成过程中的产物。勒高夫认为基督教文化的种种意象通过民间传说、神话、文学作品进行传播、演变而造就了中世纪欧洲的通俗文化。[⑥]勒高夫把欧洲传统文化结构中耳熟能

---

① ［法］雅克·勒高夫著，周莽译：《试谈另一个中世纪——西方的时间、劳动和文化》，商务印书馆，2014年，第432页。

② Jan M. Vansina，Oral Tradition as History，pp.1–21.

③ David Henige,Oral, but Oral What? The Nomenclatures of Orality and Their Implications,*Oral Tradition*, Vol.3,No.1,1988,p.230.

④ Robert Scribner, Oral Culture and the Diffusion of Reformation Ideas,*History of European Ideas*, Vol.5, No.3,1984,pp.237-256.

⑤ ［英］彼得·伯克著，蔡玉辉译：《什么是文化史》（第三版），第130页。

⑥ ［法］雅克·勒高夫著，鹿泽新译：《中世纪的英雄与奇观》，四川文艺出版社，2020年。

详的意象，视为变动历史的产物，考察了口语与文字共同施加影响的文化成果，提供了历史学界研究口头、书面传统的新路径。

2005年，田海《讲故事：中国历史上的巫术与替罪》致力于透过口头传统来观察地方记忆的内在机制。[①]田海通过梳理几则同类故事的传播与演变，探讨了普通民众在信息传递与地方记忆中的主动性。2006年，伊丽莎白·夏凯·亚历山大（Elizabeth Shakes Alexander）《传播中的密西拿法典：口头传统的塑造力》也讨论了口头传统与社会的关系，以犹太地区最古老的口传法律经典"密西拿"为研究对象，认为"密西拿"的传播并不依靠死记硬背，而是在每一次的传播诠释都有传播者的智力参与，从而影响了法典的接受和解释。[②]

2011年，美国学者倪健（Christopher M. B. Nugent）《有诗自唐来》以芬尼根等学者的"连续体"为理论范式，利用沃尔特·翁等传播学界的口语文化研究成果，分析了唐代诗歌创作与流行的运作过程，认为口头创作、口头传播是唐诗生产和消费的常见特征，唐代的"口语和书面之间没有冲突"。[③]

从《中世纪的英雄与奇观》到《有诗自唐来》，近年来的西方文化史研究体现了"连续体"派的影响。"连续体"派对文本和口头交互关系的深入研究，成为历史学者研究历史时期口语文化的工具。尽管历史时期的大量文化创造与传承都依靠口语，但由于古代的声音材料已经无法捕捉，只能通过口头文本去尽量接近、复原。正如帕里、洛德通过现代史诗来研究荷马史诗，历史学者也只能通过古代口头文本来理解过去的口语世界，更加适合使用

① ［荷］田海著，赵凌云等译：《讲故事：中国历史上的巫术与替罪》，中西书局，2017年，第7页。

② Elizabeth Shakes Alexander, *Transmitting Mishnah:The shaping influence of Oral Tradition.*

③ ［美］倪健著，冯乃希译：《有诗自唐来：唐代诗歌的有形世界》，上海人民出版社，2021年，第137～190页。

“连续体”派的范式。但这种受限于史料的方法仍然以口语与文字的传播分野为前提，“大分野”派和“连续体”派都在其中发挥作用。

口头传统在文字诞生后仍长期活跃在识字率较低的社会中，是古代不识字人群储存、传播信息的主要方式。古代口语文化在不同时期、地点的书面记录，展现了口头传统的流传过程，是观察特定历史场景中的民众记忆、心态及其历史背景的细节史料。从大众文化史、微观史学到新文化史的浪潮，西方史学界强调“眼光向下”“具体的人”“实践的历史”，口头传统、口头文本自然是不可或缺的研究对象。

四、口头传统与中国古代口头文本研究

20世纪90年代，朝戈金、谢谦、尹虎彬、巴莫曲布嫫等文学、民俗学专家引入了口头程式理论及口头传统的研究范式。1990年，中国社会科学院民族文学研究所研究员朝戈金在《民族文学研究》译介了《南斯拉夫和突厥英雄史诗中的平行式：程式化句法的诗学探索》，拉开了“国内学界对史诗内部结构探究的序幕”。[①]同年，北京师范大学谢谦博士翻译的王靖献《钟与鼓——〈诗经〉的套语及其创作方式》出版，将以口头程式理论研究中国古典诗歌的方法介绍到国内学界。[②]

1997年，美国密苏里大学口头传统研究中心主任约翰·迈尔斯·弗里（John Miles Foley）应邀为《民族文学研究》写作了《口头程式理论：口头

① 冯王玺：《中国口头传统研究的学术史探微——以〈民族文学研究〉为中心》，《民族文学研究》2022年第1期，第55页。

② 谢谦现为四川大学中文系教授。王靖献（杨牧）著，谢谦译：《钟与鼓——〈诗经〉的套语及其创作方式》，四川人民出版社，1990年。原著初版于1974年。

传统研究概述》。[①]朝戈金翻译的弗里《口头诗学：帕里－洛德理论》和尹虎彬的《古代经典与口头传统》相继在2000年、2002年出版，介绍了口头程式理论及其与海外其他学科的关系。

2003年，朝戈金、尹虎彬、巴莫曲布嫫、刘宗迪在《读书》的“口头传统专辑”分别发表《口头·无形·非物质遗产漫议》《荷马与我们时代的故事歌手》《口头传统与书写传统》《文字原是一张皮》4篇文章，谈论口头传统研究范式及口头传统与书面传统的关系。2004年，洛德《故事的歌手》经尹虎彬翻译出版，口头程式理论更加直观地进入国内学界。

口头传统研究范式进入国内学界后，在文学和民俗学领域引起反响。“民间文学”概念受到冲击，“口头传统”概念及其方法拓展了民间文学研究的范围、方法及视野，[②]2003年中国社会科学院民族文学研究所口头传统研究中心成立。文学、民俗学者开始以口头传统范式研究中国古代口头文本，熊良智《楚辞重著的言说方式》[③]、刘惠萍《在书面与口头传统之间——以敦煌本〈舜子变〉的口承故事性为探讨对象》[④]、李鹏飞《中古诗歌用典美学研究》[⑤]、魏玮《从君臣问答到对问体——先秦口头传统与问答对话形式的演变》[⑥]等研究成果陆续涌现。

---

① ［美］约翰·迈尔斯·弗里著，朝戈金译：《口头程试理论：口头传统研究概述》，《民族文学研究》1997年第1期，第86～90页。

② 刘宗迪：《从书面范式到口头范式：论民间文艺学的范式转换与学科独立》，《民族文学研究》2004年第2期。

③ 熊良智：《楚辞重著的言说方式》，收入氏著：《楚辞的艺术形态及其传播研究》，商务印书馆，2016年，第87～109页。

④ 刘惠萍：《在书面与口头传统之间——以敦煌本〈舜子变〉的口承故事性为探讨对象》，《民俗研究》2005年第5期。

⑤ 李鹏飞：《中古诗歌用典美学研究》，武汉大学出版社，2016年。

⑥ 魏玮：《从君臣问答到对问体——先秦口头传统与问答对话形式的演变》，《甘肃社会科学》2021年第3期。

历史学的情形则较为复杂，首先是文学、民俗学中口头传统研究的潮流蔓延到历史学的一些领域。一是由于晚近时代尚且能采集到鲜活的口语文化，明清、近代史领域更容易接纳“口头传统”概念。2005年，赵世瑜使用了“口头传统”一词[①]，表述一种分水模式在汾水流域确立权威的口头传说、故事的传统[②]。2017年，程美宝以广州地方口头传统中的“芽兰带”（染料名）一词的出现与消亡，探讨了近代外来事物的译名使用与更新过程。二是先秦时期是中国古代社会书面文化出现并迅速发展的时代，先秦史领域尤其是先秦文献研究学者也较早接受了口头传统视角。2005年，张怀通在《历史研究》发表《“孟侯，朕其弟小子封”新解》，文中引用了朝戈金对口传与书写关系的看法[③]，认为《尚书·康诰》是周公代王宣诏的现场记录，经史官插入场景说明文字而记录到文本。[④]2006年，饶恒久从《国语·楚语》中“史不失书，矇不失诵”入手，认为《国语》《左传》中的诸多篇章是由瞽矇的口头赋诵经过长期加工、增饰而书写下来的。[⑤]

其次是古代口语文化一直备受历史学家瞩目，但可利用的相关理论不止口头传统一种，“公众舆论”“信息”等理论研究也可提供观察视角和方法。2011年，吕宗力在《汉代的谣言》[⑥]中引入谣言信息、谣言心理学、公众舆论等理论，分析了汉代的流言、讹言、妖言、谣言、谶言、神话传说的内

① 赵世瑜：《分水之争：公共资源与乡土社会的权力和象征——以明清山西汾水流域的若干案例为中心》，《中国社会科学》2005年第2期。

② 程美宝：《试释“芽兰带”残存在地方歌谣里的清代中外贸易信息》，《学术研究》2017年第11期。

③ 朝戈金：《口头·无形·非物质遗产漫议》，《读书》2003年第10期。

④ 张怀通：《“孟侯，朕其弟小子封”新解》，《历史研究》2005年第5期。

⑤ 饶恒久：《先秦时期历史档案的口述者——瞽矇职守与〈国语〉、〈左传〉的讲诵增饰》，《社会科学战线》2006年第6期。

⑥ 吕宗力：《汉代的谣言》，杭州大学出版社，2011年。

涵、案例及社会地位，并探讨了它们生成、传播的舆论机制。

另外“层累地造成”说的研究方式仍然存在，如李小红《东汉孝女曹娥原为“巫女”考论》[①]、周书灿《由“禹兴西羌”说论及大禹传说的发生与重构》[②]、张淑一《“禹画九州”传说流变析论》[③]等。

从20世纪初梁启超、胡适的“国民的历史”“平民的眼光”到21世纪赵世瑜的“普通民众的日常生活与文化”，中国现代史学的“眼光向下”是基本持续的。然而历史学者研究歌谣、故事的潮流在20世纪中后期逐渐消退，继“层累地造成”说之后没有再创造研究古代口头文本的新方法。当“口头传统”“书面传统”等概念进入历史学后，先秦史学者较为迅速地以口头传统的视角和方法讨论古代文献生产、早期历史传承等问题，这与顾颉刚将从歌谣、故事研究中得到的认识应用于先秦史辨伪中的学术思路相似。

余 论

20世纪上半叶中国和西方学界都开始关注口头传统。顾颉刚和帕里在研究思路上表现出了明显相似性，都是从当时存在的口语文化中寻找现实的口头传统。不过，帕里、洛德最终把南斯拉夫英雄史诗的口头传统凝结成口头程式理论，而顾颉刚则将其对口传歌谣和故事的认知应用于历史研究。

虽然西方文化史家和中国古代史学者都经由各自的学术传统进入了古代

① 李小红：《东汉孝女曹娥原为“巫女”考论》，《浙江社会科学》2009年第5期。

② 周书灿：《由“禹兴西羌”说论及大禹传说的发生与重构》，《中原文化研究》2013年第1期。

③ 张淑一：《“禹画九州”传说流变析论》，《西南大学学报》（社会科学版）2020年第1期。

口头文本的研究工作中，但是相较于西方文化史家对中世纪口头文本的深入程度，中古中国的口头文本研究显得较为薄弱。尽管先秦史学者已经开始使用西方口头传统研究的概念和方法，但汉唐间的大量口头文本在陈寅恪、唐长孺的典范研究之后极少受到重视。

对于中国中古史而言，“口头传统”概念及方法看似是崭新的，但从顾颉刚、陈寅恪以来口头文本研究的本土传统来看，则是熟悉且可以彼此对话的。日本学界已有同时接纳东西方口头文本研究传统的历史学者，尽管其研究领域是欧洲中世纪史：20世纪70年代年日本学者阿部谨也在欧洲研究“花衣魔笛手”故事时，正是欧洲中世纪史家以人类学方法研究大众文化之时。阿部谨也的《花衣魔笛手：传说背后的欧洲中世纪》参考了诸多西方民俗学者对该故事的研究，而又在扉页上引用了1934年鲁迅对书面文学与口头歌曲关系的看法：“歌，诗，词曲，我以为原是民间物，文人取为己有，越做越难懂，弄得变成殭石，他们就又去取一样，又来慢慢的绞死它。”[①]阿部谨也如同口头传统学者和神话学者般地探究口头故事的原型和变化，又以历史学家的眼光关照着中世纪的社会、经济、城市生活，发掘出普通民众的日常生活境况与情感状态。

不过正如陈寅恪对“疑古”学派的谨慎态度[②]，研究口头文本时无论是使用本土传统的“层累地造成”说，还是引入西方口头传统研究方法，历史事实始终是历史学应该关注的议题。中国各地的文字使用进程不统一，如先秦时期的中原地区已经开始以文字记录历史，而长江以南的广阔地区仍是以口语为交流、记忆、组织社会的基本方式。顾颉刚从20世纪江南民

---

① ［日］阿部谨也著，夏川译：《花衣魔笛手：传说背后的欧洲中世纪》，广西师范大学出版社，2021年。

② 1944年陈寅恪在《梁译大乘起信论伪智恺序中之真史料》中认为伪经中也有真的历史信息。陈寅恪：《金明馆丛稿二编》，第147～152页。可参考蒋俊《中国史学近代化进程》的分析，齐鲁书社，1995年，第142页。

歌中得到的认知，与帕里、洛德从南斯拉夫英雄史诗中凝结的口头程式理论，乃至于“大分野”派或是“连续体”派的研究，未必适用于中国古代的各时各地。但是他们的研究成果仍然是现代学术史上研究口语文化的典范，能为世界各地的民众历史提供研究方法和视角。

【第三部分】

专论

政治文明、制度设计与思想文化

楼　劲

从政治现象的前因后果和发展过程观察相关的制度框架、实施状态，从制度举措及其施用之况观察相应的政治内涵和思想动向，由此才会有较为切实也更具纵深的制度史、政治史和思想史研究，这是笔者多年研习中古制度、思想和政治问题的一点执念。为此自须关注、涉猎一般政治史、制度史和思想史著述不甚寓目着力的问题和资料，更多地从事探旨抉义、发覆缀遗的工作，时有指认新路豁然开朗的振奋，也有汗漫放佚不知所归的惶惑。2020年秋，我应童岭兄之邀前往南京大学讲学，回京后他引荐上海人民出版社的何晓涛先生向我约稿，促使我把这10多年所撰有关中古政治、制度与思想文化之文汇为一帙，修改订补，刊行于世，既可借此总结反省这些年来自己的探讨，也可将相关问题一并就正于学界同仁，以获更多的批评意见。自2021年初以来，我都在不断为此做定稿工作，裁删取舍全书内容和编次结构，修削各篇文字，核对资料出处，统一全书体例，有时还要改写一些章节。直到10月下旬我在湖南大学岳麓书院访学期间，这一工作基本完成。从仍旧满目苍翠的湘江之滨回到秋意斑斓、色彩浓烈的北京，顿增岁末将近之感——是该为这本《中古政治与思想文化史论》作个说明了。

一

本书共分4编，第一编题作“革命三论”，所论为汉魏以来王朝的易代革命及其背后的思想传统。促使我写这组文章的问题盘旋于心久矣：一是在中华民族数千年文明中，政治文明究竟处于何种状态，居于何种位置，起到了什么样的历史作用？长期以来学界勾勒的中国古代文明灿烂而政治黑暗，越是趋近政治核心部分就越应予以否定批判的状态，是不是一幅准确而合理的图景？二是夏、商、周三代是中国古代政治文明开始定型，“公天下”变为“家天下”已成定局的时代，在这个由商汤灭夏和武王伐纣完成政权更替的“革命”时代，为什么会日益流行明明已很难实现的尧、舜禅让传说？东周以来以禅让与革命为王朝易代两大模式，且以为禅让优于革命，蕴含着什么样的思想和历史进程？三是在秦统一基础上发展起来的两汉，是中国统一多民族国家和王朝体制的形成期，也是源远流长的汉文明体系之奠基期，那么为何两汉的建立均上效汤、武抗暴定乱而称革命举义，结束其祚的王莽和曹氏则都模仿尧、舜而行禅让？何以此后魏晋南北朝、隋唐、五代至宋，王朝更替大都通过禅让或革命模式展开，直至清朝代明及清帝逊位仍存其踪？

对这些问题的思考探讨，应可明确夏、商、周三代积累、开启的政治与思想传统，在秦汉以来仍有绵亘的发展势头和现实影响，而禅让、革命模式所蕴王朝体制、王朝易代、王朝谱系和贯穿于中的王道理念，也包括今人关注的统治合法性之类，正是中国古代政治文明的集中体现，其成败得失及其光明与黑暗复合的历史状态，实为中国古代政治史和政治思想史头等重要、无可回避却又长期研究不力的课题。在清末民初以来的反封建、反复辟大潮中，几代志士仁人深恨清朝之腐朽而痛国运民命，由此清算王朝体制而重构国史，自然就要先把中华民族共有的中国与一家一姓所治的王朝区别开来，并把王朝体制视同帝制而“天下之恶归焉”，也就导致了史界对之除去蔑视批判几不正眼看待的局面。当然近年来其况已在改变之中，国史研究的不断深入终究需要直面王朝存在的事实，弄清历史上的中国为何以唐虞三代至秦汉以来王朝为标记的一系列问题。中国古代政治史和政治思想史研究只有超越以往那种标签化的定位、否定和批判，深入省思王朝体制的基础、构成、作用、地位及其不同阶段的思想内涵和演变进程，才能走出幼稚阶段，真正开始实事求是。

我的上述认识大约开始于21世纪的前10年，当时亦已在着手梳理相关资料。这方面最先撰就的《西汉时期"革命论"之退化与政治思想之转折变迁》一文（刊于《中国社会科学院历史研究所学刊》第七集，商务印书馆，2011年），其开头一句"思想史研究要当以历史时期实际存在的论题为中心来展开"，说的就是相关研究如果老是纠缠于那些古人闻所未闻的现代命题，而不去关心他们当时究竟在面临和讨论什么样的问题，进而揭示其中的义旨意蕴、主次关系和发展轨迹，又怎么谈得上把握其思想发展脉络呢？同理，一部中古政治史或政治思想史，如果不能直面当时的基本统治体制及其所寓政治原理、社会理想，说不清楚时人何以对之积极实践并且抱有"天不变道亦不变"的自信，那么其构筑起来的研究框架即便在专制皇权、统治集团、种族关系、阶级斗争、农民战争等方面及相关思想的总结批判上贡献良多，也终究只是残缺、片面的，其批判的部分也会是不合格的。

正是以此为出发点，本编"首论"阐述汉初以来"革命"理论的遭逢、流变与各阶段政治实际紧相关联的态势，以此解释王莽禅代及光武革命的思想背景，同时也为"二论"魏晋以来的禅让易代模式，"三论"十六国北朝各族标榜革命而称王称帝的相关问题，在其所承历史渊源和思想理论背景上做了铺垫。由此揭出的历史进程和思想进程，是王朝体制在解决易代难题时的逐渐成熟，是尧舜禅让、汤武革命说所寓政治原理经汉魏以来王朝易代实践而深入人心和发展修正，从而演出了"禅让革命"和"北族革命"的新样态。于中可见王朝绝非只是专制集权官僚政治的代名词，其思想内涵之丰富，制度构成之多样，得膺正统的前提之严肃，均远超今人之印象。围绕王朝体制、王朝谱系和王朝易代的理论和实践，不仅构成了华夏–汉文明系统中政治文明的核心内容，也是中国古代政治史和政治思想史亟待明确、充实的主体内容。而其在汉魏以来连续被群雄操弄利用的历程，亦极为生动地展现了相关核心价值和政治准则易于沦入的异化困境，即便其也推崇尧、舜、汤、武之道，并可在“顺天应人”的自我辩护上达到逻辑自洽，但是这种核心价值和准则的异化困境仍意味着一系列严重的问题，足以导向政局动荡不安和朝代的短命衰落。

这3篇文章的写作断断续续长达10年，其最终样态与原先计划自然已有所不同。如原先设想应有“四论”隋唐革命一波三折，其余绪则可把五代和赵宋的建立也涵盖进来。但写到“三论”之末，觉得其义已尽，接下来多是史实铺陈而应就此收住。还有一些变化是在具体考察魏晋以来相关历史的过程中，对禅让、革命及王朝体制的看法有了进展，致使三文之间在某些问题的表述上不无差异，本书定稿时即对此做了调整。此外，在撰写过程中越来越觉得有必要上溯先秦时期革命和禅让问题形成、发展的脉络，却一直都缺乏时间和决心展开这一工作。直至疫情大起，鲜少外出而重读先秦诸子，仍感无力对之全面清理，只能就《论语·尧曰》篇首章所述二帝三王之道，尤其尧舜禅让和汤武革命之事作了补疏，也观照了秦汉以来王朝体制及其禅让、革命的态势，算是部分完成了自己的设想。在本书定稿时，这篇补疏列在第三编“经子发覆”之中，但其部分内容实可视为“革命三论”编之序章，关注王朝易代问题研究的同仁无妨参看。

二

第二编“制度抉义”收录了5篇制度史研究文章，由于其旨在抉发不同制度所蕴政治诉求和现实问题，加之一般都认为“制度”是由国家政权推出并保障其施用的规则章程，其构画、出台和调整发展均为政治的重要内容，故本编实际也在政治史研究之列。

我是从官制史走进史学的，当年内心最为纠结和与师友讨论最多的，便是什么是制度和应该怎样研究制度。后来撰文讨论各种制度问题，也常考虑其所涉政治和思想背景。一直要到2000年后，我写《道武帝所立庙制与拓跋氏早期世系》《〈周礼〉与北魏开国建制》等文，不少同仁推许我的礼制研究，其实我写的重点仍是政治和思想，心知自己在政治、思想和制度的综合研究上已趋自觉。回顾所经之路，自20世纪80年代徐连达老师邀我撰文讨论政制研究方法，倡扬“动态的制度”研究，其中即已讨论了制度规定、制度实际与制度记载的关系，包括影响制度形态、制度运行的政治前提和思想成分[《关于中国封建政制研究方法的若干问题》，刊于《复旦学报》(社会科学版)1990年第1期]。到90年代刘光华老师携我合著《中国古代文官制度》一书，不能不考虑制度的诸多内涵与外延，相关认识在系统性上有了切实推进，不过当时自己的关注点多在行政层面的层级节制、人事控制、公文流转及其法律表现，在制度与政治现实的关系上仍嫌概念化而流于浅表。我在这方面获得进展主要有赖于断代史研究，真正深入某个具体专题或事件之中，各种历史要素及其相互关系才会生动地凸显出来，才能真正明白制度与政治和思想相互关联的实际状态，所撰之文也才开始有了些样子。2009年《中国古代文官制度》修订再版，我撰写的修订本序言结合自身所体甘苦，把学界已具相当共识的制度史认识总结为10条，以为今后研究及其方法讲求之要。现在看来，这些年来自己所撰也包括本编诸文得以具有一定的特点，都可归为对此的身体力行，而史界迄今所提的各种制度史研究主张，大略也均不出此10条之所概。

本编的5篇文章皆从具体问题抉发其制蕴义和历史内涵，而特别将之列在本编，则是考虑到其在时间上包括了魏晋、北朝和唐宋，内容多涉政治史并与前后各编之文有所照应，更重要的是所论都从一个侧面反映了中古政治与思想文化的发展脉络，也都体现了我对这一发展脉络的基本看法。瞿同祖先生所阐法律儒家化进程之所以需要撰文强调其切实而重要，是因为与之相伴的还有中古制定法运动等一系列重大的历史现象，所涉事态远非只是法制而至为错综，令人意识到其总体从属于汉武帝独尊儒术以来整套政治、制度围绕儒学定型不断意识形态化的进程，这也正是中古政治与思想文化发展至为重要的一条线索。在这个进程中，北魏无疑因其终结十六国乱世和开创隋唐新局而占有特殊重要的地位，我曾概括其政治与制度主导整个社会不断更新的态势，称之为“儒家化北支传统”，并以这一传统的形成和发展为汉文明体系得以渡过魏晋南北朝的艰险坎坷而进入隋唐的关键。本编所论天兴定历和太和立法二文，即述儒家化北支传统开启期和定型期的有关状态。前一文反映了北魏建国举措对于十六国时期的继承和发展，在民族关系至为尖锐复杂之时仍以定历为立国要件，再次说明了北魏继承汉魏以来传统王朝的决心，体现了当时统治核心为构筑胡汉合作平台所作的努力，也解释了为什么是道武帝开启儒家化北支传统的原因。孝文帝迁都以前的立法，包括刑法、俸禄、三长、均田、官制等方面，较之迁都以后侧重于习俗的激进改革更能代表儒家化北支传统的常态，事实上也构成了北朝后期续此发展而超越南朝的框架基础。此文对迁都以前改革与立法关系的观察，对其阶段性重心变迁和内容递进的讨论，即旨在揭示儒家化北支传统定型期的路径特色，有助于理解这一传统在迁都以后的曲折走向和历史所以从北朝进入隋唐的进程。

旌表孝义之制是观察汉文明体系特有思想文化状态的绝佳视角，也是一种核心价值观在官方崇导和社会认同下有可能衍生何种事态的典型个案。与汉以来整套政治、制度围绕儒学定型的意识形态化过程相伴的，是整套纲常伦理即所谓“名教”不断渗透至全社会与时流衍的过程。这两个进程一起构成了两汉所以走向隋唐的内轴，即便在民族关系复杂的十六国北朝也还是呈现了坚韧之势，却都因为官方推崇、利禄所归而常失本异化。对这种名教异化之况的省思纠偏，实为中古政治与思想文化发展的又一重要线索，涉及政策制度、社会治理直至观念形态的诸多事件和波澜。本编收录的《证圣敕与南北朝至唐旌表孝义之制》一文，即是从政策角度对崇尚孝义之所以催生伪滥而败坏孝义的观察，所论与上一编"'革命'三论"与下一编"经子发覆"述易代举措饰伪和玄学兴起原因的部分相互呼应。循此线索放眼再看，从郑学风行到玄学兴起和援道、援释入儒，再到儒释道终趋同归而催出宋学，这些思想史上的大事节目不仅皆与时人对名教失本异化的关注相连，且均蕴有强烈的政治、社会诉求。在此认识之下，《宋初礼制沿革与"宋承唐制"说之兴》一文讨论与宋学隐隐相关的"宋承唐制说"之兴，观其针对五代时期名教涂地之局，力欲在迅疾到来的平民时代追踪汉唐而振起世风的旨趣，则唐宋政治、社会及其儒学之所以重振的问题，亦可以一窥其要矣。

三

上述第一、二编主要是从王朝易代和相关制度阐其思想和历史文化内涵，第三、四编所论则为公认的思想文化史问题。我对中古政治和思想文化主体内容和发展线索的认识，不少都从政治史和制度史探讨中领悟而来，是在关注政治实际和制度施用的来龙去脉、背景、内涵中得到的。这样的过程自然会在思想文化史领域积累起一些问题和看法，并且陆续撰写成文。今将之列为本书第三、四两编，依次对之略作说明。

第三编诸文的关键词是"儒学"和"子学"，其中有3篇文章讨论了魏晋以来儒学发展和子学流播的问题。儒学和子学之况是中古思想史研究的基本问题，我的讨论取径总的偏于澄清史实而非发挥义理，力图让问题回到而不是抽离其所处的历史场景，其结论与思想史界的定论相当不同：一是以往不少著述所绘汉魏以来儒学衰落和子学萎缩的图景，完全不符各种资料实际传递的样态，无论是传世、出土文献还是诸多考古发现，魏晋以来儒学和子学相辅相成不断发展的大量事实，实非今人变换视角和标准可以否定；二是正因为儒学和子学仍在继续发展并仍扎根现实并与之积极互动，才可以解释魏晋以来政治与制度围绕儒学的意识形态化进程，以及玄学兴起和儒释道在思想、学术层面上交流互渗等一系列事态；三是既然中古思想界的主流是由儒学不断汲取子学、宗教等多重因子的发展过程所构成，并且贯穿于当时政治、社会以至民族关系等各个领域，那么以往关于两汉经学、魏晋玄学、隋唐佛学、宋明理学递嬗的阶段性概括，无论是要突出各期重点还是勾勒其间脉络，就都有了重新省思和修正的必要。

另外两篇即《〈论语·尧曰〉首章补疏》和《汤祷传说的文本系统》，则从先秦论至汉魏，属于中古儒学和子学的溯源性研究。其中前一文的撰写背景上已交代，文中可见春秋以来儒家政治学说尤其对王道内涵的阐述，至于战国已为各家关注讨论的焦点，尤其有关王朝谱系、王朝体制和王朝易代的部分，可说已逐渐形成了某些主流共识，这实际上就是秦汉大一统王朝所以建立的理论基础，也解释了统一六国时秦始皇身边博士所以多为儒生，汉初文帝、景帝为何已立若干儒经博士，至于武帝独尊儒术而其势头得以不断壮大发展的轨迹。后一文在本书定稿时增加了分节，不少地方虽已重写而原先的观点并未改变。所论儒、墨二家汤祷传说文本的分化组合和演化过程，亦足见战国诸子围绕圣王形象、王道内涵的分歧及其义旨互渗，至于汉以来汤祷文本的“祛魅”之势和文本流变，也还是反映了汉以来儒学与子学上承战国而关联发展的总体态势。

第四编题为“文化掇遗”，一方面是因为其所含二文分别关乎谥法文献和女医之制，正在一般所谓“文化”的范围之内；另一方面则是由于其原来各为另一研究计划的部分内容，整个计划目前难言完成之期，使之犹如孤叶离枝，遂为“掇遗”。其中《〈玉海〉所存沈约〈谥例序〉文笺解》一文，缘起于我试图讨论《魏书·序纪》所载道武帝追尊拓跋早先二十八帝谥号的问题，需要清理当时流行的谥法文献。《释唐令“女医”条》一文，则与我关注汉魏以来知识体系和知识阶层，不满于以往教育史、学校史几乎只论儒学而不及其他，遂曾梳理官方部门之学、佛道寺观之学的状态相关。而天一阁藏明抄本《天圣令》所存唐令中即有官方部门之学的不少重要资料，“女医”条亦其中之一。两者皆对相关问题研究具有绕不过去的基础性，故敢掇此二文以为全书末编。

回顾自己的研习之路，从官制逐渐推至礼、法诸制，再到制度所处的政治实际和背后的思想观念，以及更为多样的历史进程，这是自己在史学上的根底所在。总结自己40年来的体会，最为深切和困难的是要始终盯着问题本身所及展开探讨，不因其繁难冷僻绕避，也不因时忌尊讳或其他种种牵扯另行开局，即便事有轻重缓急，也能及时接续前功。认真说来，中国现代史学一直以来的痼症之一，便是几代学者的身段普遍过于柔软，大多跟着潮流说风就是雨，无论是自由主义还是唯物史观，无论是中国特色，还是“一带一路”，总是一拥而上，倏忽退潮，不惮重起炉灶。我曾得过不少老师告诫：学术研究固然需要多种才华学识，但首要的仍是拙朴的坚持，亦即独立而不改的学者立场和持续推进认识的科学精神。至今思之，这真是至为痛切的经验教训，又深愧自己也曾一拥而上，遂书此于序末，以为鉴戒。

作者

2021年12月30日

按：本文原系作者《中古政治与思想文化史论》自序，收入本书时略有修改。

魏晋九品官人法论略

周　群

九品官人法作为魏晋南北朝重要的官员选任制度，在中国古代政治制度史上有着重要地位。对这个创制于曹魏吏部尚书陈群的制度，前辈学者已多有探讨[①]，得出了一些富有启发性的结论。但是，由于观察视角不同，对史料理解有别，有关九品官人法的创制时间、创立过程、名称、性质、运作机制及其发展演变等，学者们意见未尽一致。笔者也长期关注这个话题，现就目前争议较大的几个问题略呈管见，敬祈方家指正。

一、从“九品论人”到“九品官人”

有关九品官人法的第一个较大争议，就是创制的时间问题。截至目前，

---

① 新近出版的相关专著，即有张旭华的《九品中正制研究》（中华书局，2015 年）、陈长琦的《官品的起源》（商务印书馆，2016 年）和周文俊的《魏晋南朝官品与官资制度秩序研究》（高等教育出版社，2022 年）3 部。有关九品官人法研究的学术史，可参张旭华、陈长琦、周文俊上述著作中的相关学术史回顾部分，以及李毅婷《20 世纪以来九品中正制研究综述》（《中国史研究动态》2011 年第 1 期）一文。

学界大致有3种意见。第一种意见认为是延康元年（220）陈群始建；第二种意见认为是曹操在戎马倥偬时所创；第三种意见作为延康元年陈群始建说的补充，认为其萌芽于曹操而确立于曹丕。①

任何制度的诞生都有其历史的、发展的、变化的过程。九品官人法也不例外。上述3种意见各有道理，但从历史发展的逻辑和现有史料来看，第三种意见更值得重视。也就是说，在陈群创制九品官人法之前，这个制度经过了一个较长时间的酝酿过程，即从“九品论人”到“九品官人”的逐步演变过程。

陈长琦在新著《官品的起源》中以“九品官人法诞生的文化背景”为题专节探讨了这一问题。他指出，将人依才性、善恶划分为9种等级的做法，有着源远流长的历史。至迟到春秋时期，对人的评价即形成了上、中、下三层次观；战国时代，九等区分事物的认识模式业已形成；在对人的评价方面，九等区分的认识可能稍晚，但至迟到西汉初年已经产生。②

笔者认同陈长琦的考证结果，不过需要提请学界注意的是，生活在东汉初期的班固在编制《古今人表》时，虽然用的是“九等”而非“九品”的概念，但在《叙传》中有言：“篇章博举，通于上下，略差名号，九品之叙。述《古今人表》第八。”③可见在班固这里，“九等”即是“九品”，可以互通。

---

① 李毅婷：《20世纪以来九品中正制研究综述》，《中国史研究动态》2011年第1期。张旭华认为，有关九品官人法创制的时间，主要有两种观点。一种观点认为曹操统治时期业已建立，而且是“军中”所创，后来魏晋时期实行的九品中正制乃是沿用“成法”，并非始创。一种观点认为是在曹丕继任魏王的延康元年（220）。参见张旭华：《九品中正制研究》，第81～83页。

② 陈长琦：《官品的起源》，第41～46页。张旭华在《九品中正制研究》一书中，亦曾考察“九品源流”，认为“品分九等，渊源甚古。陈群建立的选官制度之所以采用‘九品’命名，应和我国古代很早就采取了九品之法，以及两汉时期盛行九品论人之风有着密切的关系”。见第56～62页。

③〔汉〕班固撰，〔唐〕颜师古注：《汉书》，中华书局，1962年，第4241页。

“品”，东汉许慎《说文解字》释：“众庶也，从三口，凡品之属皆从品也。”段玉裁注：“人三为众，故从三口。”[①]以“品”划类，史籍多见。如《史记·五帝本纪》记舜诫契云：“契，百姓不亲，五品不驯，汝为司徒，而敬敷五教，在宽。”《集解》注引郑玄曰：“五品，父、母、兄、弟、子也。”王肃曰：“五品，五常也。”[②]《史记·夏本纪》在描述扬州时说该地“贡金三品”，《集解》注引孔安国云：“金、银、铜。”郑玄曰：“铜三色也。”[③]司马迁在《高祖功臣侯者年表》卷首云：“古者人臣功有五品，以德立宗庙定社稷曰勋，以言曰劳，用力曰功，明其等曰伐，积日曰阅。”[④]《汉书》当中也有大量关于“品”的记载，仅以《食货志》为例，即有“白金三品”“与五铢钱凡四品”“钱货六品”“银货二品”“龟宝四品”“贝货五品”“布货十品”“凡宝货五物，六名，二十八品”等众多记载。[⑤]由此可见，以“品”指类分等，为两汉所常见。

魏晋时人孙楚，曾在上奏中说：“九品，汉氏本无。班固著《汉书》，序先往代贤智，以为九条。”[⑥]从现有文献来看，班固应是以“九品”系统“论人”之第一人。

这种“九品论人”的风气，延至东汉后期，就更普遍了。与班固“记鬼录

① 〔清〕段玉裁：《说文解字注》，载中华书局编辑部编《说文解字四种》，中华书局，1998年，第65～66页。

② 〔汉〕司马迁撰，〔南朝宋〕裴骃集解，〔唐〕司马贞索引，〔唐〕张守节正义：《史记》，中华书局，1982年，第38～40页。

③ 〔汉〕司马迁撰，〔南朝宋〕裴骃集解，〔唐〕司马贞索引，〔唐〕张守节正义：《史记》，第58、60页。

④ 〔汉〕司马迁撰，〔南朝宋〕裴骃集解，〔唐〕司马贞索引，〔唐〕张守节正义：《史记》，第877页。

⑤ 〔汉〕班固撰，〔唐〕颜师古注：《汉书》，第1164、1177～1179页。

⑥ 〔宋〕李昉等：《太平御览》卷二六五《职官部》，中华书局，1960年影印涵芬楼影宋本，第1243页。

次第耳”[①]不同，荀悦为汉献帝编撰《汉纪》时，明确以“九品”论“生人”：

> 或曰：善恶皆性也，则法教何施？曰：性虽善，待教而成；性虽恶，待法而消；唯上智下愚不移，其次善恶交争，于是教扶其善，法抑其恶，得施之九品，从教者半，畏刑者四分之三，其不移大数，九分之一也。一分之中，又有微移者矣。[②]

“得施之九品”，即将人明确区分为“九等”。“品”与“等”虽然实际意义相同，但正如荀子所言“制名以指实”“名定而实辨”，用词的改变蕴含了制度变迁的巨大可能。

不过，现有史料尚没有明确的证据表明“九品”已用于东汉后期的人才荐举和官员选拔。如范晔在《后汉书·党锢列传》中称：

> 逮桓灵之间，主荒政缪，国命委于阉寺，士子羞与为伍，故匹夫抗愤，处士横议，遂乃激扬名声，互相题拂，品核公卿，裁量执政，婞直之风，于斯行矣。[③]

所谓“品核公卿”，自有区别人物高下的意思，但是否一定冠以明确的等级甚至是九等，则是存疑的。史载汉末由许劭、许靖兄弟主持的“汝南月旦评”[④]，将名士对人物的评语称为“品题”，但也缺乏明确的“等级”区分证

---

① 〔宋〕李昉等：《太平御览》卷二六五《职官部》，第1243页。

② 〔汉〕荀悦：《申鉴》卷五《杂言下》，载《百子全书》，浙江人民出版社，1984年影印扫叶山房本，第2页背面。

③ 〔南朝宋〕范晔撰，〔唐〕李贤等注：《后汉书》卷六七《党锢列传》，中华书局，1965年，第2185页。

④ 〔南朝宋〕范晔撰，〔唐〕李贤等注：《后汉书》卷六八《许劭传》：“许劭字子将，汝南平舆人也。……初，劭与（从兄）靖俱有高名，好共核论乡党人物，每月辄更其品题，故汝南俗有‘月旦评’焉。”唐长孺认为，乡里月旦评即使由一二人主持，毕竟不是政府机构，而中正虽不是正式官吏，却是受政府委任的兼职，所以形式上虽沿袭旧传统，而在制度的精神上却有所不同，甚至是旧传统的破坏。（唐长孺：《魏晋南北朝史论丛》，生活·读书·新知三联书店，1955年，第90页）

明。郭泰亦为汉末名士，“性明知人，好奖训士类”，“其奖拔士人，皆如所鉴”，故谢承[①]称，“泰之所名，人品乃定，先言后验，众皆服之”。[②]这里所谓的“人品”，是否冠之明确的“九品”以为区分，亦存疑。

《后汉书·袁绍刘表列传》载曹操兵发襄阳，降青州，“乃释（韩）嵩之囚，以其名重，甚加礼待，使条品州人优劣，皆擢而用之”。曹操得青州，事在公元208年。从这则材料来看，其时曹操释韩嵩之囚，即在于用其“条品州人优劣”而擢用之。无独有偶，《三国志·吴书·周瑜鲁肃吕蒙传》记同年赤壁之战前夕，鲁肃力劝孙权不可降曹，所言亦及品评人物，曰：

> 向察众人之议，专欲误将军，不足与图大事。今肃可迎操耳，如将军，不可也。何以言之？今肃迎操，操当以肃还付乡党，品其名位，犹不失下曹从事，乘犊车，从吏卒，交游士林，累官故不失州郡也。将军迎操，欲安所归？愿早定大计，莫用众人之议也。[③]

鲁肃所谓“还付乡党，品其名位”，与曹操用韩嵩“条品州人优劣”而擢用之正相呼应，说明曹操当政时已注重政府掌握人物的品评权，从而有了将原由“乡里清议”掌握的人才评判纳入国家制度化轨道的迹象。[④]陈长琦认为，九品官人法的出台，乃是长期以来贯穿于曹操“唯才是举”思想中的人才甄别思考的法典化。在曹操看来，那些纷纭杂陈、真假混淆、是非颠倒的乡论是不公平的，而他要整齐风俗、重建公平，就需要另设一掌握公平的机

---

① 谢承（182—254）是汉末三国时人，著有《后汉书》143卷，可惜早佚。

② 〔南朝宋〕范晔撰，〔唐〕李贤等注：《后汉书》卷六八《郭泰传》注引《谢承书》，第2227页。

③ 〔晋〕陈寿撰，〔南朝宋〕裴松之注：《三国志》，中华书局，1959年，第1270页。

④ 唐长孺在《九品中正制度试释》一文中说，中正的名号虽然始见于曹魏，然而在地方官之外由少数人或一个人主持乡闾评议却是个旧传统。东汉末年的名士本来以人物批评为务，名士口中的褒贬，传达到政府时，可以在选举上起决定性的作用。（唐长孺：《魏晋南北朝史论丛》，第88页）

关，这一机关，应该就是后来陈群创立的中正。[①]

不过，曹操在任用韩嵩等人“条品州人优劣”之时，是否就已明确将人物划分为“九品”，仍然存疑。南宋史学家沈约在《宋书·恩倖传》“序”中说：“汉末丧乱，魏武始基，军中仓卒，权立九品，盖以论人才优劣，非为世族高卑。”[②]从这则材料来看，似曹操当政时已有“九品”之设，而且貌似不是孤证。《晋书·李重传》载晋武帝时李重上疏说：“九品始于丧乱，军中之政，诚非经国不刊之法也。”张旭华认为，李重所说，实际上就是魏武始建说的鼻祖；沈约所说“汉末丧乱，魏武始基，军中仓卒，权立九品”云云，并非首倡，而是对早已流行的魏武始建说的赓续而已。[③]

但有关李重的这则材料，早有学者提出质疑。如唐长孺曾指出：

> 九品中正制度的建立时间是在曹丕未篡汉时，即咸康元年（二二〇）。这在《三国·魏志》卷二二《陈群传》有明文。沈约以为“汉末丧乱，魏武始基，军中仓卒，权立九品”，将时间提早到曹操时，大约是根据李重所云“九品始于丧乱军中之政”，但李重并没有说曹操，假使沈约没有其他根据，可能出于误会。[④]

由此唐先生认为，“这一问题可以不必讨论”。但张先生要在此基础上更进一步，其曰：

> 如果我们不是孤立地看待《宋书·恩倖传》序论中有关“汉末丧乱，魏武始基，军中仓卒，权立九品”的一段话，而是把这条材料和韩嵩“条品州人优劣，皆擢而用之”；鲁肃“还付乡党，品其名位”；吴质“虽已出官，本国犹不与之士名”诸事联系起来，就会发现：建安十三年

---

① 陈长琦：《官品的起源》，第 38 ～ 41 页。

② 〔梁〕沈约：《宋书》卷九四《恩倖传》序，中华书局，第 2301 页。

③ 张旭华：《九品中正制研究》，中华书局，2015 年，第 81 ～ 82 页。

④ 唐长孺：《九品中正制度试释》，收入氏著：《魏晋南北朝史论丛》，第 100 页。

平定荆州之后，曹操便开始以“九品”之法选拔官吏，此后这一办法又在徐州、兖州等北方地区逐渐推广开来。①

张先生所言吴质事，来自《三国志》卷二一《魏书·王粲传》注引《魏略》，云：

始（吴）质为单家，少游遨贵戚间，盖不与乡里相沉浮。故虽已出官，本国犹不与之士名。及魏有天下，文帝征质，与车驾会洛阳。到，拜北中郎将，封列侯，使持节督幽、并诸军事，治信都。太和中，入朝。质自以不为本郡所饶，谓司徒董昭曰：“我欲溺乡里耳。”昭曰：“君且止，我年八十，不能老为君溺攒也。”②

如何理解这则材料，唐长孺认为：

所云“本国（济阴）犹不与士名”，《魏略》记于曹丕称帝前。曹丕称帝前数月，已行九品官人法，设置中正，则“不与士名”，也有可能即指中正不给与士人相称的品第。但云“虽已出官”，更可能指吴质初任朝歌长时，那时却并无中正，则所谓“不与士名”仅指乡里清议不把他当作士人看待。③

张先生受唐先生启发，认为《魏略》所说的“士名”也可能就是指乡里品第，即由宗族乡党品评的九品等第。④但这个推论显然不够唐先生谨慎。“士”之有“籍”，可见记载。如《三国志·魏书·三少帝纪》诏书：“今追赐（刘）整、（郑）像爵关中侯，各除士名，使子袭爵，如部曲将死事科。”⑤“各除士名”，当是授予刘整、郑像“士”的名号，载诸“士籍”。

---

① 张旭华：《九品中正制研究》，第 87 ～ 88 页。

② 〔晋〕陈寿撰，〔南朝宋〕裴松之注：《三国志》，第 609 页。

③ 唐长孺：《东汉末期的大姓名士》，收入氏著：《魏晋南北朝史论拾遗》，中华书局，1983 年，第 45 页。

④ 张旭华：《九品中正制研究》，第 87 页。

⑤ 〔晋〕陈寿撰，〔南朝宋〕裴松之注：《三国志》，第 128 页。

综上，在无其他更充分的材料证明吴质“出官”前后宗族乡党对士人的品评已按“九品”区分的情况下，张旭华所引《魏略》不能作为上引《宋书·恩倖传》那段话的佐证，也不能据此推出建安十三年（208）平定荆州之后，曹操便开始以“九品”之法选拔官吏，更不能得出此后这一办法又在徐州、兖州等北方地区逐渐推广开来的结论。我们所能肯定的是，从“人分三等”到“九品论人”再到“九品官人”，是一个历史的、发展的、变化的过程，反映了制度变迁的长时段效应；“九品论人”到东汉后期有愈来愈普遍之趋势，但现存文献不足以证明曹操当政时已用“九品”来选拔官吏；用“九品”选官，当有待陈群“九品官人法”的正式创制。

二、“九品中正制”绝非“九品官人法”

有关九品官人法的第二个较大争议，就是九品官人法的称呼问题，究竟是叫“九品官人法”合适，还是叫“九品中正制”更合适。我们不妨从陈群创制“九品官人法”的最早记载开始辨析，材料来自陈寿《三国志·魏志·陈群传》，其曰：

> 文帝在东宫，深敬器焉，待以交友之礼。……及即王位，封群昌武亭侯，徙为尚书。制九品官人之法，群所建也。

这个记载虽然简略，但揭示了历史的最初面目，然而，也正是“陈寿《魏志》言之太略”[①]，为后世学者的争议埋下了伏笔。“曹魏吏部尚书陈群所创置的官吏选拔任用制度，究竟是称作‘九品官人法’，抑或是称作‘九品中正制度’，在这个根本问题上，古今中外学者的意见似乎就没有统一过。”[②]当陈长琦20世纪90年代具文探讨并作出以上判断时，不啻平地起惊雷，引起巨大

① 〔唐〕杜佑：《通典·选举二》，中华书局，1988年，第328页。
② 陈长琦：《魏晋九品官人法再探讨》，《历史研究》1995年第6期。

的反响。如今20余年过去了，“仍然是见仁见智、存有歧义的一个问题”[①]。

讨论的焦点在于，陈长琦认为，旧有的研究把九品中正制度误作为九品官人法的全部，因此要想深入开展九品官人法研究，首先就应放弃九品中正制的错误概念，恢复其本来面貌；[②]以张旭华为代表的学者则认为，“九品中正制”就是“九品官人法”，“九品官人法”就是“九品中正制”，这是同一制度的两种不同称谓，并不是概念与内涵存在着本质差异的两种制度名称。[③]

按上引《三国志》的记载，陈群最初创立的制度，是被称作“九品官人之法”的。这个称呼在鱼豢《魏略》、杜佑《通典》、司马光《资治通鉴》以及岳珂《愧郯录》中皆被继承，是自曹魏至两宋间学者中的代表性观点。[④]因此，张旭华认为，至少单从字面上理解，所谓“制九品官人之法”一语，自然可以解释为陈群创立了“九品官人法”这种选官制度。[⑤]

但张旭华显然不满足于单从字面上去理解陈群的“制九品官人之法”，而是“通过搜寻大量的魏晋南北朝史籍”，发现凡是提及陈群创立的选官制度时，无一不是将其称之为“九品之制”或简称为“九品”，从未见有称作“九品官人之法”或“九品官人法”者。由此他提出：“陈群于魏初延康元年（220年）创立的选官制度，其最初的名称既不叫‘九品官人法’，也不叫‘九品中正制’，而是称之为‘九品之制’或简称为‘九品’。”“‘官人’在这里作

① 张旭华：《九品中正制研究》，第13页。张旭华最初并不认可陈长琦的这个判断，因为“依照传统看法，‘九品中正制’亦称‘九品官人法’，‘九品官人法’亦称‘九品中正制’，对此史学界几成定论，迄无疑义”。参见张旭华：《魏晋九品中正制名例考辨》，《中国史研究》2001年第2期。

② 陈长琦：《魏晋九品官人法再探讨》，《历史研究》1995年第6期。

③ 张旭华：《九品中正制研究》，第39页。

④ 陈长琦：《魏晋九品官人法释疑》，《中国史研究》2005年第4期。

⑤ 张旭华：《魏晋九品中正制名例考辨》，《中国史研究》2001年第2期。

动词，是对‘九品’称谓的进一步阐释和说明。”[①]

张旭华说魏晋南北朝史籍中从未见有称作“九品官人之法”或“九品官人法”者，其论之误自不待言；[②]而他用《太平御览》所引《傅子》、《晋书·石季龙载记》以及裴注《三国志》中有关“九品之制”或简称为“九品”的材料来证“九品之制”或“九品”的概念早于“九品官人法”，在方法与逻辑上皆不可靠，已为陈长琦逐一驳斥。[③]陈长琦认为，从文献中“九品官人法”产生于前、“九品之制”产生于后的史实来看，“九品之制”应是“九品官人法”的省称；从《魏略》中“九品官人法”与“九品”并出，且“九品官人法”在前、“九品”在后的用法亦可知，“九品”是“九品官人法”的省称。[④]

笔者认为，曹魏吏部尚书陈群创立的选举制度，究竟是称作“九品官人法”，抑或是称作“九品中正制度”，不在于对陈群创立的这个制度如何冠名，而在于所冠之名是否与实践无悖，与历史相符。而实际上，学者们也正是沿着“循名责实”这条路径展开研讨的。例如张旭华说：

> 九品中正制创立之初，其名称既不叫“九品官人法”，也不叫“九品中正制”，而是习称为“九品之制”或简称为“九品”。进入西晋，人们仍多沿用“九品之制”或“九品”的旧称，但已出现了“中正九品之制”

---

① 张旭华：《魏晋九品中正制名例考辨》，《中国史研究》2001 年第 2 期。

② 《北堂书钞》卷六〇和唐代类书《白氏六帖》中都曾引曹魏时期的史学名家鱼豢的《魏略》，其中皆有陈群延康元年“始建九品官人之法”的记载，说明魏晋南北朝史籍中《三国志·陈群传》的记载并非绝无仅有。详细考证见陈长琦：《魏晋九品官人法释疑》，《中国史研究》2005 年第 4 期。

③ 陈长琦：《魏晋九品官人法释疑》，《中国史研究》2005 年第 4 期。陈文指出，文献中“九品官人法”概念产生于先，而“九品中正制”概念要晚出 800 余年。因此，以后出的概念为主，来论证先出的概念是否为后出概念的正式名称，这是有悖于历史逻辑的。陈文还进一步考察了“官人”一词概念本身及其发展演变，认为张旭华将其简单地理解为是陈寿对“九品”的解释和说明性文字，乃误。“九品官人法”之意，即“九品选用官员法”，其隐含之意则是“九品选用贤能任官之法”。

④ 陈长琦：《魏晋九品官人法释疑》，《中国史研究》2005 年第 4 期。

的变称。到了唐代，杜佑始将“九品”与“中正”顺序连称，由此开启了“九品中正制”这一称谓的先河。及至宋元明清时期，一些著名学者和史家如苏轼[①]、胡三省[②]、马端临、顾炎武、赵翼、王鸣盛等人率皆采用“九品中正制”的说法，致使此说推广开来，最终成为这一制度的专有名称。……要之，“九品中正制”是在“九品之制”、“中正九品之制”等旧称的基础上发展演变而来，且称谓简洁，内涵明确，更具有科学性，因而为中外学人广泛使用。而“九品官人法”一语，则是陈寿对“九品之制”作出的一种带有解释和说明性质的文字表述，从严格意义上讲，它既不是九品中正制最初的正式名称，也不是一种科学的和规范的称谓。但是尽管如此，由于学术界多将“九品官人法”作为“九品中正制”的别名或异称，且含义清晰，相沿已久，故人们也常常将二者同时使用，并且从未引起概念上的混淆与错乱。所以，如果从这一角度着眼，我们也可以说“九品中正制”就是“九品官人法”，“九品官人法”就是“九

① 北宋著名文学家苏轼在一篇概述历代选士制度的短文中提到：“夫智、勇、辨、力，此四者皆天民之秀杰者也，类不能恶衣食以养人，皆役之以自养者也，故先王分天下之贵富与此四者共之。此四者不失职，则民靖矣。四者虽异，先王因俗设法，使出于一。三代以上出于学，战国至秦出于客，汉以后出于郡县吏，魏晋以来出于九品中正，隋、唐至今出于科举，虽不尽然，取其多者论之。”见〔宋〕苏轼撰，王松龄点校：《东坡志林》卷五：《游士失职之祸》，载《唐宋史料笔记丛刊》，中华书局，1981年，第111页。

② 在元至元二十二年（1285）刊印的《资治通鉴音注》中，学者胡三省为司马光《资治通鉴·魏纪》黄初元年（220）二月所记“尚书陈群，以天朝选用不尽人才，乃立九品官人之法”一条做注时，加注曰“九品中正自此始”。陈长琦认为，显然，胡三省发展了苏轼的说法，以为九品官人法就是九品中正制。这大约是学者明确采用九品中正制，用以代指九品官人法之始。自元代之后，明清一些有影响的学者如顾炎武、赵翼等皆祖述其说，采用九品中正制概念代替九品官人法。笔者按：胡三省的注不能作为其发展苏轼观点的证明，说“九品中正自此始”，也可理解为九品中正制乃是因九品官人法之创制才诞生的，是包含在九品官人法之内的，胡三省只是在注中特别点到了九品中正制而已。

> 品中正制”，这是同一制度的两种不同称谓，并不是概念与内涵均存在着本质差异的两种制度名称。①

而陈长琦则认为：

> 九品官人法是人才选拔、任用制度；九品中正制只是人才选拔（评价）制度。二者的内涵是不同的。如果我们只是在人才选拔的角度来讨论问题，那么，将中正掌握的九品论人制度称之为“中正九品制度”或“九品中正制度”都是可以的。但如果我们是在一起探讨“曹魏吏部尚书陈群所创制的官员选拔、任用制度”，即从选拔与任用的整体来考察这一制度，那么，合适的概念，应该还是“九品官人法”。
>
> 因此，不能用九品中正制概念代替九品官人法。“‘九品中正制’亦称‘九品官人法’，‘九品官人法’亦称‘九品中正制’”的认识，似应放弃。②

由此看来，名称之争只是表象，要解决两种观点的分歧，辨明孰是孰非，必须回到陈群最初创制“九品官人之法”的历史场景中去，通过对历史的追索还原“九品官人之法”的历史真相。

笔者认为，在两种观点都承认陈群创制“九品官人之法”的前提下，其究竟是叫“九品官人法”合适，还是叫“九品中正制”合适，就有了讨论的基础。因为无论这个制度怎么称呼，都离不开“九品”二字，都将“九品”作为前置词和限定词。因此，离开“九品”谈“九品官人法”或者“九品中正制”，陈群创制的“九品官人之法”就是无源之水、无本之木，也就没有了存在的基础和价值。从这一点来说，“九品”才是“九品官人之法”的核心所在，也是“九品官人法”“九品中正制”的核心所在。

事实上，“九品”也确实在魏晋南北朝的选举中发挥着核心作用。陈群所

---

① 张旭华：《魏晋九品中正制名例考辨》，《中国史研究》2001 年第 2 期。

② 陈长琦：《魏晋九品官人法释疑》，《中国史研究》2005 年第 4 期。

任曹魏“吏部尚书”，职掌选举，其在吏部尚书任上“制九品官人之法”，即是为了将两汉以来“九品论人”的社会惯习变成国家的制度行为，纳入国家法制化的轨道。前引魏晋时人孙楚在上奏中说：“九品，汉氏本无。班固著《汉书》，序先往代贤智，以为九条。此盖记鬼录次第耳，而陈群依之以品生人。”[①]陈群以“九品”品“生人”，从制度设计的角度来看是既具开创性又有系统性的。

第一，“九品”第一次实现了政府“论人”从定性到定量的转变。我们知道，汉末名士操纵舆论，褒贬人物，对当时的王朝选官产生了很大影响。名士口中的品题，往往可以左右士大夫的仕途进退，成为朝廷选举的风向标。[②]但汉末名士的所谓“清议”，毕竟还只是民间的形式，且其“品题”之中似尚未对所评人物明确以“九品”加以区分。如《后汉书》记：“曹操微时，常卑辞厚礼，求为己目。劭鄙其人而不肯对，操乃伺隙胁劭，劭不得已，曰：‘君清平之奸贼，乱世之英雄’。”[③]即未提及许劭对曹操给出明确的“品级”。而陈群的“九品官人之法”则不同，其对所评人物，除了“区别行、能”，还要“第其高下”，[④]给出明确的“九品”品级。这种“九品”区分，简洁明了，便于执行，代表了中古政治运行机制中的量化发展趋势。[⑤]

---

① 〔宋〕李昉等：《太平御览》卷二六五《职官部》，第1243页。

② 张旭华：《九品中正制研究》，第63页。

③ 〔南朝宋〕范晔撰，〔唐〕李贤等注：《后汉书》卷六八《郭符许列传》，第899页。

④ 〔唐〕房玄龄等：《晋书·刘毅传》。

⑤ 这种量化趋势，早在西汉董仲舒的《春秋繁露》中就有反映。其《考功名》在谈到建立考课制度的设想时提出：“考试之法，合其爵禄，并其秩，积其日，陈其实，计功量罪，以多除少，以名定实，先内弟之，其先比二三分以为上中下，以考进退，然后外集，通名曰进退，增减多少，有率为弟，九分三三列之，亦有上中下，以一为最，五为中，九为殿。”《汉书·萧望之传附子萧育传》：“（萧育）为茂陵令，会课，育弟六。而漆令郭舜殿，见责问，育为之请，扶风怒曰：‘君课弟六，裁自脱，何暇欲为左右言？’”

第二，“九品”第一次实现了对王朝官员职位所需“官才”进行等级区分。根据官员职务在国家组织中的作用，从“官才”的需要出发，对官员职位采取等级区分，这在中国古代政治史上没有先例。《太平御览》记陈群“制九品官人之法”曰：“初，陈群为吏部尚书，制九格登用，皆由于中正。考之簿世，然后授用。”[①]“制九格”包括两个内容，即对官员职位的“九品”区分和对官员候补人的“九品”区分。对前者，即在官职分类基础上所显示的某类职官所需的“官才”之品，称为“官品”；对后者，即给予官吏候补人的品，称为“资品”。[②]通过对王朝官员职位所需“官才”和官吏候补人的“资品”进行九等区分，陈群建立起了官吏候补人与王朝官员职位之间的联系，即“资品”与“官品”的联系。《三国志·魏书·常林传》注引《魏略·清介吉茂传》：“先时国家始置九品，各使诸郡选置中正，差叙自公卿以下，至于郎吏，功德才行所任。”[③]这里所谓的“差叙”，所指对象当然是已入仕者，但显然暗含了对王朝官员职位所需“官品”进行品级“差叙”的在先之意。进而，“官品”的品级是对任职者“资品”的最低要求，“资品”的品级是“资品”所有者“官品”升迁的最高极限，并且官吏候补人的“资品”与其“起家官品”间存在着一定的对应关系。[④]

第三，“九品”第一次与国家选举组织相结合，为魏晋南北朝的选官别开“中正九品”之新途。[⑤]杜佑《通典》卷一四《选举二》曰：

---

① 〔宋〕李昉等：《太平御览》卷二一四引《晋阳秋》，第1020页。

② 陈长琦：《魏晋南朝的资品与官品》，《历史研究》1990年第6期。

③ 〔晋〕陈寿撰，〔南朝宋〕裴松之注：《三国志·魏书·常林传》注引《魏略·清介吉茂传》，第661页。

④ 陈长琦：《官品的起源》，第80～87页。

⑤ 东晋明帝太宁三年（325）八月之《录吴名臣后诏》载：“昔周武克殷，封比干之墓；汉高过赵，录乐毅之后，追显既往，以劝将来也。吴时将相名贤之胄，有能纂修家训，又忠孝仁义，静己守真，不闻于时者，州郡中正亟以名闻，勿有所遗。”这是最确凿的证据。见〔唐〕房玄龄等：《晋书》卷六《明帝纪》，第164页。

> 魏文帝为魏王时，三方鼎立，士流播迁，四人错杂，详核无所。延康元年，礼部尚书陈群以天朝选用不尽人才，乃立“九品官人之法”，州郡皆置中正，以定其选，择州郡之贤有识鉴者为之，区别人物，第其高下。①

依杜佑之见，陈群是“以天朝选用不尽人才”而创立“九品官人之法”的。这里的“选用不尽”可作两解：一是指王朝选拔人才没有达到理想的目标，需要通过新的人才选拔方式，扩大王朝选官的范围，主要针对的是未入仕者；二是指王朝任用人才有可资改进处，未做到“人尽其才”，需要通过新的人才品评方式，让其更加“德位相配”，主要针对的是已入仕者。从九品官人法实施之后的具体情形来看，似乎这两种目的都有；但从制度创设之本意来看，当主要在于扩大王朝选官的范围。

王晓毅认为，草创时期九品中正制的实施内容与西晋之后的成熟形态有较大差异，其评价对象是全体在职官员，确定他们任职资格等级（品）与德才评语（状），未通过选举程序者——州郡掾属以及未入仕的士族子弟等，都不是中正评价的对象，此后必然要涉及官员的候选人。②历史文献的相关记载表明，从黄初开始，中正已介入了选举程序。但奇怪的是，史书中没有留下任何曹魏时期非在职官员获得中正品级的信息，不仅没有具体的数字等级，就连笼统的“上第”“下第”也没有；从西晋开始，未入仕便从中正那里获得

---

① 杜佑的观点后来被司马光、岳珂所继承。〔宋〕司马光《资治通鉴》卷六九《魏纪》黄初元年二月载：“尚书陈群，以天朝选用不尽人才，乃立九品官人之法。”〔宋〕岳珂《愧郯录》卷七载：“珂尝溯源而求所始，本魏延康元年二月，尚书陈群以天朝选用不尽人才，始立九品官人之法。”

② 王晓毅：《曹魏九品中正制的历史真相》，《文史哲》2007年第6期。陈长琦非常同意王先生的研究方法和观点，认为在延康元年九品官人法创立的时候，迫于当时的复杂形势和紧迫需要，中正的品评，很可能仅及于在职官员；至于后来何时开始发展到对在野人士的品评，尚值得探讨。见陈长琦：《官品的起源》，2016年，第119页。

“资品”的案例才见诸史籍。[①]王晓毅以“史书中没有留下任何曹魏时期非在职官员获得中正品级的信息”作为曹魏时期九品中正制评价对象仅是全体在职官员的证据，在逻辑上是行不通的。因为若上引杜佑之观点不虚——陈群是“以天朝选用不尽人才”才创立“九品官人之法”的，则这个制度创立之时，在对王朝官员职位所需“官才”进行九等区分，全体在职官员根据其所处职位获得相应品级之后，必然延及通过包括察举在内各种途径新入仕的官员，以及未通过选举程序者——州郡掾属以及未入仕的士族子弟等官吏候补人，且两个过程之间必不会有太大的时间差，否则就偏离了这个制度创立的初衷和本意。

第四，“九品”第一次成为士人入仕的必要条件、朝廷任官的基本要求。在陈群的“九品官人之法”下，一个官员的诞生，遵循着一条既定的、复杂的程序。个人获品、司徒府核准、吏部任用，是其中3个重要的环节。《太平御览》卷二六五引《傅子》曰：“魏司空陈群，始立九品之制，郡置中正，评次人才之高下，名为辈目，州置都而总其议，……粗且为一时选用之本耳。”[②]赵翼在《廿二史札记》中说：“魏文帝初定九品中正之法，郡邑设小中正，州设大中正，由小中正品第人才，以上大中正，大中正核实，以上司徒，司徒再核，然后付尚书选用。”[③]也就是说，在这个新的制度设计下，州郡大、小中正掌握着个人获品环节中的人才品评权，司徒左长史掌握着人才品第的确定权，吏部尚书则掌握着人才的任用权。《通典》所谓“晋依魏氏九品之制，内官吏部尚书、司徒左长史，外官州有大中正、郡国有小中正，

① 王晓毅：《再论曹魏九品中正制的历史真相》，《文史哲》2010年第2期。

② 〔宋〕李昉等：《太平御览》卷二六五《职官部》，第1243页。

③ 赵翼认为州大中正之设立自陈群始。学者已考证，实际上州大中正设立于曹魏嘉平元年（249）之后，是司马懿当政之后的事。陈长琦认为，赵翼直接明确地将“九品官人法”改称作“九品中正法”，不仅影响了其学术价值，亦贻误后人。参陈长琦：《魏晋九品官人法再探讨》，《历史研究》1995年第6期。

皆掌选举”[①]，即是对这种情况作出的概括。

在“九品官人之法”之下，士人“资品”除可通过中正获取，还可通过其他仕进方式获取。陈长琦详细考察了魏晋南北朝士人入仕所需“资品”的获得途径，除了中正品评，还有察举考试、国子太学生考试、锡官（赐官）、赐爵、袭爵、军功事功、赐位等。[②]研究表明，一些士人有可能在察举、赐官等之前即已获得“资品”，但其起家任官之“资品”，则必定依据察举、赐官等具体情况重新确定。如《南齐书・礼志》载：“晋初太学生三千人，既多猥杂，惠帝时欲辨其泾渭，故元康三年始立国子学，官品第五以上得入国学。”这里所说的“官品”，指的就是国子生们的“资品”。《宋书・礼志》载此前晋武帝泰始八年（272年），有司奏：“太学生七千余人，才任四品，听留。”这里的“才任四品，听留”，说的是才能达到官品四品的标准方可留下，说明太学生之前的“资品”，很可能与晋惠帝时官品第五相当。

第五，“九品”第一次与国家任官体系相结合，实际上为魏晋南北朝的官员考核与监督增加了新方法。《晋书・石季龙载记》载其下书曰：“魏始建九品之制，三年一清定之，虽未尽弘美，亦缙绅之清律，人伦之明镜。从尔以来，遵用无改。”“九品”对人才的鉴定，“三年一清定之”，这其中就包括了对现职官员的评价。杜佑为前引《通典》卷一四《选举二》作注说：“魏氏革命，州郡县俱置大小中正，各取本处人任诸府公卿及台省郎吏有德充才盛者为之，区别所管人物，定为九等。其有言行修著，则升进之，或以五升四，以六升五；倘或道义亏阙，则降下之，或自五退六，自六退七矣。是以吏部不能审定核天下人才士庶，故委中正铨第等级，凭之授受，谓免乖失及法弊也。”这里的“区别所管人物”，既包括未入仕者，也包括现职官员。对未入仕者而言，品级的升降将影响未来入仕时起家官的高低；对现职官员来说，

① 〔唐〕杜佑：《通典》卷一四《选举二》，第328页。

② 参陈长琦《官品的起源》之第四、五章相关内容。

则意味着官职的升降。这里举两个大家熟知的退资降品的例子，比较有代表性。其一是《通典》卷六〇《嘉礼·降服大功未可嫁姊妹及女议》：

> 晋南阳中正张辅言司徒府云："故凉州刺史杨欣女，以九月二十日出赴姊丧殡，而欣息俊因丧后二十六日，强嫁妹与南阳韩氏，而韩就杨家共成婚姻。韩氏居妻丧，不顾礼仪，三旬内成婚，伤化败俗，非冠带所行。下品二等，本品第二人，今为第四。请正黄纸。"梁州中正梁某言："俊居姊丧嫁妹，犯礼伤仪，贬为第五品。"[①]

其二是《晋书》卷三六《张华传附刘卞传》说西晋刘卞"为台四品吏，访问令写黄纸一鹿车，卞曰：'刘卞非为人写黄纸者也！'访问怒，言于中正，退为尚书令史"[②]。《初学记》卷二一引王隐《晋书》记此事云："访问按（刘）卞罪，下品二等，补左人尚书令史。"[③]这两个退资降品的事例都说明，"九品"不仅与入仕相关，还牵涉到对现职官员的评价与监督，影响着现职官员的黜陟升降。

从以上分析我们可以看出，无论是叫"九品官人法"还是叫"九品中正制"，有3个历史事实也是我们不得不承认的，即"九品"乃"九品官人法"或"九品中正制"的制度基石，是陈群创制的人才选拔和任用制度的核心，但代替不了制度本身；在这个制度体系中，"九品官人之法"是由吏部和司徒府共同掌握并具体实施的系统工程，中正评价也只是国家人才选拔和任用制度中的重要一环；时人"获品"有多种途径，"中正九品"只是其中一途。我们倘若能将这3个历史事实辨析清楚，结论也就水到渠成、呼之欲出了。

也正因为如此，魏晋史料中才会留下不少关于"九品""九品之制"的记载。例如《太平御览》卷二六五引《傅子》："魏司空陈群，始立九品之制，

---

① 〔唐〕杜佑：《通典》卷六〇《嘉礼》，第1696页。

② 〔唐〕房玄龄等：《晋书》卷三六《张仲传附刘卞传》，第1078页。

③ 类似的例子还有不少，学者多有搜举。参陈长琦：《官品的起源》，第73～74页。

郡置中正，评次人才之高下，名为辈目，州置都而总其议。”《晋书·石季龙载记》载其下书曰：“魏始建九品之制，三年一清定之，虽未尽弘美，亦缙绅之清律，人伦之明镜。从尔以来，遵用无改”。《三国志·魏书·常林传》注引《魏略·清介吉茂传》：“先时国家始置九品，各使诸郡选置中正，差叙自公卿以下，至于郎吏，功德才行所任。”等等。①

张旭华也许是忽略了“九品”作为“九品官人之法”的制度基石，所以在面对这么多有关“九品”“九品之制”的记载时，也就难怪会认为九品中正制创立之初，其名称既不叫“九品官人法”，也不叫“九品中正制”，而是习称为“九品之制”或简称为“九品”。但请张先生不要忘记了，作为制度基石的“九品”，毕竟不是制度本身，更何况：第一，既然我们不能否认《三国志》有关陈群“制九品官人之法”是最早的记载，那么陈长琦所言不能用后出的概念代替前出的概念，就是有道理的。第二，无论是“九品”也好，还是“九品之制”也好，都没有揭示陈群所创这一制度的目的所在，与此相反，“九品官人之法”则指出了这一制度创立的目的所在，即“九品选用贤能任官之法”。第三，相对于“九品官人之法”，陈长琦提出的“九品官人法”不仅没有影响这个概念的含义表达，相反更简洁明了，更符合现代人的语言习惯。因此，无论是遵从古史命名的规律还是从名实相副的角度看，“九品官人法”都是更有依据、更为科学、更易接受的称呼。

我们观察历史、研究历史，必须具备历史的宏阔视野，把貌似有限的史料放在具体的历史时代中进行联系的、发展的、整体的考察，用心、用情、用我们现实生活的常识去体验历史、感悟历史、充实历史，方能在有限的碎片化史料中触摸到历史的真相，建构起整体的历史，进而找到历史发展的方向。九品官人法的创制是国家层面关于人才选拔和任用的革命性改革，也是

① 张旭华在《魏晋九品中正制名例考辨》（《中国史研究》2001年第2期）一文中，对文献中有关“九品”“九品之制”的记载多有搜集，可资参考。

个系统工程。我们不能因为与九品官人法直接相关的史料有限，就将九品官人法矮化，缩微为九品中正制，进而造成对历史的整体的误读。

三、从“官人之品”到“官阶之品”

有关九品官人法的第三个较大争议，就是魏晋官品与九品官人法的关系问题。有两种对立的观点，一种认为“官品”从九品官人法发展而来，最初就是“人品”；另一种认为“官品”与九品官人法并无直接的联系，其在制度上是一套独立运作的等级体系，有其自身的制度秩序与演进逻辑。[①]要解决这个争议，就要从“官品”本身出发，既要溯其源，又要辨其流，方有可能从史料出发找到历史的真相。

陈长琦已经指出，汉末以前，文献中没有“官品”的概念，“官品”概念起源于曹魏；最早提出曹魏官品性质为官阶的是唐代著名学者杜佑，他从隋唐以后（已经定型为官阶制度的）官品制度出发，把魏晋南北朝时期的官品制度都视之为官阶制度。[②]但早在南宋，岳珂就质疑杜佑的观点，认为九品官人法建立之初，品的设置“似非品秩也，乃人品耳”，怀疑“岂当时循陈群之法，谓某品人则可登某品，所谓品者，逆设以待其人而已，非谓官品也。益远益讹，遂为官秩之定论耶？此殆名讹之所以始也”。[③]岳珂的观点得到了清代学者俞樾的支持[④]；杨向奎也予以了肯定，“岳氏以陈群九品官人之法为人品

---

① 周文俊：《魏晋南朝官品与官资制度秩序研究》，高等教育出版社，2022 年，第 11 页。有关此问题的研究综述，可参看该书第 7 ～ 13 页，以及陈长琦《官品的起源》一书第 222 ～ 228 页。

② 陈长琦：《官品的起源》，第 222 ～ 223 页。

③〔宋〕岳珂：《愧郯录》卷七《官品名意之讹》，中华书局，2016 年，第 83 ～ 88 页。

④〔清〕俞樾：《茶香室四钞》卷一八，载《茶香室丛钞》，中华书局，1995 年，第 1768 ～ 1769 页。

非官品，并谓魏之官品乃后人之传讹，不为无见"[①]；陈长琦更是充分肯定了岳珂的发现，认为纵然岳珂的议论有相互矛盾之处，但他指出九品官人法下的"品"为人品而非官品的见解，"无疑是一个卓越的见解"。[②]

为拨开云雾，这里我们需要重点讨论一下《魏官品》。《魏官品》见于杜佑《通典》卷三六《职官十八》，被认为体现了曹魏官品的具体内容，其序列曹魏百官官品，列为九等，自黄钺大将军领其首，为第一品，至诸州郡防门殿其后，为第九品。如：

> 第一品，黄钺大将军、三公、诸国王公侯伯子男爵、大丞相。
>
> 第二品，诸四征、四镇、车骑、骠骑将军、诸大将军。
>
> 第三品，侍中，散骑常侍，中常侍，尚书令、左右仆射，尚书、中书监、令，秘书监，诸征、镇、安、平将军，光禄大夫，九卿，司隶校尉，京兆、河南尹，太子保、傅，大长秋，太子詹事，中领军，诸县侯爵，龙骧将军，征虏将军，辅国将军。
>
> …………

这里的九品，按照杜佑的观点，乃为官阶九品，所谓"周官九命，汉自中二千石至百石凡十六等，后汉自中二千石至斗食凡十三等，魏秩次多用汉制，更制九品"。[③]杜佑的观点得到很多学者的遵从，如阎步克就引述祝总斌的意见，以黄钺大将军等为例进行考证，认为"《魏官品》之制定，确实就应该推定在曹魏后期。进而史料还可提供更多证据，说明把《魏官品》确定在咸熙元年左右，是可资取信的"，"为了给夺权制造舆论，司马氏在魏末曾掀起了一个'制度创造'高潮。……《魏官品》就是在这个时候，由尚书仆射

① 杨向奎：《官阶九品考》，《史学杂志》创刊号，1942年。文章名印刷时误作《官阶考九考》。

② 陈长琦：《官品的起源》，第228页。

③〔唐〕杜佑：《通典》卷一九《职官一》，第481页。

裴秀等人着手制订的”，[①]并因此不同意陈长琦等人的观点。陈长琦回应指出，曹魏时期官品的产生与《通典·魏官品》的形成不是同一个概念，《通典》写作时，所参考的魏官品资料不一定只限于曹魏最初建立官品时期的官品，作者可以参考整个曹魏时期的官品文献，可以参考晋人所写的曹魏官品文献，可以叙述的是曹魏晚期的制度，因此，我们不能依黄钺大将军一职的产生作为曹魏官品产生的标志，不能以《通典·魏官品》所记载的黄钺大将军一职出现于魏末，作为否认曹魏初年官品存在的立论依据。[②]由此看来，问题的关键不在于《通典·魏官品》是不是曹魏初期制定的，也不在于其中的官品是不是官阶，而在于怎么定性陈群最初建立的九品官人法之下的“九品”。

我们知道，九品官人法创制之初衷，是为国家选官别开九品中正之一途。《魏书·崔亮传》载：“昔有中正，品其才第，上之尚书，尚书据状，量人授职。此乃与天下群贤共爵人也。”[③]《晋书·卫瓘传》有这样的评价：“魏氏承颠覆之运，起丧乱之后，人士流移，考详无地，故立九品之制，粗且为一时选用之本耳。其始造也，乡邑清议，不拘爵位，褒贬所加，足为劝励，犹有乡论余风。”[④]故元代学者马端临在《文献通考·选举一》“举士条”中说：“魏晋以来，虽立九品中正之法，然仕进之门，则与两汉一而已。或公府辟召，或郡国荐举，或由曹掾积累而升，或由世胄承袭而用，大率不外此三四途辙。”[⑤]唐长孺在《南北朝后期科举制度的萌芽》一文中认为，魏晋南北朝时期九品中正制只是保证清浊分流，但并不等于选举制度全部，各项选举必须依据中

---

① 阎步克：《品位与职位：秦汉魏晋南北朝官阶制度研究》，中华书局，2002 年，第 227 ～ 229、238 页。

② 陈长琦：《官品的起源》，第 230 ～ 231 页。

③ 〔北齐〕魏收：《魏书》卷六六《崔亮传》，中华书局，1974 年，第 1480 页。

④ 〔唐〕房玄龄等：《晋书》卷三六《卫瓘传》，第 1058 页。

⑤ 〔元〕马端临：《文献通考》卷二八《选举一》，中华书局，1986 年，第 269 页。

正品第，但出身授职还得通过各条入仕道路，如岁举、辟举、征召等，[①]实际上都把中正品第只作为其他入仕途径的基础和门槛，而将九品中正排除在入仕途径之外了，显然是不正确的。上引《晋书·卫瓘传》中说“人士流移，考详无地”，看来主要还是针对未在官而言的。

但正如前文已经揭示的，九品官人法的最厉害之处，其实并不在于别开九品中正选官一途，而在于用九品来对职官进行九等区分，确定每个职官需要何品的人来担任，并将之应用到对现职官员的考核监督和黜陟升降中。《三国志·魏书·常林传》注引《魏略》：“先时国家始制九品，各使诸郡选置中正，差叙自公卿以下，至于郎吏，功德材行所任。”其中的“差叙自公卿以下，至于郎吏，功德材行所任”[②]，即是以级差的方式，叙列担任公卿至于郎吏这些官职所需要的人品等级，也就是按等级序列公卿以下至于郎吏这些职位各自所需的资品要求。因此，官品不是区别官员职位高低贵贱的官阶，而是人的品，它是官职所需要的人才品第。“这个为职官所标注的品，被时人称之为官品，这就是官品的由来。……官品在本质上不是官职在官制系统中的位阶，不是官之品，而是担任该项官职的人之品。”[③]从逻辑推理，陈长琦指出，“应该是官职所需的人才九品区分在先，这一区分的目的是为官职规定合格的人选品级，有了官职的任职品级要求，才会产生人的等级品评。而从制度设计考虑，官职的九等区分与人的九等区分，应该是同步出台。从本质上讲，九品官人法，一开始就是讲‘官人’，是一种官员任用办法，而不是中正制度，不是一种简单的中正论人制度。官职的九等区分与人的九等区分同步

---

① 唐长孺：《南北朝后期科举制度的萌芽》，收入氏著：《魏晋南北朝史论丛续编》，生活·读书·新知三联书店，1959年，第124页。

② 〔晋〕陈寿撰，〔南朝宋〕裴松之注：《三国·魏书·常林传》注引《魏略·清介吉茂传》，第661页。

③ 陈长琦：《官品的起源》“前言”，第1～2页。

进行，才能保障九品官人法的运作”。[①]我们不敢说官职的九等区分与人的九等区分一定是同步进行的，但官职的九等区分一定是第一位的和在先的，而一旦完成了官职的九等区分设计，现职官员的九等区分也就会马上跟上，则无疑义，否则就违背了陈群制九品官人之法这个制度体系的初衷。

我们这里有必要对3则材料进行辨析，因为这3则材料被阎步克用来举证说明中正品与官品没有对应关系，也即资品与官品没有关系，并由此否定宫崎市定以来官品与中正品相差4级等观点。原文出自《齐职仪》：

> 第一则：每陵令一人，品第七，秩四百石，铜印墨绶，进贤一梁冠，绛朝服。旧用三品勋位，孝建三年改为二品。
>
> 第二则：太祝令，品第七，四百石，铜印墨绶，进贤一梁冠，绛朝服，用三品勋位。
>
> 第三则：（廪牺）令，品第七，秩四百石，铜印墨绶，进贤一梁冠，绛朝服，今用三品勋位。

阎步克指出，这3条材料以相当典型的格式，显示了官职、官品、禄秩、印绶、冠服以及中正品资格的完整规定，可以相信这就是王朝选簿之原貌。他说，假如朝廷曾把中正品与官品一级一级地对应起来，那么知道了官品也就知道了中正品，那还用得着在具体官职之后，再一一说明这官的中正品吗？[②]这个质问看似有理，但我们如果记得九品官人法乃是先对官职所需官才做出“官品”的规定，而“官品”的品级是对任职者“资品”的最低要求，“资品”的品级是“资品”所有者“官品”升迁的最高极限，则自然明了这3条材料中的“品第七”乃是对这个官职官才的最低要求，用几品勋位则是对这个官职所任用官员之资品的最低要求，两者都是最低，共同系于具体官职，是以具体职位为中心来规定所用人品的；而宫崎市定等讨论的官品与中正品

---

① 陈长琦：《官品的起源》，第232页。

② 阎步克：《品位与职位：秦汉魏晋南北朝官阶制度研究》，第340页。

相差4级等观点，乃是以人为中心来讨论资品与起家官品之间关系的，两者不是一回事。

阎步克等人极力否认官品与九品官人法相关，但一致认定其与朝位、爵命等有关。朝位是官员尊卑的重要标志。阎步克指出，魏晋官品与朝位非常相似：朝位的基本运用原则就是以“居前”和“居后”定尊卑，而魏晋官品也正是通过“居前”和“居后”来进一步区分同品官职的地位高低的，看上去这很像是对朝位的模拟。因此，从官品与朝班的渊源关系，“说明仅仅用九品官人法来解释魏晋官品的诞生，是很不够的”①。马端临在《文献通考》中曾言及，“盖官品之制，即周之所谓九命，汉之所谓禄石，皆所以辨高卑之等级，其法始于魏”。②阎步克认为，从史料看来，《周礼》的爵命之制是否直接影响了九品官品的制定，还不是特别清楚；但在运用官品的时候，爵命确实构成了一种辅助性的参照，《周礼》等书所载“九命”及诸侯、公、卿、大夫、士的等级阶梯，看上去与刚刚建立的官品制具有相似的形式。这种比照显示，官品的制定目的，就是要重新安排各级官员的地位礼遇，而不是为了与九品官人法相为表里。③

阎步克等人的辨析，看起来是对九品官人法之官品的否定，但恰恰是为九品官人法之官品由人品向官阶的转变作了绝好的辅证。我们知道，九品官人法是从官才的需要出发所进行的官职等级区分，其奉行的原则，是以官职所行使的职能在国家组织中的作用及其重要性来划分的。④那么，如何判断官职的重要性呢？当然是怎么也逃不出朝位、爵命与禄秩，而谁又能否认这三样与官员的“官才”有着密切的联系和高低相互对应的正向关系呢！因此，

① 阎步克：《品位与职位：秦汉魏晋南北朝官阶制度研究》，第250～251、255页。

② 〔元〕马端临：《文献通考》卷六七《职官二十一》，第610页。

③ 阎步克：《品位与职位：秦汉魏晋南北朝官阶制度研究》，第256、263页。

④ 陈长琦：《官品的起源》，第238页。

从九品官人法之制“九品”开始，“九品”本身所具有的等级区分，即隐含着官阶化倾向，隐含着与官职的结合。“因为官职越重要，其任职者的人品要求相应亦越高，越是重要的官职越是需要优秀的人才来担任。但在官品创立初期，它尚未考虑与官职的等级结合问题，因此出现了有些官员升官，而品却向下走的现象，即品与官阶的背离。这一背离，在实践中得到不断的调校，逐渐实现了品与官阶的结合。”①

陈长琦检索史料，发现九品官人法诞生初期官品的性质，文献中可以找到许多其并非官阶的证据，涉及西晋、南朝宋、南朝齐等不同时期，也可以找到许多说明官品与资品性质同一的证据，同样涉及西晋、南朝宋、南朝齐等不同时期。②这就为否定在南朝梁武帝天监改制之前存在官阶性质的官品提供了有力的证据。因此，至少从目前来看，陈长琦的以下观点是难以被推翻的：直到南朝梁武帝的天监改制，才带来了魏晋以来官品性质的一个转折。梁武帝直接为官品加注，将品与秩，即品与官员的等级待遇相结合，实现了官品性质的转化。北朝时期官品性质的转化始于北魏孝文帝的改革，孝文帝采用南朝的制度，将九品官人法中的品改造为官阶制度，同时，每品又分正、从，形成了18个等级的官品制度。官品由人品到官阶的性质转变，实现了汉唐间政治制度的一次重要变革，它进一步完善、明晰了古代官员的分级、分层管理制度，奠定了中古以后官员等级管理制度的基本模式。③

---

① 陈长琦：《官品的起源》，第258页。

② 陈长琦：《官品的起源》，第232～234、237～238页。

③ 陈长琦：《官品的起源》，第222页。

【第四部分】

会议综述

“中古中国制度·礼仪与精神生活”国际学术研讨会综述

李浩搏

由中国社会科学院学部主席团、中国社会科学院古代史研究所（中国历史研究院古代史研究所）主办，魏晋南北朝史研究室承办的“中古中国制度·礼仪与精神生活”国际学术研讨会于2021年8月21—22日在北京召开，参加会议的海内外学者计62人，包括来自美国、日本、韩国、德国地区的学者，会议提交论文51篇。本次研讨会主要议题包括“中古制度变迁与社会治理”“礼学·礼典·礼制的转型与重构”“中古时期的信仰实践与精神生活”和其他相关重要议题。

大会安排5位学者作主旨演讲：陈苏镇《汉儒对“王者”的角色期待和建构》说明了在汉儒心中，孔子“为汉改制”，“王者”形象由之前的“帝王+圣人”转变为“帝王+孔子”，而现实中在帝王无法承担“王者”角色的情况下，儒生又将“士大夫+孔子”视为“王者”的替身；韩建华《都兰热水墓群2018血渭一号墓考古发现与研究》报告了采用多学科合作方法发掘血渭一号墓的过程，确定了该墓墓主人是吐谷浑王，考古工作从墓室结构、随葬器物等方面进行了研究，重新认识了青海道在丝绸之路文化交流上的重要作用；仓本尚德《圣地化的理论——道宣的感应思想与四种三宝》讨论了道宣思想背景中极为重要的四种三宝理论，并在这种理论维度下，重新对与道宣感应思想有关的《释门归敬仪》《集神州三宝感通录》等著作进行解读；金锡佑《杜恕〈体论〉与杜预的春秋学》认为杜预学问与思想的形成受其父杜恕影响最大，杜恕《体论》礼本体论的渊源可以推定为《左传》，杜预对《左传》的解释继承了《体论》的叙述方法，也制定了追求《春秋》大义的传文主义之解释方法，并对杜预为出卖父亲的不孝子这一传统观点进行了商榷；宋馨《从草原引入北朝的新葬仪——双人单棺葬》考察了北魏平城时期开始的北朝单棺双人葬俗的墓葬特点，认为其来源于北方、西方草原地带，此葬俗跟随移民传播至平城，采取这种葬俗之人可能与军人武士身份有关。

本次大会提交的论文，按照论文主题分为“编户齐民与国家治理”“考古与都城”“礼制史”“政治制度”“宗教信仰”和“物质文化·知识史”等6个组。以下据分组为纲，对各组发表的论文内容进行概述。

中国古代之皇权能否并如何在基层实行是近年来中古史学术研究的热点，本次论坛有8篇论文以“编户齐民与国家治理”为主题：杨振红、尚宇昌《“乘舆”“舆地图”“舆田”与战国秦汉时期的天下国家观》通过对里耶秦简更名方等简牍材料的研究揭示“乘舆”一词在先秦时期尚无明显的身份属性，秦始皇统一中国后，始颁布诏令将“乘舆”改为皇帝专用称谓，这是受战国后期盛行的大一统天下国家观直接影响下的产物；侯旭东《东汉〈曹全碑〉“敦煌效谷人也”发微》借助《曹全碑》提示的籍贯信息，利用两汉敦煌地区出土的汉简，对曹氏生活与发展的效谷县的历史作出了重建和还原，并对当地儒学发展的途径进行了探索，对家族研究进行了更多角度的考察；张荣强《魏晋时期的吏户与吏籍》对吏户问题重新探讨，从吏户是否存在、吏户是否单独有户籍、吏户的义务身份地位等问题进行研究，与唐长孺、黎虎等前人成果进行了商榷；严耀中《关于中古“职田”的一些解读》考察了中古时期“职田”的性质和演变脉络，认为这是一种奖励功绩或存在大量闲田情况下的依官授田，并对职分田的共同特质和所有形式进行了研究；柿沼阳平《货币论在古代东亚的传播》认为下毛野虫麻吕对策的典据是《汉书·食货志》及鲁褒《钱神论》而非宋伯宜《对泉货》,《钱神论》传至日本的媒介是《艺文类聚》《修文殿御览》《华林遍略》中的某一部类书，其中部分内容受到傅巽《七诲》的影响，并认为《钱神论》（至少部分内容）在唐代初期传播到了东亚世界；胡鸿《跋洛阳出土西晋官奴婢砖铭》对2009年洛阳出土的25方西晋时期的官奴婢砖铭进行了录文整理和格式分析，并对从中发现的“奚官”之性质、职能进行剖析，进而讨论了砖铭中反映的奴婢族属问题；徐畅《再谈汉、吴简牍中的“长沙太守中部督邮书掾”》辨析了汉、吴简牍中“长沙太守（兼）中部督邮书掾”称谓的制度史内涵，回顾了东汉、三国吴初不同时段内长沙郡的督邮制度，分部督邮的设置情况；聂溦萌《刘宋太子监国有司仪注的释读、定性与六朝尚书省的政务运作》认为《宋书·礼志》和《通典》所记元嘉太子监国有司所奏仪注是从尚书省发出的各类文书程式的汇编，很可能是从尚书机构内部的运作章程脱胎而来，而《元嘉仪注》的文书程式反映了魏晋以后以尚书省为中心发展出的一套新政务处理机制。

出土文献、文物的研究和都城空间的研究一直是魏晋南北朝史研究的重要课题，本次论坛有9篇论文以“考古与都城”为主题：张学锋《江南最早的佛寺：建初寺——六朝建康城可视化研究的一个尝试》介绍了六朝佛寺空间研究的背景，并以建初寺为例，对宋元以后的南京地方志书及明清私人撰述和六朝与唐代文献中所记的寺址问题进行了考证，认为寺址的迁移情况是佛教在汉地传播发展的历史过程在空间上的体现；陈力《文学天文学中的“北”与秦汉魏晋时期的都城》认为夏商周和东周一些国家开始采用二十八星宿系统，在此基础上，春秋末至战国产生了一种与黄老思想关系很深的重视天极、帝星即“北”方位的天文学思想，这种思想影响了秦咸阳城至汉魏诸多都城的建造；小野响《西晋的单于——以元会仪礼中匈奴南单于的位置为中心》通过分析《咸宁仪注》中所记匈奴南单于在元会仪礼中的地位，论述了与匈奴民众相脱离的匈奴单于在西晋时已失去了夷狄君长的地位，认为夷狄在仪礼中的地位不是基于血统起源而是基于实际地位；夏炎《曹氏归义军时代的工程纪念碑与地方治理》认为敦煌石刻《常定政事楼厅记》《建常定楼记》两篇文章的性质与传世唐人所作“楼记”文类具有一定的相似性，二文实质上属于“借事颂德”类的石刻文本，碑文通过阅读-抄写的方式进行传播，起到了对曹氏德政形象宣传的作用；戴卫红《从出土冠、冠饰看新罗与中国、百济官品冠服制之关系》将十六国南北朝和新罗的冠服制进行对比，发现慕容鲜卑步摇冠与新罗金冠使用形态相近，新罗金铜冠和银冠上的“羽毛状”装饰是受高句丽影响的结果，新罗王及王室墓葬中的白桦皮制冠帽受到北方民族桦皮文化的影响；于溯《消失的碑林：〈桥玄庙碑〉与东汉乡里石刻景观》通过对《桥玄碑》的考察，认为汉碑时见创意的根本原因是其制作并没有严格的制度规定，其创造性体现在碑阳也体现在碑阴，体现在单碑制作方式上也体现在多碑组合方式上，尤其是世碑式碑林的空间组合方式上；刘凯《〈魏书〉“浇人”诏与公元535年前后的气候异常》认为北魏“浇人”是一种可能源于拓跋旧俗的以水撒人模拟降雨的祈雨方式，其背景是公元535年前后的全球性气候异常，此诏反映了拓跋鲜卑以原始习俗对抗气候变化的一种延续性尝试。

礼制史的研究一直是魏晋南北朝史研究的重要课题，本次论坛有7篇论文聚焦于此：金珍佑《孝的文明化的观点来看从汉代到魏晋时期孝的转变》归纳了魏晋时期孝的类型，认为其时王朝提倡的孝理念上减弱，佛教强调其特有的孝，孝文化传播至朝鲜半岛三国并被广为人知，并提倡了将孝长期形成和变化过程以文明化过程模型形式展现的研究思路；苏铉淑《梁武帝和隋文帝的塔像礼仪和佛教的教化政治》发现梁武帝和隋文帝重视塔像佛教礼仪中的“感应”现象，并对礼仪中“忏悔、受戒、感应和灭罪”的过程进行分析，进而探明此塔像礼仪教化民众的政治性质；郭善兵《以礼御灾：魏晋南北朝时期自然灾害爆发前后的国家礼制应对》认为魏晋南北朝统治者面对频发之自然灾害，在因循古礼的基础上又因时制宜，制定、完善、实施了一系列防灾、减灾、赈灾和灾后重建的礼仪制度，这些制度虽有诸多弊端，但也在一定程度上提升了国家的治理能力、减轻了灾情的祸害程度；顾涛《寓因革以法理——〈通典〉对郊天之祭的再建构》对《通典·礼典》的价值进行了重新评估，认为《礼典》性质不是类书，并以《礼典》“郊天”部分为例，认为《礼典》相较于《大唐开元礼》在项目裁制、仪注归并、增补自注等方面都创造了新的编修体例，并且蕴含了汉唐礼制由郊五畤到郊泰畤再到京城南郊转型的主动脉；赵永磊《北周蜡祭的构建理路再探》认为北周祭祀新制主要依托《周礼》及郑玄注，改定五郊迎气礼以及创建蜡祭，北周吉礼并非北周新创，而是多因仍卢辩等人所定西魏旧礼，北周蜡祭反映出其天下观以九州为基本范畴，折射出强烈的华夏正统观念；牛敬飞《祭则司马：东晋的郊祀与政治》认为在君弱臣强的政治常态下，东晋为伸张皇权逐渐形成了重视皇帝亲郊的传统，东晋诸帝皆力行亲郊，这样的政局激活了郊祀、明堂诸礼的象征功能，使得郑玄之学也开始崭露头角，东晋郊祀礼由此发展出自身特色，成为汉魏与南朝郊祀礼之间的重要枢纽；杨英《统孝于忠：西晋〈新礼〉对汉魏服丧制度的调整》对西晋《新礼》进行研究，认为其调整了汉魏以来不规范的丧服服叙制度，确立了跟晋代五等爵制和官制相匹配的服丧原则和具体细节，确立了私人关系不能干扰官僚制的等级制度，这些调整重新建立了丧服服叙所体现的政治秩序和伦理秩序。

本次论坛有7篇论文以“政治制度史”为主题：汤勤福《秦汉之后邻里关系与礼仪教化》对秦汉至唐宋的邻里关系分时段进行了考察，认为古代中国的邻里关系变化受到经济条件、政治状况的制约，与礼仪教化和士大夫重视与否密不可分；徐冲《“碑禁”与魏晋时代的石碑文化》认为“碑禁”的禁止对象并非“厚葬”而是“私立”，与东汉后期相比，作为纪念装置的石碑在曹魏西晋适用标准大幅提升，“碑禁”的出现应视为清流士人在掌握政治主导权之后，将自身所秉持的精英文化提升至王权层面进行再创造的结果；姚潇鸫《释“给亲信”——读魏晋南北朝史札记》对史料中经常出现的“给亲信”概念进行考察，认为魏晋南北朝时期“给亲信”的目的不是给予“护卫之吏”，而在于增加官员的俸禄，“给亲信”的主要目的是朝廷给予职位减少、俸禄微薄的年老官员以关怀和经济补偿，萧梁时“给亲信”最多便由于此；孙正军《官者何也：汉唐间官职认识变迁试析》就唐代前期正史官制书写叙述模式出现的从“官职为纲”转向“官署为纲”的变化着眼，认为这一变化的原因是时人对官、官制的认识，而非前人认为的汉唐以官署内部结构为代表的行政体制的变迁；张达志《唐景云二十四都督的学术考古》认为应从“都督”人的层面而非“都督府”机构的层面理解景云二十四都督，认为二十四都督只是借用遣使的都督之名，却并未开府设置实体性的机构都督府；李猛《南朝诸府僚佐及其演变——以皇弟皇子府参军为中心》认为宋齐开始以皇弟皇子府高阶参军兼中书通事舍人，舍人长期兼任，参军本官用以标识班资，梁以后推广了这种任官模式，且参军本官已有标识班资的散阶化趋势，而诸曹参军分文武使得南朝文武散官初具雏形；王安泰《从“境外”到“归附”——东晋南朝州制变化的另一面》认为东晋前期境外州的出现是因为东晋继承西晋政治遗产、力图恢复二十州的立国方针，之后随着境外州的败亡出现归附州的雏形，刘宋时归附州转化为册命周边势力的称谓，至迟在萧梁时期成为册命体系下的专属单位，是为唐代羁縻州的雏形。

本次论坛有8篇论文关注于宗教信仰史：南恺时《何承天对人与动物差别的认知》分别考察何承天与友人的4封信件来讨论其对动物的看法，发现何承天认为人与动物有情众生、由于仁义的存在人与动物有本质区别、儒家可以实行人道的狩猎、只需要观察动物便可知因果报应没有意义，并认为何承天对待动物的这种观点在儒家中具有代表性；章义和《疑伪经与佛教中国化》认为疑伪经的出现是中国佛教发展到一定历史阶段的产物，是伴随着佛经翻译而逐渐出现的一类典籍，它们是不同文化相摄相融的体现，更是佛教中国化过程中的产物；刘屹《石刻佛经事业在中国的兴起》认为研究佛教刻经事业的兴起，应考虑中国佛教何时开始形成与印度佛教不同观念与实践的问题而非“石经”何时出现问题，刻经事业是迥异于印度佛教传统的一种中国佛教自创的尊崇佛法、佛经的信仰实践，而雕版印刷佛经对于石刻佛经事业的最终走向可能有着巨大的冲击作用；孙英刚《中古政治史上的月光童子》认为中古史料常见的带有谶言性质的政治宗教符号“月光童子”本身并不重要，是由于他和佛教转轮王的信仰连在一起才变得重要，月光童子转世于中土为转轮王的预言，是转轮王信仰结合了中古时期中国本土具体情况，发展出来的一套适应中土政治要求的新说法；姜望来《名僧命运与佛教中国化：晋末宋初阐提佛性论争发微》认为道生与法显之论争，并非简单的非此即彼正误之争，而是外来之佛教在中土发展日趋深入，早已在天竺基本形成体系之佛经在中土不断译出的过程中，经典研讨与义理创新既互相依存促进，又各有其内在张力和有所矛盾之复杂关系之体现；孙齐《一座消失的石窟：河北宣务山石窟研究》对河北宣务山石窟的调查情况进行回顾，对其中造像记的时代、地域特征进行分析，对石窟的开凿史进行了研究；吕博《武后不死——升仙太子碑成立前后以及武周末年的宗教、政治转向》将树立升仙太子碑视作“事件”安置到武周末年的诸种史事序列中进行观察，认为诸种行为都证明武则天晚年存有不死幻想，试图借助多种宗教礼仪祈求长命，其由佛至道的信仰更替也预示着武周政局的转向；陈志远《师徒父子：中古时期僧尼服丧考》关注于佛教对中国本土孝道观念的适应，考察了中古孝道文化中僧人实践的丰富面向，对律疏、护教文献中的服丧制度进行探讨，并讨论了僧团模拟丧服体制下为父母师生制定的仪节。

本次论坛有7篇论文以“物质文化和知识史”为主题：阿部幸信《论南朝陵墓神门石兽像的阴阳表现》关注南朝皇帝与宗室陵墓神道左右两侧有翼神兽像角的数量和生殖器所反映的阴阳之别，发现现有两只角的右石兽代表阴，有一只角的左石兽代表阳，且区分雌雄的有角石兽的陵墓之墓主都是追尊皇帝；孔旭荣《礼崩乐坏时的外来乐器：魏晋咏物赋中的丝绸之路》分析了3世纪社会动荡雅乐受到破坏时，文人怎样接受由西域传来的多种乐器，论证了外来乐器和儒家仪式之间调和接受的过程；池田恭哉《典故的形成与其用法——以“分型同气”为例》对“分型同气”典故的形成、其后世的用法及接受情况进行考察，认为曹植《求自试表》将《吕氏春秋》中的“同气”“一体而两分”相结合，创造了表现亲子关系和兄弟关系两方面的“分形同气”，其在南北朝时期作为主张宗室关系团结和睦的典故被广泛使用，其后又与苏武的《诗四首·其一》（旧题苏武诗）相结合，进一步形成了《千字文》中的“同气连枝”；尚永琪《六朝时代知识格局中的经典文献》对十六国南北朝时期的诸多经典文献进行了介绍梳理，认为《水经注》《洛阳伽蓝记》《齐民要书》体现了北魏的时代关怀，《抱朴子内篇》《搜神记》《世说新语》展示了南朝的神仙世界与名士风度，《佛国记》《弘明集》《高僧传》等构筑了佛教传入后的新知格局，《昭明文选》《文心雕龙》是代表时代审美的经典；仇鹿鸣《“伪梁”与“后唐”：五代的正统竞争》论述了后唐灭梁后正统性认同转变的过程，后唐灭梁之初规定称梁为“伪”，至后晋时墓志中是否书“伪梁”只是书写习惯的沿袭，后周明确废除书“伪梁”的要求，宋初时“梁朝”与“后唐”取代“伪梁”与“中兴”，成为两朝的官方称呼；林昌丈《“濑”、“滩”之争：汉魏六朝“滩濑”景观地名的演变史》考察了汉魏六朝“濑”“滩”使用空间的变化过程，“濑”本指淮泗流域以南地区，但在南朝仅用于边缘地区，并借助楚辞传统意象化，其恶道面貌是南渡士人的景观建构，“滩”本用于黄河地区，后被永嘉南迁之人带到江淮以南地区，这体现了南北地域间的文化接触、碰撞和融合的漫长历史过程；陈爽《“秘画珍图”：敦煌绘本长卷P.2683〈瑞应图〉再探》从P.2683的物质形态观察入手，对其源自顾野王《符瑞图》的推断提出了若干新的佐证，认为顾野王的画家身份和《符瑞图》“秘画珍图”的特定属性，为确定P.2683母本提供了线索，《符瑞图》“益采图纬”的主要特征与P.2683中“旧图不载”的记述相互对应，成为两者渊源关系一个较为直接的证据。

在大会总结发言中，章义和教授祝贺了本次论坛的成功举办，对主办方给予高度评价，认为论坛具有贯通、深刻、前沿三大特点，并引用《中庸》中“致广大而尽精微，极高明而道中庸”一语与诸位学人共勉。

本次会议聚集了海内外研究魏晋南北朝史的学者，议题涉及范围广，新旧材料运用充分，宏观与精细研究并存，老问题新研究频现。现场讨论热烈，青年学者表现出了相当水平和活力，为魏晋南北朝史研究的长足发展奠定了良好基础。

“纪念唐长孺先生诞辰110周年学术座谈会”综述

刘芳君

2021年7月18日，“纪念唐长孺先生诞辰110周年学术座谈会”在武汉大学历史学院召开。来自北京大学、清华大学、复旦大学、浙江大学、南京大学等高校和中国魏晋南北朝史学会、中国唐史学会、中国元史学会等学术机构的近百位专家、学者出席了座谈会。

在开幕式上，武汉大学党委副书记赵雪梅教授代表主办单位致辞，总结了唐先生在学术研究、学科建设上的杰出成就。武汉大学人文社会科学研究院副院长陶军先生介绍了唐长孺先生的学术生平。随后胡德坤教授回顾了作为翻译陪同唐先生于1980年赴日讲学的经历。冯天瑜教授概述了唐先生在魏晋南北朝隋唐史研究、敦煌吐鲁番文书整理、北朝四史点校等诸多领域做出的杰出贡献，并讲述了其学术研究所受的唐先生的影响。

唐长孺先生的学术研究、治学方法、文献整理工作在中国古代史研究领域产生了深远影响。陈苏镇教授介绍了北京大学中国古代史研究中心与唐先生创办的中国三至九世纪研究所之间的密切学术交往，讲述了周一良、田余庆、张广达等史学家对唐先生在魏晋南北朝史研究领域学术成就的高度评价，并指出唐先生有善于以小见大、处理史料细致深入、文风朴实无华的鲜明学术风格，为魏晋南北朝隋唐史的长足进步奠定了基础。张国刚教授从现代学术转型的视角，评价唐先生的研究严谨扎实、观点高远，具有实证、新材料、新观点三重学术意义。楼劲教授评述了唐先生文史兼通、以微知著的研究特色与其在学科开拓、人才培养方面的卓越成就。荣新江先生从敦煌吐鲁番文书研究的角度上指出，唐先生以传统学术研究为根基从事敦煌文书研究，以《白衣天子试释》等论文推进了归义军史研究；唐先生亲自勘探阿斯塔纳与哈拉和卓两个墓地所出文书的史地问题，用近15年时间整理了《吐鲁番出土文书》，发掘了大量新材料，确立了吐鲁番文书整理、研究的规范；敦煌吐鲁番学科建设及学会更名，也离不开唐先生的贡献；在新材料处理上，唐先生强调制度的重要性，同时注重编年，以高昌郡行政制度等具体研究树立了学术典范。中国元史研究会会长、北京大学历史学系张帆教授表示，唐先生早年在辽金元史领域的研究具有超前的问题意识和观察视角，在金初皇位制度、社会关系、民族问题、制度渊源等方面的研究具有独到思考，也应当得到学界充分重视。中华书局副总编、古籍整理出版中心主任张继海先生简述了中华书局出版唐先生著作的历历往事，评述了唐先生对北朝四史和吐鲁番文书的整理工作，总结了唐先生将校勘与研究相结合的治学道路。

唐先生以追求进步、坚持学术的精神与淡泊名利、与人为善的品格，受到学界敬仰。葛剑雄教授讲述了唐先生与谭其骧先生的交谊，谈及1975年谭先生与唐先生赴新疆考察，当时交通困难、行车颠簸，唐先生到库车时已经右眼失明，但唐先生坚持考察工作，不顾自身安危，没有得到及时治疗。20世纪90年代唐先生经济困难，却拒绝了中华书局主动提出的稿费预支。

唐先生对魏晋南北朝史的学科建设做出了重要贡献。张学锋教授回顾了唐先生与日本京都大学宫崎市定、谷川道雄、砺波护等先生的学术交往，并提及中村圭尔、佐川英治等学者所受的影响，指出唐先生和日本京都学派在“趋旧转新”的现代历史学科发展及中日学界交流合作方面的巨大成就。中国唐史学会前会长、陕西师范大学历史文化学院杜文玉教授介绍了唐先生作为首任会长对唐史学会的创建和发展做出的巨大贡献。湖北省博物馆馆长、湖北省文物考古研究所所长方勤先生介绍了唐先生在湖北省考古学会创立与武汉大学考古学系创建中的重要作用。

唐先生向来注重人才培养。华中师范大学历史文化学院熊铁基教授展示了唐先生的书信，深情朗读了唐先生在信上的教诲："学问之道不可急躁，持之以衡，可小快进行……学问之道无穷，解决问题首先是善于发现问题。"并回忆了唐先生为其悉心修改论文的故事。武汉大学历史学院杨德炳教授谈到，唐先生因材施教、耐心引导，从阅读古文到论文写作，逐渐培养学生的学术素养和研究信心。陕西历史博物馆研究员王世平先生讲述了唐先生在学习方法、选题思路、论文写作上的细致指导。

故宫博物院古文献研究所所长王素先生介绍了唐长孺先生读书笔记整理项目的缘起和进展，举例展示了整理工作中的重要发现。

湖北省博物馆唐刚卯研究员作为家属代表，对与会学者的出席与发言表示感谢，并祝愿武汉大学历史学院暨中国三至九世纪研究所能够继往开来，取得新的成就。

座谈会缅怀了唐长孺先生在史学研究、古籍整理、学科建设、人才培养等方面的卓越贡献，也追思了先生的学术精神和道德品格，展望了中国中古史的发展。武汉大学历史学院院长刘安志教授在会议总结上表示，后辈学人不仅应该研习唐先生的学术成果，更应该传承他许多的学术精神。这次座谈会重温了唐先生的学术成就与学者风范，必将激发定唐先生创办的中国三至九世纪研究所及广大中古史学者继承学术事业、推进学科发展的意志与信心。

【第五部分】

书评

探寻中国历史自身的发展逻辑
——严耀中著《在分分合合中前行》读后

楼　劲

魏晋南北朝史上继秦汉下开隋唐，标记、牵动着其前后历史的走向，从这个意义上说，这段历史不仅动荡纷繁，各族各地区发展波澜壮阔，而且是习惯上所谓中古史的枢纽，对整部中国历史有着至为深远的影响。这大概也就是陈寅恪、唐长孺、王仲荦、何兹全、田余庆诸先生虽史学道路各有不同，而均久久驻足于魏晋南北朝史并获得重大代表性成果的根由所在。职此之由，近百年来中国魏晋南北朝史的研究框架，实已屡经大匠擘画雕琢，至为精审又上下左右贯通，大量命题和线索均牵一发而动全身，可谓架构坚实而恢宏开阔，在各断代史中无出其右。

但也正如所有伟大的研究框架那样，经过几代学者踵事增华，其中大量问题业已近乎史界常识，不少领域几乎题无剩义以后，当年其勇猛精进的开拓性质不免消褪殆尽，限制束缚的一面遂相形突出起来，也就势必要随岁月淘洗而变迁、突破，其以往的伟大则当更增其突破之价值。顷获严耀中先生通论魏晋南北朝史的新著，题为《在分分合合中前行》(《印象·中国历史》之魏晋南北朝卷，人民教育出版社，2021年，以下简称“严著”)，全书以首章勾勒两汉走向，第二、三、四章叙说三国鼎立至西晋的统一和崩溃，第五、六章和第七、八章分论东晋南朝与十六国北朝兴衰治乱，末以第九章论魏晋南北朝哲学、文学与宗教之璀璨多姿。通读之际，不免比对吕思勉、王仲荦等先生之魏晋南北朝史著述，以及几部海外学者所著中国史的魏晋南北朝卷，深感严著在前人基础上多有进展，并且体现了近年来中古史研究转折发展的重要趋势，其中尤值注意的有以下方面：

一是致力于探寻中国历史自身的发展逻辑。严著把本书题为“在分分合合中前行”，非但以此为这段历史的至深印象，更是以古人对这段历史的概括为讨论的起点，明确其从属于中国分裂与统一，从属于秦汉王朝向隋唐王朝的演变过程。这样点题和定位，先就明确了全书落脚于中国历史本身来重新审视各派所说，再次建构其果之因的取向，所反映的是近年来中古史研究最为意味深长的一种转折。

20世纪中国现代史学形成以来重新建构的各部通史和断代史，从基点到参照系，再到研究的问题和资料序列，几乎都是重起炉灶，按并非基于中国历史的理论、方法和概念体系搭建起来。这在当时无疑有其必要，弄清历史的伟力蕴于大众，确定文化赓续、演进的真义，认识经济活动的基础作用，围绕于此构筑历史的要素及其相互关系，对于总结灾难深重的过去，开辟跻身于世界强国之林的未来，确有明快切用之效，相比于传统史学亦堪称石破天惊的革命。而欣喜于这一进步与飞跃，激动于揭示这类新历史的新史学，则不免会要解剖旧史学笔下的旧历史，重新看待其诸多构件，所谓取其精华，去其糟粕，也就肢解了所以构成中国史基干的王朝体系及其治乱兴衰机理。即就魏晋南北朝史研究而言，从基于社会形态理论的“魏晋封建说”，到类比西欧中世纪史的“贵族制社会论”，两者皆属同期各家最为厌恶教条而注重特色的代表，也均推进了对这段历史不少重大问题的认识，却多少仍属理论先导而标签在前，也都一直面临着其究竟是否贴合魏晋南北朝史实际的大量质疑，迄今则已颓势毕现，事实上也已经历了诸多修正和重构。

因此，借鉴外来理论和方法固属研究中国历史之必要，却终究还须从中国历史本身出发来讨论问题，才能获得贴合历史实际也真正具有现实意义的认识和结论。由此再看严著在秦汉逐渐酿成的问题中诠释天下大乱和群雄割据局面的到来，在三国鼎立及至西晋的统一和崩溃中阐其进展、趋势，再分东晋南朝、十六国北朝两支论其各有特点的态势，以及其以北统南而南绪绵长的走向，亦正表明前述其点题和定位，是因为非从秦汉、魏晋南北朝和隋唐王朝递嬗演进的轨迹，即无从言其分分合合；非从这个包含了经济、社会、制度、政治、思想、文化诸多头绪的基本事实出发，即难以实事求是地探寻这段历史自身的发展逻辑。

二是尊重和兼容中国古人对于自身历史的思考。在严著各章对分分合合现象和缘由的讨论，也包括社会结构、观念形态和民族关系分合之况的讨论中，时而可见“人谋与天算”“天道人情”之类的标题，更多对古人认识的通达诠释。这种兼综新史学和旧史学之长的叙说，可谓严著体现近年以来中国史研究趋势的又一特色，认真对待和充分汲取作为关键“在场者”的古人之见，实为探寻中国历史自身发展逻辑的应有之义。

在近代以来一系列内忧外患冲击下，中国现代史学自20世纪初形成时即有的鲜明个性之一，是对传统史学几持全盘否定态度。在“断烂朝报”和“帝王将相家谱”一类诋斥中，自《春秋》《左传》到司马迁、司马光等史家的凝聚心血智慧之作，在大部分现代史家那里，全都成了一堆可供重新摘录和排列组合的“史料”，即便撷取其中吉光片羽，也无非一鳞半爪而学脉已失。但也正如整部现代史到处都在证明的那样，问题不在于以现代需要、现代理论和方法来研究历史，而是在于如此研究之时是否可以傲慢到无视、抛弃前人对于自身历史的思考。更何况，从《史记》“八书”到《汉书》“十志”，再到“三通”“十通”及其他各种文献，事实表明中国古人绝非不重视今人视为历史锁钥的经济、文化或制度等要素，而是也像今人一样有其关注这些历史要素的特定方式，内中正蕴含着中国历史自身的问题与逻辑。仅仅将之视为“史料”，不去注意其总体传递的历史总结和经验教训，适足以障蔽真理而非发扬真理，这也是现代中国史学迄今仍处幼稚阶段的突出标志。

当然这种状态一段时期以来已在改善，严著在这一点上显得相当突出。如其以“天道、人情”概括西晋统一和灭亡的原因，一方面着眼于南、北分野及其历史地形成的经济社会发展差异，另一方面则强调了司马氏以标榜名教立国，然其篡魏和施政又多败坏了儒家伦理的意识形态危机（第83～85页）。这显然是综其要者而论当时之可能与现实、基本国情大势和为政治理之要，同时也取鉴了陆机《辨亡论》、干宝《晋纪总论》等对三国鼎立和西晋治乱的讨论，继承和发展了当时有识与史家“达经国之长规、审存亡之至数”，既重大势格局、为政举措，又尤重世道人心、见微知著的观点。书中类此的讨论可谓比比皆是，均体现了富于现代理性而又兼容古人思考的努力。

三是审慎取择的研究视角与讨论重心。既然要探寻中国历史自身的发展逻辑，要兼综现代理论、方法和中国传统史学对魏晋南北朝史的看法，就势必要在前人研究的基础上再作裁择。与以往的魏晋南北朝史著述相比，严著以魏晋以来政治上的分裂和统一为主轴，辅以社会结构、思想观念、胡汉关系等方面的分合线索，由此说明秦汉何以走向隋唐的内在脉络，反映了近年来魏晋南北朝史研究尤为关注的问题，也体现了严著对以往各家研究重点和成果的审慎取舍。

纵观近百年来几种主要的魏晋南北朝史著述，着眼于种族文化者多论氏姓、族群、集团、地域、汉化、胡化，关注社会形态者则重生产方式、土地制度、阶级阶层、人身依附、上层建筑，由此构成其书的基本内容特色。其他如从“贵族制社会”或从“中华之崩坏与扩大”来观察和思考魏晋南北朝史的，其内容特色亦随之而变。这类视角均所来有自且深切著明，其结合实际开辟阐论的，也确实都是魏晋南北朝史的重大问题，故皆极大地推进了研究前沿。不过当年其奠基者们的研究即不限于此，他们深知不同视角所向对象皆会重叠，任何观点都只能切中历史一隅，因而也都在不断尝试变换视角和取鉴各家之说，以进一步拓展自身的认识。这里尤其需要提到吕思勉先生所著的《两晋南北朝史》，其书上册述西晋治乱至隋南北统一和此期的四夷情形，其间多采《元经》《晋书》《南史》《北史》《资治通鉴》的相关观点而发展之，可谓集传统史学这段历史研究之大成；下册则据新史学观点阐论此期的社会组织、等级、生计、实业、政制、学术、宗教，深受当年社会史讨论的影响而又综采各家之说。这种力图将古今中外的历史观察冶于一炉的努力，适足以见继承之所以为发展之理，也是近年来魏晋南北朝史研究重要的发展方向。

正是由此观之，严著紧扣“分分合合中前行”的主题，把自己对魏晋南北朝史的考察集中于各家均所关心的政治领域的王朝递嬗和治乱兴衰，再重点选择社会领域的人口、坞壁、门阀问题，思想领域的玄学、儒学和相互关系，民族关系领域的胡化、汉化及其波折，综合讨论这些领域的分化发展和重组整合态势，着力揭示其与秦汉、魏晋南北朝向隋唐史演进的关联，可谓裁量审慎而识断独到。全书相对略过前贤所论已甚精详的部分，也不仅是通论性断代史著述的一种叙述策略，而是据全书大旨并在消化吕思勉先生所论的基础上有所推进，允为近年来魏晋南北朝史研究变换视角，在综合以往各家中推进研究的重要成果。

四是在最具基础性的史实认识上多有贡献。限于删繁就简的体裁和篇幅，严著通篇少有具体论证，大量取鉴了较为成熟可靠的前人研究成果，但也还是在不少史实上提供了新见。如对魏晋之际8人被害之事的合并考述（第77～82页），对门阀出现之必然性和积极作用的阐述（第106～113页），对南朝禅代所示规律的讨论（第120～123页），对十六国时期“大单于”之号及胡汉分治体制的分析（第192～195页）等，均不失为关键史实的认识推进或更新，其背后均有作者多年研究为其支撑。因而本书不仅理据通透而富于启迪，也更新了不少史实的认识而使所述坚实可信。这也是其颇值推许之处，同时又是魏晋南北朝史研究在活跃趋新中始终重视实证传统的体现。

经过几代学者的不懈努力，尤其是改革开放以来的学术进步，今天的魏晋南北朝史研究较之以往有了长足发展，除了新资料、新领域、新问题、新方法不断拓展，对诸多方面史实的清理、开掘、辨识、补正，更极大地丰富了今人关于这段历史的知识，为进一步推进研究提供了更为坚实广阔的基础。以史实认识为探讨辨析之本，以历史知识的有效增长为衡量研究发展的基本标准，越是面临更为异质多样的研究对象，越是骋心运思、广泛借鉴、探索创新，就越是讲求和强调实证之要，这是前辈学者所启魏晋南北朝史研究传统的根砥，也是其研究成果在各断代史中素以思想活跃、新论迭出又笃实切要和以影响深远而著称的关键所在。无论时代、形势和条件如何变化，弘扬这一优秀传统，始终追求真正经得起时间考验的成果，魏晋南北朝史研究同仁对此尤当自觉而坚定。

因此，严著在史实认识上基于自身平素研究的诸多深入之见，对于同行研究实有恒久的学术价值。除了上面点到的，笔者尤其钦许其书首节“尊崇儒术带来的利与弊”，此节的安排和叙说旨在把整部魏晋南北朝史置于汉武帝独尊儒术以来的历史前提之下，从由此形成的政治和社会格局及其所生问题和得失来诠释魏晋以来的一系列历史现象。这是赋史实以新的内涵和意义，又典型地体现了杰出的史识和史才。全书对魏晋南北朝文化的讨论也多有卓见，其中处处闪烁的思想之光，浓缩了作者这20多年倾力研究宗教和思想文化问题的心得，同样不仅更新了对相关史实的认识，也实事求是地诠解了观念的能动作用及其与社会基础的相互关系。

以更为切实、开阔和深入的实证探寻中国历史自身的发展逻辑，应是中国史学今后一段时期的基本任务和趋势，各断代史研究尤当先著其鞭。严著在上列方面的探讨阐论，可许为魏晋南北朝断代史著在此进程中的阶段性成果。自20世纪以来，如何继承、发展传统史学关于魏晋南北朝治乱兴衰的叙说，如何将之与现代史学按社会科学方法梳理的发展线索相整合，虽经多种尝试而仍任重道远。吕思勉先生《两晋南北朝史》以上、下册对之并存分叙，王仲荦先生《魏晋南北朝史》力图以“魏晋封建说”贯穿其间，均为后人提供了进一步完善、开拓的课题。严著在这方面所作尝试，也同样留下了一些问题。

如严著首章大旨是要勾勒两汉态势，明确整部魏晋南北朝史的历史前提。正其如此，尤其需要明确这些态势皆与秦汉时期王朝体制的建立、巩固及其所获成功直接相关。如豪门士族开始露头，总体上是以儒学传家者易于世代官宦，遂使各种社会资源亦易聚于其家的结果，迨其开始为自身利益和所秉道义发声吐气，初亦相对游离于皇权，遂为东汉后期的士人清议。这样的进程与当时出现的诸多现象，从外戚、宦官之争到“党锢之祸”，再到黄巾教徒起事，地方势力崛起，以及民族矛盾逐渐激化，其实均可归为专制皇权官僚体制和独尊儒术的意识形态在解决战国以来长期积存的问题，形成政治、社会新格局时产生的新问题。在此基础上阐解魏晋以来士族门阀、土地制度、民族关系等一系列重大问题愈形严重到逐渐消弭的轨迹，诠释王朝的兴替治乱、分分合合，或能更加透彻和切合作者大旨，也更有助于探寻中国历史自身的发展逻辑。而严著首章虽已指出“尊崇儒术带来的利与弊”，业已敏锐地看到一系列问题正是从两汉得失中演来，却终究未能点明其间要害。由此再加延伸，严著对大致萌生于汉魏而终结于唐初的中古史诸大事节目，予以正面讨论的有门阀士族、土地制度、民族关系、玄学与儒学关系四端，提到并研判的还有文学、宗教等多个方面的事态。这都服务于全书要旨及展开的结构，也体现了作者熟谙魏晋南北朝史各领域的深厚功力，但在分疏诸事发展过程的同时，还是缺少从中跳出来统驭这些事态而得以进一步阐明魏晋南北朝史“在分分合合中前行”的讨论，这也令人遗憾其诸事已备而大音希声。

以上所述只是笔者愚管所及，必不如本书作者之筹度切身而周详。但秉持学术公义，又因多年学谊不容藏拙，故敢陈之于此以备作者及读者批判。笔者一向认为，秦汉时期汉文化开始形成，可以说是此前全部中国历史的一个总结；而隋唐以来经济社会、政治体制、民族关系、思想文化等各领域的发展，又可视为现代中国诸多事态的近源。因而直接演绎出两汉至隋唐历史走向的魏晋南北朝时期的历史，对中华民族和中国发展来说可谓生死攸关。秦汉何以走向隋唐？为什么不是由此变为南北多个分立之国，而是重归统一，迎来一个更为开放恢宏的时代，又因这一新局面而生出大量前所未有的新问题？这都需要从对魏晋南北朝史的探寻中寻找答案，又格外衬出了严著所揭“在分分合合中前行”之题，确实值得学界同仁各骋所长，持续进行研究和讨论。

向社会领域探索的六朝贵族制
——读《六朝贵族制社会研究》

刘庆昭

《六朝贵族制社会研究》作为日本京都学派第三代学者川胜义雄的代表著作，其中对“豪族共同体论”及乡论主义的创见性看法，不仅激起了日本学界关于六朝贵族制的论战，亦成为战后相关研究的一大特征。川胜义雄在代表意识形态的“六朝贵族制”一词后加入“社会”二字，反映出其研究跳脱出前代集中于统治阶级研究的状态，而下移至基层社会，关注六朝贵族制形成发展的社会基础这一创新和发展，充实了六朝贵族制的研究，意义重大。虽然其所立足的根基——“贵族制”，实际上缺乏合理性，对社会领域的研究仍潜移默化地受到政治史研究视角的影响，其一直强调的乡论也在第三编贵族制衰落这一部分出现了缺位的情况，但其对于彼时社会的整体性把握和对乡论的关注仍旧对后续研究有着重大意义，值得我们关注。

一、作者简介及学术史回顾

本书作者为日本著名魏晋南朝史学者、京都学派第三代代表人物川胜义雄（1922—1984）。川胜义雄就读于京都大学，毕业后便进入京都大学人文科学研究所工作，直至去世。其与谷川道雄共同提倡的“豪族共同体论”在二十世纪六七十年代对日本的中国史学界产生了巨大影响，他对六朝贵族制成立原因以及乡论、豪族共同体等方面的见解在学界引起轰动，成为日本“贵族制”论战的开端。由此可见，川胜义雄在魏晋南朝史研究方面的创见和影响力不容小觑。其著作《六朝贵族制社会研究》《魏晋南北朝》《中国人的历史意识》中译本均已出版，以《六朝贵族制社会研究》为代表，在中国学界亦有一席之地。

川胜义雄大部分的学术生涯都在京都大学度过，其思想观念也深受以内藤湖南为代表的京都学派的影响。他也曾在本书的序中表明：“对我的研究思路产生巨大影响的，是由内藤湖南开创，在宫崎市定、宇都宫清吉等诸位先生的继承下发展起来的所谓京都学派。……内藤湖南开创的京都学派及其理论是我主要依据的对象。”[①]可见，若想对川胜义雄及其著作《六朝贵族制社会研究》有更加深入的了解，势必要将其放在京都学派及六朝贵族制研究的学术脉络下予以讨论。由于中日两国的研究方法与观念差异，笔者将两国对六朝贵族制的研究脉络分而述之。

首先便是该书作者信奉的、对该书撰写起到理论支撑意义的日本贵族制研究，它以内藤湖南为代表的京都学派为核心力量。内藤湖南的京都学派以主张“唐宋变革论”为中心，所涉及的中国史时代分期问题将中国古代分为上古、中世、近世三部分，而东汉末至西晋正处于上古至中世的转折过渡时期，六朝至唐代中叶为中世，特征是贵族政治繁盛的时代。因此对六朝贵族制的研究，是“唐宋变革论”中至关重要的内容，它是否存在、性质为何，直接关系到这一理论成立与否。可以说，六朝贵族制的研究作为这个体系里

---

① ［日］川胜义雄著，李济沧、徐谷芃译：《六朝贵族制社会研究》“序”，上海古籍出版社，2018 年，第 2 ～ 3 页。

的核心理论，是支撑整个理论体系框架的支点。[①]因此，日本学界就六朝贵族制这一论题进行了数十年的讨论，甚至引起论战，其学术脉络及观点发展值得探讨。

如上所述，六朝贵族制研究的开创者为内藤湖南。这一观念始见于他于1910年发表的《概括的唐宋时代观》一文，其中提出“六朝至唐中叶，是贵族政治最盛的时代”[②]。他认为，中国中世在政治领域的特征，便是贵族政治鼎盛。当时地方上名门望族世代延续，同等级门第间相互通婚，独占政治权力，而天子则只作为贵族代表，无法独占权力。用贵族家世门第的永续性这一特点来说明贵族门第凌驾于天子之上。[③]这一论断成为日本贵族制研究的源头，在此之后便蓬勃发展开来。但值得注意的一点是，彼时的贵族制话题仅仅作为其中世研究的一部分出现，且从研究视角上主要从学问、伦理、礼仪的角度寻求门阀贵族出现的原因，是一种文化史观。[④]后续的冈崎文夫作为内藤湖南的早期弟子，以其《魏晋南北朝通史》等著述对内藤湖南的观念进行了继承，并关注到士族的“历时性”特征，将其进行文武的分类，在贵族家族门第方面对内藤湖南的理论进行了延伸。此为战前第一代学者的研究和发现。

京都学派的第二代，主要活跃于战前战后之间这段时期，以宫川尚志、宫崎市定、宇都宫清吉为代表。宫川尚志通过实证性研究，取得了开创性的进展。在其著作《六朝史研究·政治社会篇》中，从文官制度上赋予六朝时

① 关益：《日本对六朝贵族制的研究和论战》，湖南师范大学硕士学位论文，2014年，第1页。

② ［日］内藤湖南著，林晓光译：《东洋文化史研究》，复旦大学出版社，2016年，第103～112页。

③ 关益：《日本对六朝贵族制的研究和论战》，湖南师范大学硕士学位论文，2014年，第12页。

④ 林晓光：《比较视域下的回顾与批判——日本六朝贵族制研究平议》，《文史哲》2017年第5期，第22页。

代的一个理念，在于“私”的一面覆压在“公”的一面之上，与“公”的一面并存的倾向。[①]他从内藤所论贵族相对于君主的独立性中拈出一“私”字，并将视野扩展到了六朝的各种面向。[②]宫崎市定的研究则带领贵族制研究走向成熟。他从土地形态、生产关系、经济发展等方面补充了过于偏重文化史的内藤学说，从而使得内藤历史分期法真正成为一种周密全面的历史关照。[③]同时，他对九品官人法与贵族化的关联进行了深入研究。从其代表著作《九品官人法的研究——科举前史》可以看出，在宫崎市定看来，以州中正制度的形成作为契机，使得从最初便带有贵族色彩的九品官人法更进一步贵族化。[④]宫崎市定首次提出六朝时期人品是任官的前提与官位等级的衡量标准，这与川胜义雄对“乡论”与贵族形成的强调一脉相承。宇都宫清吉的研究则强调贵族的自律性，并为后续豪族共同体观念的提出奠定基础。这种观念的提出意在反驳历研派[⑤]对皇帝统治的强调，从而不再局限于统治阶层，而向下至基层民众视角寻求贵族制的力证。总的来说，第二代，即战前战后阶段的贵族制研究已经从文化史观延伸开来，着重于政治史的研究，并在与历研派的论战中拓宽研究视角，为第三代的研究奠定基础。

及至战后，贵族制研究的一大特征便是以谷川道雄、川胜义雄提倡的“豪族共同体论”与矢野主税“寄生官僚论”之间的论战，本质上说仍是贵族制与皇权政治争论的一种延伸。所谓“豪族共同体论”，便是部分文人豪族

---

① ［日］宫川尚志：《六朝史研究·政治社会篇》，东京：日本学术振兴会，1956年，第586页。

② 林晓光：《比较视域下的回顾与批判——日本六朝贵族制研究平议》，《文史哲》2017年第5期，第23页。

③ 林晓光：《比较视域下的回顾与批判——日本六朝贵族制研究平议》，《文史哲》2017年第5期，第24页。

④ ［日］川合安著，杨洪俊译：《日本的六朝贵族制研究》，《南京晓庄学院学报》2009年第1期，第22页。

⑤ 即日本的历史学研究会代表的中国史研究派别。

在与政府的不和、与其余豪族产生矛盾之时，出于共同的维护社会秩序、儒家国家观念的需求与以自耕农为代表的基层群体相结合，成为统一的共同体，一致对抗豪族的领主化倾向的社会现象。两人在上述研究中有着具体的分工，川胜义雄以魏晋南朝为主轴，上溯贵族制的母胎阶段——东汉时期，着重强调乡论对贵族制的重要作用。谷川道雄则主攻北朝史，探究隋唐帝国的形成机制，并关注士族的自立性。“豪族共同体论”这一观念实际上成为京都学派第三代学者的一大特征。从其讨论特征便可看出，第三代的京都学派学者已经将关注中心从朝廷与豪族下移至豪族与自耕农，豪族在彼时真正成为主要的关注对象，关注方向也不局限于统治阶层，而更多地下移至基层中来，关注社会本身。与其相对应的便是矢野主税的“寄生官僚论”。他与川胜义雄在贵族制社会成立缘由方面产生了分歧与争论，聚焦于贵族制的形成究竟在于自身还是皇权。在其著作《门阀社会成立史》中，矢野主税认为东汉清流人物的子孙在西晋几乎没有高官显贵，因此推断出西晋门阀贵族源于汉末至三国之间，出自与三国政权关系密切的士人，其权力来源于国家，对于国家具有寄生性，而非川胜义雄强调的乡论出身的东汉清流人物。这一战后思想频繁交锋的时期使得彼时对贵族制的研究达到顶峰，从各个角度全方位展开。

这一阶段过后，日本对六朝贵族制研究的热潮逐渐退却，相关研究减少，且更细致化。及至2010年左右，相关研究主要集中在皇帝权力问题上。主要围绕以下4个方面展开：继承、发展以往关于贵族以及对其控制方面的研究；分析与政治、制度有关的事实和现象，从中探求这一时代王权、国家的特质；通过中国史的相对化重建历史认识；通过史料批判以及新出资料研究，摸索魏晋南北朝史研究的新的可能性。[①]此时的学者也开始从简帛、墓葬、宗教等多方面领域侧面探寻贵族制的新视角，譬如渡边义浩《西晋“儒教国家”与

---

① ［日］户川贵行著，杨振红译：《2010年日本的魏晋南北朝史研究》，《中国史研究动态》2012年第6期，第67页。

贵族制》(汲古书院，2010年)，从与儒教思想的关系角度论述了国家贵族制的形成。[①]近年来的研究虽不比前代掀起巨大风浪，但亦从多样视角补充了贵族制内涵，不失为一种细节上的创新。

综上，基于唐宋变革论将中世定位为贵族制时代的基础上，日本学界对六朝贵族制的研究几十年来一直维持着相当的热度，在川胜义雄与矢野主税的论战之后，虽热度降下，但也一直在各个方向对其进行补充和创新。可以说，日本的六朝贵族制研究从内藤湖南时期的文化史观转向政治及多方面研究，从以统治阶级为重心转向对社会和豪族的关注，研究视角和方法不断充实发展。但或许出自其自身贵族制理论合理性的局限，从发展趋势上呈缓慢状态。

将视角转回国内，相对于日本学界，尤其京都学派对六朝贵族制的推崇，国内相关研究更应称作是对门阀士族的探寻。魏晋之际社会变革对中国历史的巨大影响，其各方面的转变自古以来便吸引名家驻足，亦取得相当辉煌的成就。对魏晋士族研究的起于20世纪30年代，杨筠如《九品中正与六朝门阀》一书最早系统地阐述六朝门阀形成与九品中正制度关系。杨联陞的论文《东汉的豪族》指出两晋南北朝门阀前身即汉代豪族，汉末党锢是清流豪族与宦官外戚等浊流豪族的斗争。这一论断亦得到川胜义雄的重视，并在书中多次予以讨论。20世纪40年代后，以谷霁光、王伊同为代表，其著作体现出对史料的熟练运用和极高的研究水准。[②]陈寅恪先生对魏晋统治阶层性质的分析更是影响深远，为后世所承袭。

及至改革开放以后，国内学界再次掀起研究热潮。唐长儒、田余庆、阎

① [日]户川贵行著，杨振红译：《2010年日本的魏晋南北朝史研究》，《中国史研究动态》2012年第6期，第67页。

② 仇鹿鸣：《魏晋之际的政治权力与家族网络》，上海古籍出版社，2015年，第11～12页。

步克等大家纷纷提出富有创见性观点。唐长儒对士族形成与魏晋时代的政治变化关系有着深入研究，其著作《魏晋南北朝史论丛》的诸多论述影响深远，亦为川胜义雄所引用、讨论。田余庆关于东晋门阀政治的深入研究，以及其著作《东晋门阀政治》中“门阀政治只是皇权政治在东晋百年间的变态”[①]这一观念对日本六朝贵族制的合理性是一有力质疑，其创见亦是后人值得效法的范本。近20年来，中古时期士族研究一直是学者关注的焦点，青年学者的著作亦不断涌现，如仇鹿鸣《魏晋之际的政治权力与家族网络》等优秀著作，但亦有质量不佳、基于旧有观念的重复劳动者，呈良莠不齐的状态。

由上可见，国内一直为魏晋南北朝士族政治的研究重镇，佳作频出，为世界所关注。但值得注意的是，国内对士族政治的观念不同于京都学派，前者多认为魏晋时期仍为皇权政治，并未出现完全凌驾于皇权之上的贵族政治，就此问题，笔者将在后文浅谈自己的想法。

二、主要内容

《六朝贵族制研究》作为川胜义雄30余年来的六朝贵族制相关论文的合集，聚合其多年来的研究心血与成就，以所研究的历史时段为序，分为3编，分别是“贵族制社会的形成”“朝向封建制的倾斜和贵族制”以及“贵族制社会的变质与崩溃”，即贵族制从形成、发展至衰亡的一系列过程。笔者将对其中内容进行简要介绍。

第一编“贵族制社会的形成”部分主要围绕贵族制的形成问题进行探讨。作者将重心聚焦在东汉末年的动荡社会，从社会与上层相结合的视角分析汉末清流势力与六朝贵族的关联，并将东汉末期的社会定位为豪族领主化倾向同与之对立的抵抗运动激烈冲突的时代，着重强调乡论的作用。在第一

① 田余庆：《东晋门阀政治》，北京大学出版社，1989年，第324～331页。

章“贵族政治的成立”中，作者从魏晋贵族系谱倒推出其中多为汉末清议之士，从而回溯汉末党锢时期清流浊流的结构。浊流包括外戚宦官集团及存在领土化发展倾向的部分豪族，他们借皇帝之名掌控实权，导致民不聊生。值此之际，知识分子、士大夫及豪族中的知识分子等群体在政治上依据共通的国家观“礼”及儒家国家理念，在人际交往上依靠共通的国家道德感情形成的广泛舆论和评判标准，通过这两大条件确立代表者，互相取得联络，[①]以此作为有联络有组织的统一体，进而形成清流势力。在汉末大混乱时期，虽有部分士大夫走向没落，但清流势力发展成的士大夫集团作为潜在势力仍旧彼此保持联络，并通过普遍的士大夫舆论继续效忠于新政权，以此得以延绵不绝。综上，作者得出魏晋贵族源于汉末清流势力、清流势力结构对其性质有着重要影响这一结论。

第二章“汉末的抵抗运动”，作者将逸民人士视作清流势力的外延，认为二者并无明显的区别。在豪族之间私斗、部分豪族与外戚宦官势力结合使得国家权力堕落成私人权力的背景下，进而出现的豪族的领主化倾向使得小农民没落、阶级分化加速，导致古老乡邑秩序分裂。豪族在面临儒家思想教养与领主化欲望的矛盾中分裂为两股势力，抵抗领主化、重建共同体秩序的共同目标驱使清流势力、逸民人士和黄巾（即农民阶层）结合起来，形成汉末的一系列抵抗运动。轰轰烈烈的抵抗运动抑制了中国向典型的领主型封建社会发展，促成了以士人阶级为基础的贵族制社会的成立。[②]

第三章“魏、西晋的贵族层与乡论”主要探讨3世纪亦即魏晋之际，华北贵族制社会的理想型是一种乡论环节的重层社会，同时也是建立在这种社会之上的社会体制。[③]汉末时期乡论对贤者、有德者，即志在重建乡邑共同秩序

① ［日］川胜义雄著，李济沧、徐谷芃译：《六朝贵族制社会研究》，第12页。
② ［日］川胜义雄著，李济沧、徐谷芃译：《六朝贵族制社会研究》，第40页。
③ ［日］川胜义雄著，李济沧、徐谷芃译：《六朝贵族制社会研究》，第43页。

的人的支持，本身就是制约豪族领主化倾向的重要原因。乡论以豪族为中心，存在一种重层结构，即从基层、郡到中央的3次乡论环节，其中最上层便达到了贵族社交界。九品中正制便是以乡论为前提、建立在这一结构之上的制度。但在实际运用中，出现了上层游离于基层之外独立运转的倾向，第三次乡论的中心集团利用这项制度操纵乡论，进行自我保护和自我扩大的再生产，从而使上层集团作为贵族相对固定下来，确立贵族制。

第四章“贵族制社会的成立”可以看作是对前三章的总结、深化和拓展。从基层角度看，东汉末期以里共同体为基础的华北乡村社会使豪族产生领主化倾向，小农则成为具有独立性的农民阶层，竭力维持共同体秩序。从清浊流对立的社会基础角度看，豪族之间的竞争使得其中一部分人倚靠外戚宦官的政府权力获得权势，而另一部分豪族为了与之抗衡，势必要走向相反的道路，因此选择与农民联合重建共同体。乡村社会的崩溃、士大夫的自我矛盾和构建共同体的需要使得东汉末年一系列动乱成为必然结果。同时，作者对社会制度九品中正制与户调式中课田的规定进行了分析，说明豪族共同体累积型的贵族制社会在国家形式上的表现。[①]

第二编“朝向封建制的倾斜与贵族制”提出魏晋时期广泛存在的主从关系反映出向封建制倾斜的现象，并探讨3世纪在华北成立的贵族制为何在江南地区得以再生。第一章“曹操军团的构成”分析了动乱时期自卫武力军团的结合结构，以曹操军团为例，是以民间武力集团为基础发展出来，即武装化的豪侠集团的复合体。其结合纽带是建立在任侠习俗式信义之上的主客关系，即质信关系，各个团体内上下关系以质信形式出现，从而形成一种离心分散性质的军团。任侠关系成为统一曹魏政权下华北社会的主轴。但这种关系本身具有独立性倾向，正是后来招致六朝时期陷入长期分裂状态的基本原因。

---

① 徐冲：《中古时代的历史书写与皇帝权力起源》，上海古籍出版社，2017年，第298页。

后面三章转而将重点聚焦在江南地区的原本社会条件及贵族制的形成上。第二章“孙吴政权与江南的开发领主制社会”，主要讲述江南3世纪于孙吴政权下确立的带有开发领主制倾向的军事政权。孙吴政权本身是以江北任侠无赖者集团为核心的军事势力来到江南后与江南土著豪族合作而建立起来的独立政权。在这一偏远地区，土著豪族和小农民均未成熟，加之在孙吴“世兵制”的世袭性私兵集团的制度下，以屯田为特征，形成了开发领主制社会。军团间的关系由人格主从关系支撑，显示出向封建领主制倾斜的特征。第三章“从孙吴政权的崩溃到江南贵族制”中指出，主从关系的中心人物——孙权之死，进一步引发了拥有世袭军团、驻屯于各地且有着开发领主一面的诸将军的独立倾向。与此同时，军团与政府对基层农民的压迫促使其四处逃亡，使得屯田体制开始走向瓦解，军政统治趋于崩溃。西晋末年，江南动荡，江南豪族希望通过拥立司马睿达到维持社会安定、掌控政权的目的。但由于江南地区自立农民的不成熟，以及与之相随的共同体追求的不足等基础条件，产生了江南豪族群连带性的不足，因此，北来亡命贵族通过先进的从上而下的乡论主义，成功在这一后进地区建立了贵族制统治。[①]第四章“东晋贵族制的确立过程——与军事基础的问题相关联”从军事角度分析了东晋贵族制的确立。东晋初期，北来贵族由于没有自身军事能力，主要通过依靠江南土著豪族的实力来作为军事基础，使其帮助自己平定江南。但在达成目的后，便用计各个压制，以形成一种走钢丝般危险的平衡策略。北来流民武装在王敦之乱中发挥巨大作用后，为政府所掌握，在长江下游建立了以乡论主义为秩序原理的贵族制统治。但这一统治实质上是建立在容忍陶侃于长江中游建立半独立势力圈的基础之上的。第五章“门生故吏关系”讲述六朝时期独特的门生故吏现象，认为门生故吏的主体是在身份上属于庶民阶层以上的自由民，形式的并非单方面的支配隶属关系，而是自由民之间的个人臣从关系。当时

---

① ［日］川胜义雄著，李济沧、徐谷芃译：《六朝贵族制社会研究》，第151页。

的社会是这些私人结合体积累而成的社会，它们阻止了王法的贯彻，为封建社会所特有。①

第三编“贵族制社会的变质与崩溃”讲述了进入南朝后的贵族制，在江南新兴阶级及货币经济的发展下，于6世纪侯景之乱之后走向崩溃的过程。第一章“刘宋政权的成立与寒门武人——从与贵族制的关联来看”中，讲述了自从寒门武人集团作为刘宋政权主要力量掌握军权后，贵族逐渐丧失了对军队的支配力。这一现象使得丧失军权的贵族更趋文弱化。同时，贵族制在制度上的完备和固定化，以及在彼时走向全盛阶段的现象，都是其失去活力、采取防御姿态的表现，亦反映出以贵族为中心的支配体制出现了某个方面的极大倒退。第二章“《世说新语》的编纂——元嘉之治的一个侧面”中，以《世说新语》这部记载了贵族社会繁荣的著作为社会侧面，反映彼时贵族的状态。作者通过分析《世说新语》“作者”刘义庆的文学水平、此书的评论风格、编者对刘宋政权的批判色彩及蔑视军人的倾向，推断此书当为刘义庆帐下文人所作。而这样一种以过去时代为优的反体制的倾向，正是从深处隐含着对过去辉煌时代的眷恋，影射大势已去、不为世所容的贵族现状。第三章“货币经济的进展与侯景之乱”从经济角度分析了为何6世纪中叶短短20年间，南朝贵族政治便由盛转衰。随着生产力的发展，货币经济进入上升阶段，但由于江南社会流通的通货总量有限，自刘宋时期起便出现了货币不足的现象，加之政府政策缺乏一致性，出现了货币二重构造的情况。这一局面加大了两极分化，商人阶级和土豪将帅阶层壮大，而贵族则因此丧失了实际的经济基础。第四章“南朝贵族制的崩溃”继上一章之后，详尽描述了货币经济发展对贵族造成的毁灭性打击。货币经济的发展使原本以自给自足为目的的贵族庄园为求盈利，不得不与商人合作进行商业活动，通过自己的经济特权进行交换，在经济上寄生于商人。同时，南朝的通货膨胀使仰赖俸禄为生的

① ［日］川胜义雄著，李济沧、徐谷芃译：《六朝贵族制社会研究》，第220页。

贵族陷入困顿之中。侯景之乱严重破坏了贵族的生存环境，不稳定的寄生关系、微薄的俸禄使得贵族走向崩溃。即使陈朝时期仍有贵族在朝中做官，但也仅是文化传统上的象征，不再掌控实权。六朝贵族制至此走向终点。

三、分析与思考：六朝贵族制研究于社会领域的开拓

从上述内容介绍可知，川胜义雄此书从社会层面系统性地阐述了六朝贵族制从形成到崩溃的全过程。从豪族矛盾、乡论作用及经济等多方面社会因素考察贵族制的变革，跳脱出以往京都学派集中于统治阶层的研究视角，真正将重心下移至基层，以豪族为中心，关心其在社会中的发展及其与百姓的关系。无论对京都学派的未来发展，还是对六朝贵族制相关研究，都意义重大。

通过第一部分对日本学界六朝贵族制研究的学术史回顾可知，从内藤湖南的文化史观，到以政治史研究为演变趋势，日本学界越来越倾向于从政治领域去分析或看待六朝贵族制。因此，及至川胜义雄所处的第三代，便急需通过从另一角度的分析来补足其他领域的空缺。川胜义雄及其好友谷川道雄便试图另辟蹊径，在历史发展中找寻出“豪族共同体”这一特征，真正使得学界的研究视角得到下移。所谓豪族共同体，便是部分文人豪族在与政府的不和、与其余豪族产生矛盾之时，出于共同的维护社会秩序、儒家国家观念的需求，与以自耕农为代表的基层群体相结合建立的统一共同体，进而一致对抗豪族领主化倾向。在二人看来，正是这一豪族共同体的力量，使得中世中国并未走向西方的封建制道路，转而形成了以文人为主要力量的贵族制。从某种程度上说，这也可以算作是对内藤湖南“唐宋变革论”在社会领域的证实。先不论其合理性或正确与否，正如林晓光先生所说，豪族共同体论的历史意义是揭示了阶级史观掩盖下的历史另一面，亦即豪族或贵族不仅仅在政治、经济上居于统治性的优位，在现实的共同体社会中，他们也必须成为

结构中发挥正面作用的一分子，才能维持此结构的稳定持续，从而保证自身的延续。[①]

在豪族共同体论的基础上，川胜义雄在该书中进一步探讨贵族能与基层百姓形成共同体的社会基础——乡论。从前两编中可以看出，川胜义雄对贵族制的形成和发展的论述中，不可或缺的便是乡论的作用。贵族制作为一种意识形态和制度，之所以能够与社会产生联系，且战胜领主化倾向脱颖而出，是因为乡论的存在意义重大。文人豪族之所以能够与代表国家势力的外戚宦官及其他豪族势力对抗，人数庞大、把持国家社会和经济基础的百姓便是一强大的支持。以民望、道德等原则在民间风行的人物品评，将百姓认可的知识分子评定等级，从某种意义上不必经政府允许，而使文人得到了类似朝廷官品一般的社会地位，构建出具有独立性的圈子。而后期建立的政权，出于对知识分子能力的需要，更重要的是对民望、民心的迫切需求，则势必倾向于选择本身具有民望、从乡论中优胜的知识分子委以重任，他们又通过豪族共同体相互联络，并利用以乡论为基础诞生的九品中正制操作选官，使得权力永续性地把持在这些人手中，从而形成了六朝贵族制。同时，贵族通过乡论获得社会基础，而“贵族制”也因此能够顺理成章地发展为贵族制社会，[②]下移到基层中来。

因此，川胜义雄所强调的乡论，是六朝贵族制形成的前提和基础，并以乡论为范本和根基，诞生出巩固贵族制的九品中正制；又通过乡论这一社会基础，使得贵族制得以从统治阶级层面拓宽至社会领域，意义重大。川胜义雄在该书中对六朝贵族制在社会领域的下移和开拓，不仅拓宽了六朝贵族制研究的视角，亦将乡论、豪族共同体作为从始至终的线索贯穿其发展始终，赋予基层社会以新一层面的历史意义。

---

① 林晓光：《比较视域下的回顾与批判——日本六朝贵族制研究平议》，《文史哲》2017 年第 5 期，第 29 页。

② 徐冲：《中古时代的历史书写与皇帝权力起源》，第 306 页。

四、不足之处

该书虽研究领域新颖、创见独到，开拓了六朝贵族制研究的新视角，但其所立足的“唐宋变革论”贵族制这一基础本身便具有一定问题；同时其社会领域研究无法避免地受政治史观念影响，并不彻底；且如此重要的乡论部分于第三编的消失，亦令人疑惑重重。据以上问题，笔者将一一简述自己的思考。

首先，从贵族制本身来谈，川胜义雄在该书开头便表明其对贵族政治概念的界定，即政治为贵族全体所专有，君主只不过处在贵族代表者的位置之上，政治乃君主与贵族之共议体等。[①]由此可见，京都学派所认为的六朝贵族，其权势之大已经达到了架空君主的程度。但中古时期的皇权是否真正如其所述，恐怕有待商榷。正如田余庆先生所言：“真正的严格意义的门阀政治只存在于东晋，不存在于南朝。东晋门阀政治以皇权政治的变态出现。”[②]中古时代的中国，实际上一直处于皇权政治格局之下，即便皇权统治衰弱，也很难出现贵族凌驾于皇权的局面。贵族对中央权力的掌控以官僚身份实现，官僚制度本身便是皇权的衍生，故即使如何强调贵族在此情况下的自律性或权力，也无法忽视皇权在其间的显著作用力。[③]东晋时期之所以出现“王与马共天下”的门阀政治统治现象，是因为司马睿政权在江南根基不稳，若要维持统治，必须使皇权与士族共治天下，贵族权力不容掠夺，同时皇权也不容篡夺，二者达到一种政治平衡，缺一不可。川胜义雄等人的研究过于轻视皇权在无形之中的存在与其不可取代的地位。以作者在该书第一编第四章对“党

① ［日］川胜义雄著，李济沧、徐谷芃译：《六朝贵族制社会研究》，第 3 页。

② 田余庆：《东晋门阀政治》，第 311 页。

③ 林晓光：《比较视域下的回顾与批判——日本六朝贵族制研究平议》，《文史哲》2017 年第 5 期，第 39 页。

锢之祸”的论述为例，川胜义雄认为外戚宦官集团对朝廷政治的把控实际上是皇权衰落、走向豪族领主化政治的体现。[①]但这更应是专制皇权发展到空前强大水平而出现的皇权旁落现象，弄权者假借皇帝之名行事，是对皇权的窃取而非否定。[②]能够通过假借皇权的方式操纵政治，恰恰反映了皇权的强大。由此可知，京都学派对这一时期皇权过于轻视和忽略。这或许是日本学者看到这段时间与日本古代贵族统治时期的相似性，而结合自身历史，认为此时中国亦是贵族制时期的推理结果。这从川胜义雄于该书对日本贵族制的频繁提及并以此作为参照类比中国这一点便可看出。但各国的历史不同，发展方向亦千差万别，又怎能通过细节上的相似直接推断出整体制度的一致？因此，无论出于日本自身历史、认识局限性或其他原因，京都学派将中国中古时期定位为贵族制这一观点本身有待商榷。由于笔者自身知识储备和能力限制，故仅在此提出疑问并进行简述。

其次，川胜义雄在该书中的豪族共同体论以及乡论观点虽以社会史为研究领域，但实际并未完全脱离政治史的研究方法，在部分内容上是脱离社会史这一课题的。譬如他在军事领域对曹操军团、东晋贵族军事力量以及刘宋政权的寒门武人的研究，以及对贵族与豪族的划分，都不可避免地涉及政治史领域。[③]当然笔者认为，要求社会史著作完全脱离政治而写是缺乏合理性且不易做到的，因此并不认为这完全算作不足之处，仅仅作为值得注意的一点提出，一部社会史领域的著作，对政治史研究方法无法避免地利用，是否一定程度上代表了六朝贵族制研究无法脱离的政治史底色？

最后，笔者另一个疑问的点在于，作者在该书全文一再强调的乡论重要

---

① ［日］川胜义雄著，李济沧、徐谷芃译：《六朝贵族制社会研究》，第 61 ～ 67 页。

② 田余庆：《东晋门阀政治》，第 327 页。

③ 林晓光：《比较视域下的回顾与批判——日本六朝贵族制研究平议》，《文史哲》2017 年第 5 期，第 37 页。

性，反而在第三编叙述六朝贵族制衰落部分避而不谈。因此我们无从得知，当贵族在军事、经济层面完全丧失能力时，乡论的发展状况如何，是否还能发挥其原本作用。又或者说当商品经济发展、领主化倾向弱化之际，豪族共同体是否仍然存在并发生作用。作者对乡论的略过，是否代表了其研究思想的转变或乡论在此时已不再重要。这令笔者有些许不解。

结 语

川胜义雄的《六朝贵族制社会研究》一书一改京都学派此前对政治史、统治阶层的关注，从整体社会构造理解六朝时代，并提出豪族共同体论和乡论主义以证实贵族制社会这一概念，展现出贵族制在社会领域的新视角、新见解，对六朝贵族制研究有着深远的影响。但其理论本身的基础“贵族制”是否真正在彼时存在，有待商榷。且其对社会史研究方法运用的不彻底、乡论观念于最后部分的消失均值得进一步探讨。但总的来说，本书的重大意义与创见是无法被忽视的，值得我们学习、借鉴。

中古国别史撰作新范式的探索

——读尹波涛《后秦史》

郭　硕

在魏晋南北朝这段漫长的乱世中，十六国时期可能算得上这段乱世最混乱的时期。曾经统治关中30余年的后秦政权，也较少引起后世史家的特别关注，在十六国中的存在感也不强。这个时代所留下的史料非常少，研究者进行深入的探索也极具挑战性。由于这些复杂的原因，很长时间都没有出现一部对后秦政权进行系统性研究的著作。实际上，后秦政权在淝水之战以后取代前秦在关中地区统治30多年，又在草原政权赫连夏与南方政权东晋的夹击之下走向灭亡，在十六国的历史变迁中具有非常关键的地位。后秦史这段不可或缺而又研究匮乏的“模糊区域”，似乎是一片等待开发的荒原，蕴含着丰富的资源，而开发之路又充满荆棘。尹波涛先生的新著《后秦史》[①]，可以说是开垦这片荒原的一部开创性的著作。通读全书，可以发现这部书不仅仅是填补空白这么简单，更是一部具有全新研究视角和深邃研究眼光的研究成果，更值得在作者研究的基础上进行深入讨论。

① 尹波涛：《后秦史》，社会科学文献学出版社，2022年。下文引该书中文字，不再出注。

一

由于这部书是作为“十六国史新编”丛书中的一种而出版，有较为具体的体例限制，必须对后秦政权的历史进行一个全景式的概括。因此，本书的框架结构以后秦政权兴亡的时间顺序为主，辅以对后秦政权结构的分析，包括“后秦的建国前史”“后秦的建立与兴盛”“后秦的衰落与灭亡”以及“后秦的政权结构”4章。从章名看起来，这似乎是一部四平八稳的国别史著作。以国别史的体例讲清楚后秦历史的发展兴亡，是这部著作需要完成的基本任务。不过作者的目的似乎并不止于简单地写成传统的国别史，而是希望以新的研究视角去观察后秦的历史。落实到具体的撰作中，我们可以看到诸多让人眼前一亮的新观点、新思路。

众所周知，后秦是十六国时期由羌人姚苌所建立的政权，且是十六国中唯一一个由羌人建立的政权。传统的十六国北朝史研究，也多数都围绕着陈寅恪先生所提倡的“种族-文化论”的理论框架，讨论诸如文化上的胡化汉化、政治上的胡汉集团对立合作一类议题。翻阅这部《后秦史》可以发现，该书在这些传统议题上并没有花大量笔墨进行着重讨论，甚至所有的章节标题中都没有提及“羌”这个族称，更没有设置诸如“胡汉问题”“后秦时代羌人的汉化”“后秦政权内部的民族关系”这类专题。至于“五胡”这类含义复杂的概念，除了少数引文，包括前秦后秦政权更替时“五胡次序，无汝羌名”的著名典故，作者也未加以直接讨论。作者虽未对陈寅恪先生相关论述进行明确的辨析和说明，但读罢该著，还是可以看到作者试图走出“陈寅恪范式”的努力。

正如胡鸿在《能夏则大与渐慕华风：政治体视角下的华夏与华夏化》一书中开门见山提出的那样，简单以“华夏”替代“汉族”，以“华夏化”替代“汉化”并没有实际价值，关键是“华夏”与“华夏”之外的人群，都不能被简单看作是民族或族群。[①]如果仅仅是回避了学界长期以来形成的“胡化”“汉化”一类传统概念，或者由民族政权史的撰作回到传统王朝史的模式，或许都还够不上令人耳目一新。《后秦史》的可贵之处，在于跳出传统研究范式，使用新的研究视角完成了一部系统的后秦王朝史的撰作。基本概念方面，胡鸿曾经以“政治体”作为中古时期有效组织人们共同行动的工具，而《后秦史》亦使用了数个概念以指称后秦建立前后的核心群体。后秦建立前以姚氏为核心的羌人群体，该书以“姚氏集团”概括之，将其视作一种部落化与军事化的组织；对后秦建立后政权的内部结构，作者借用日本学者所使用的“宗室的军事封建制”这一概念，用以概括后秦政权内部的权力结构。这两个概念一脉相承，突出“姚氏”（宗室）核心与集团所具有的部落、军事性质的组织体的实态，准确把握了后秦的建立者及建国后统治集团的群体构成、组织形态、权力分配的状态。相较于前人使用的概念，这两个概念对史事内涵和外延的把握，都更精确到位，颇有驾轻就熟之感。从这两个概念的使用还可看出，对于近年来学界反思和讨论较多的“集团”概念，作者也没有简单抛弃。从作者所引用的史料中可以看出，“姚氏集团”确实是一种颇有凝聚力的组织形态，使用“集团”以概述之，也颇有名实相应之妙。

20世纪以来形成的民族史研究传统，比如对于民族政权典型的讨论方式，往往是将各民族视为客观实体，先依据各种史料考证政权建立者的民族起源，再辨析其迁徙路径直到建立政权的过程，最后以少数民族的“汉化”作为最终的归宿。这种研究范式同样影响深远，不过在《后秦史》一书中，我们也可以明显看到突破传统学说窠臼的取向。对于羌人的起源、迁徙与融合这类传统问题，本书没有因循传统思路进行论述，并未考证诸如羌人的起源应为何种部族，世系中某一首领名字事迹之真伪，或者迁徙路径上某一地点的具

---

① 胡鸿：《能夏则大与渐慕华风：政治体视角下的华夏与华夏化》，北京师范大学出版社，2017年，第1～2页。

体所在之类的问题，甚至也没有罗列众说纷纭的前人观点。同时，作者对后秦建国以前的历史，以《后秦建国前史》的专章，作了非常精到的剖析和论述。作者明确指出，该书对姚氏祖先谱系采用的是历史记忆的研究视角。也即是说，研究暂时搁置对祖先谱系真伪的考证，而将其视为姚氏集团关于祖先的历史记忆进行分析。具体分析则包括姚氏如何选择他们的英雄祖先故事，选择这些祖先故事的目的是什么，建构祖先故事面临的现实环境是什么。通过转换视角，成功将后秦的建立者由“羌人”转变成“姚氏集团”，将联结部众的动力由民族、阶级矛盾转变成历史记忆，将客观实体的“羌族”转变成拥有共同祖先历史记忆的共同体。这种处理方式不仅在逻辑上更具合理性，也淡化了传统历史叙事过于强调民族矛盾、阶级矛盾的色彩，更符合中华民族多元一体共同发展的实际状态。

虽然书中所使用的诸多理论与概念可能不全是作者首次提出来的，但该书以其对史事的圆融认识和对历史情境的深入理解，将较新颖的概念和方法熔铸到体例线条化的国别史叙述中，无疑称得上是独具特色的创新之举。在理论和方法层面，这部著作可以说充分体现了“80后”中古民族史新锐学者的研究旨趣，在研究理路方面为后来者树立了某种标杆。

二

这部著作的另一个鲜明特点，是对史料的运用得心应手。记载后秦史事的材料，正史除了《晋书》的4卷《载记》和《魏书》一个简单的传，几乎不再有系统的史料。此外，就只有《资治通鉴》引录的少量资料，以及类书中保留的若干残篇断简。后秦留下的金石材料诸如墓志碑刻也罕见。新出现的考古材料与考古学研究成果也罕见且零散，也很难指望利用这些材料对后秦一朝的历史进行贯通性的诠释。在仅有的少量史料已经被前人穷尽的情况下，予以重新解读的空间很小，作出有说服力的解读难度则更大。尽管如此，作者还是在现有条件下对仅有的材料进行了深入细致的解读，超出前人的创获随处可见。其中，值得特别提出的是史料解读方法方面的创新。

该书在史料分析方法上秉持的最核心的原则，正如作者在《绪论》所指出的，就是在关注史料叙事的真实性的同时，重视史料的制作过程及目的。具体操作中，或可总结为在严格的史源学分析基础上进行史料批判，即对各种相同或不同记载的史料严格考订史源，在对史料产生的背景和目的进行充分梳理以后，再对史料所包含的历史细节进行情境化的解读。这样处理的方法论价值，是充分保持一切从史料出发的自觉，尽量摆脱前人在解读史料时所设置的前提、假设所造成的干扰，并对史料的制作过程及目的作出符合逻辑的解析和评价。这种对待史料的严谨态度，或许有利于我们重估学界诸多形成久已的结论，同时也有助于我们观察史料生成背后的政治文化背景，以及史家在进行史书编纂时的某些无意识行为到底意味着什么。

在进行姚氏祖先谱系的考证时，该书在史料解读方面提出了一个具有方法论意义的问题，即对不同性质的文献之间到底应该着力于勘同还是存异。作者考察自烧当以下，经填虞、迁那、柯迴至姚弋仲的祖先谱系，指出以往的学者往往将源出《十六国春秋》的资料和其他来源的文献如《后汉书·西羌传》合并起来考订比附，以“勘同”的方式来追寻姚氏祖先谱系的真实性。作者指出，这种“勘同”的思路，更关注两者名字、事迹等能够相互印证的部分，而相互歧异的部分则被有意无意地淡化或忽略。遵循传统的思路，最多能够发现史料之间的异同之处，而很难意识到他们所使用的不同来源、不同性质的谱系文本，书写者要求表达的历史信息并不完全一致，生成这些文本的时代背景也各不相同。比如作者对滇吾和填虞的解读，就体现了这一思路。在《后汉书》的记载中，羌人特别是烧当部首领滇吾是东汉时期不时骚扰边地的部酋，被看作中央政权的威胁者；而在姚氏重构的祖先记忆中，填虞是其家族及部落独立于华夏政权之外且势力强盛时期的代表和象征。在两种史书体系的记载中，滇吾和填虞不仅名字不同，是投降东汉还是迁徙出塞的事迹也不一样。通过对史料相异之处的细致分析，作者发现前朝的史书修撰者对姚氏祖先事迹的看法与后秦政权对于祖先创业历程的书写之间，有着特殊的联动关系。在本书中，不同史料记载之间的差异，成为讨论后秦政权重塑姚氏祖先历史记忆的宝贵资料。源出后秦国史的《十六国春秋》所选择的祖先叙事，是经过形象改造而符合姚秦政权需求的英雄祖先。

对不同史源的史料进行类似的处理，在书中多次出现。比如书中第二章讨论对姚弋仲的形象塑造时，就使用了《晋书·姚弋仲载记》《晋书·石勒载记》和《晋书·祖约传》3份史源不同的史料，经过对3份记载异同之处的细致分析，作者指出源于姚和都《秦纪》的《晋书·姚弋仲载记》的记载，刻画、凸显甚至制造了许多展现姚弋仲杰出品性的细节，以塑造符合后秦政权需要的姚弋仲形象。在讨论对姚襄的形象塑造时，作者则仔细对比分析了《晋书·姚苌载记》中姚苌对姚襄进行评价的史料，与《晋书·姚襄载记》中对姚襄事迹的具体记载。作者指出，这两份同样源出后秦国史的文本，史臣虽然根据姚苌的官方定论努力进行弥缝，但史料记载的罅隙同样存在，姚襄形象中的诸多说法缺乏事实支持，是后秦官方制造的一种形象。这两个个案，都是在不同书写者或不同书写时间的史料中，寻求史事记载的异同之处，揭示出不同背景下史官的叙事策略，造就的具体史事的取舍与描述。在对这些不同叙事的目的和性质的分析中，进一步解读政治权力对历史叙事的影响。

这些史料解读方法及其对陈陈相因的旧说的批评，可以说给了研究者一个警醒和提示，即研究十六国北朝政权乃至其他北族建立的政权，其祖先记忆塑造首先要注意的问题是什么。今天的研究者所面对的史料并不直接就是历史事实本身，而是十六国北朝政权当权者和史官心目中的祖先谱系、君主形象。他们撰作史书的目的，并不是在向现代的读者描述客观的史实，而是要通过记录祖先谱系和君主形象塑造政权合法性。当这种政治文化层面的意图形成并将向社会传达时，历史事实的选择和安排、原始史料的搜集和删芟都是至关重要的工具。经过形塑的史料如果不加辨析地直接使用，不仅会对后秦时期基本史事的理解造成影响，还会对整个十六国北朝时代的政治、族群、文化的整体认识造成误解。通过这样的史料批判，我们虽然不一定能够将历史事实从重重迷雾中剥离出来，但研究者将不同史源、不同立场的史料从叙事中抽离出来，通过勘同和存异的方式加以抽丝剥茧般的考察，也将能够看到更为切合实际的历史面相。

需要特别提及的是，该书对史料分析方法的更新，并不代表其将传统的考据方法弃置不用。实际上，该书对诸多传统问题，比如地理方位、政治制度、政权关系方面的诸多精细考订，也展现出极高的治学水平。尽管由于史料的散佚过于严重，通过现存史料所能解读出来的史实可能还远远不是后秦历史真相的全部，作者通过史料分析所得出的结论可能也未必全部都能坐实，但现在的这部《后秦史》明显已经达到了依靠现有史料进行研究而超越前人的目的。

三

《后秦史》新义迭出的精彩篇章还可以举出很多，笔者在这里不再详细解读，相信读者在深入阅读之后会有各自的深切感受。一部著作的出现，如果能够为后学者带来理论与方法层面的思维冲击，提供进一步深入研究的基础，已经可以说是非常成功的了。这里不揣浅陋，尝试在该书研究的基础上，冒昧提出若干可以进一步深入讨论的问题和角度，以就教于尹波涛先生与学界同行。

从该书的写作可以明显看出，作者无意对后秦历史的方方面面都进行讨论，只是将讨论的重点放在后秦政权上，讨论该政权的兴衰存亡与政治结构。无论是从后秦这个朝代本身还是十六国时期乃至整个魏晋南北朝时代，有两大主题实际上是难以回避的。第一大主题是内迁诸族与华夏民族在这个时代完成的深度融合，第二大主题是儒释道等多元文化在这个时代进行的交流融合。简单而言，就是民族和文化两大主题。对于十六国北朝时代的民族问题，陈寅恪先生曾经强调说，“北朝汉人、胡人之分别，不论其血统，只视其所受之教化为汉抑为胡而定”，并强调“此点为治吾国中古史最要关键”。[①]此后他又将此论断推广到东晋南朝，称：“寅恪尝于拙著《隋唐制度渊源略论稿》及《唐代政治史述论稿》中，详论北朝汉人与胡人之分别在文化，而不在种族。兹论南朝民族问题，尤斯旨也。”[②]上文已经提到，《后秦史》的撰作回避了陈寅恪先生的有关论述，并进行了走出“陈寅恪范式”的努力尝试。不过，对于后秦史以至整个十六国北朝的研究来说，民族与文化这两大主题能否真正回避，似乎仍是一个问题。对某些经典问题或经典史料的回避，似乎并不能让新的解释模式取而代之，甚至还会影响到某些颇有新意的观点的解释深度。另外，作为体系严整的国别史专著，如果作者对某些经典问题不加讨论，读者对后秦政权的印象有可能会因此而发生变形。

《后秦史》非常重视后秦与其他政权的互动与比较，也非常重视分析后秦政权的正统建构，但对其文化样貌着墨甚少。后秦政权长时间都处于一种文化的夹缝中，北方有带着浓郁游牧文化色彩的赫连夏与北魏，南方则有“正朔相承”的东晋政权，此外尚有西部凉州地区号称“文教兴盛”的多个政权以及慕容氏的两个残余政权，甚至还包括未被列入十六国的谯蜀政权等与之并立。在这样的局面下，后秦所进行的正统建构与形象塑造，如果没有足够的文化底蕴加持，就会变成自说自话的独角戏，得不到周边政权的承认，也难以获得政权内部和外部士人的支持。有关后秦的民族-文化问题，有一则经典史料经常被学者征引。北魏贺狄干出使后秦而被姚兴扣留，“狄干在长安幽闭，因习读书史，通《论语》《尚书》诸经，举止风流，有似儒者”。后来

---

① 陈寅恪：《唐代政治史述论稿》，上海古籍出版社，2001 年，第 16 ～ 17 页。

② 陈寅恪：《魏书司马叡传江东民族条释证及推论》，收入氏著：《金明馆丛稿初编》，上海古籍出版社，2001 年，第 119 页。

秦魏和好，贺狄干得以回国，“及狄干至，太祖见其言语衣服，有类羌俗，以为慕而习之，故忿焉，既而杀之”。[①]这则史料基本被《北史》沿用，但“有类羌俗”四字，《北史》改作“类中国”[②]。这则史料中包含的信息，主要是早期北魏政权对后秦文化风貌的观感。贺狄干的儒者风貌，被《魏书》斥为“羌俗”，与《北史》中以其为“中国”，显然是不同的态度。《魏书》中的“羌俗”，可能还是史官粉饰之词。北魏道武帝对后秦的认识与态度，可能还是另一种样貌。如果能够顺着本书的研究方法，在分析后秦政权的正统建构与形象塑造的基础上，进一步解读北魏这样的“他者”对后秦政权的观感和认识，或许读者看到的后秦形象还会更为丰满一些。

阅读该书另一个明显的感受是对后秦佛教讨论不多，对佛教史料的使用也比较谨慎。后秦可能是整个十六国时期佛教色彩最浓郁的一个政权，佛教经典中留下的史料在十六国中应该也是最多的。后秦在位最长的君主姚兴所留下的文字，被佛教著作收录的，似乎比所有正史和类书中留下的加起来还要多。此外，活跃在后秦的很多高僧及其著作，也为后秦的历史添加了许多亮眼的色彩。如主要活动于后秦的高僧鸠摩罗什，陆扬先生称其为“吾国历史上最有影响的域外佛教僧侣，他所留下的文化和宗教遗产即便在整个古代史上都罕有其匹”[③]。如果对后秦的佛教避而不谈，甚至对出自佛教著作的史料也不加使用，可能会遮蔽后秦政权的某些特色。具体到本书研究的问题中，佛教的史料也可以起到某种支援作用。比如本书第二章对姚弋仲、姚襄的形象建构进行了相当深入的讨论，特别是对姚襄“身长八尺五寸，臂垂过膝”

① 〔北齐〕魏收：《魏书》卷二八《贺狄干传》，中华书局，2017年，第768页。

② 〔唐〕李延寿：《北史》卷二〇《贺狄干传》，中华书局，1974年，第760页。

③ 陆扬：《解读〈鸠摩罗什传〉：兼谈中国中古早期的佛教文化与史学》，载刘东主编《中国学术》第23辑，商务印书馆，2006年，第30～90页。陆扬这篇长文或可看作是开启“历史书写”研究在国内风靡的奠基之作，无论是从研究方法还是史实重构方面，都曾给学界带来非常重要的影响。

的王者之相作了重点分析。对于中古时期王者“臂垂过膝”等异相，季羡林先生曾有经典分析。他指出中古时期创业开基的君主或其他大人生理上的异象都是受了佛教的影响，释迦牟尼有大人三十二相和八十种好，包括耳朵大、头发长、垂手过膝、牙齿白等，并列举早期佛经中“垂手过膝”之例10余条。[①]又比如姚兴的“天王”名号，有不少学者指其与佛教转轮王有关联，该书也作了简单的辨析，指出“天王”号是华夏传统的政治名号。其实“天王”号是否来源于佛教，与姚兴是否利用佛教转轮王的思想来强化“天王”号的合法性，本来是两回事。当时的高僧以法轮王信仰对姚兴的政权合法性进行包装，还是能够找到不少证据的。佛教以及谶纬、术数等能为政权合法性塑造提供的资源及其在后秦政权中所起到的作用，或许还值得进一步研究。这些方面，除上引陆扬论文，孙英刚、冯渝杰、吕博等学者的研究或许也可以作为他山之石，提供研究方法层面的参考[②]。

四

细细品读完这部《后秦史》，正在掩卷沉思之际，目光所及之处，恰好看到书架上排列整齐的两套丛书，一套是新出的“十六国史新编”丛书，一套

① 季羡林：《三国两晋南北朝正史与印度传说》，载季羡林著，《季羡林全集》编辑出版委员会编《季羡林全集》第17卷，外语教学与研究出版社，2010年，第67～75页。

② 如孙英刚：《神文时代：谶纬、术数与中古政治研究》，上海古籍出版社，2014年；冯渝杰：《汉代长安的神圣化与大众信仰》，《历史研究》2021年第6期；冯渝杰：《“汉家”的光影——中古刘、李、张氏神化的历史与宗教背景》，《复旦学报》（哲学社会科学版）2020年第2期；冯渝杰：《成汉政权的“汉家”认同与宗教乌托邦实践》，《中央民族大学学报》（哲学社会科学版）2020年第3期；吕博：《明堂建设与武周的皇帝像——从圣母神皇到转轮王》，《世界宗教研究》2015年第1期；吕博：《转轮王“化谓四天下”与武周时期的天枢、九鼎制造》，载武汉大学中国三至九世纪研究所编《魏晋南北朝隋唐史资料》第31辑，上海古籍出版社，2015年，183～195页；等等。

是广西师大出版社10多年前出版的“中国古代北方民族史”丛书。作为这两套传承有序的丛书的“粉丝”，个人觉得“十六国史新编”中这部最新出版的《后秦史》，既传承了前辈学者的优良学风和严谨态度，又能敏锐地运用学界最新提出的新理论、新方法。可以说，这部著作代表了中古民族史这个研究领域年轻一代学者的学术水准，无论是研究方法还是具体结论都非常值得学习。哪怕还有某些问题有待深入，也很有可能会引起学界的进一步研究与争鸣，引领后秦史乃至十六国北朝史这片研究领域的深度开发。该书对后秦政权的史料解读之细密，对学界研究现状了解之全面，对核心问题钻研之深入，都能给笔者这样的同辈人以强烈的紧迫感，担心一旦不够努力便很快跟不上同领域新锐学者的脚步。这样精彩的一部著作，我想前辈学者读罢之后，或许也会报以会心一笑，感慨后继有人吧。

作者研究或学习所属单位

冯立君 陕西师范大学历史文化学院

刘庆昭 首都师范大学历史学院

刘芳君 武汉大学历史学院暨中国三至九世纪研究所

刘 凯 中国社会科学院中国历史研究院古代史研究所

张 真 华东师范大学

李浩搏 中国社会科学院大学

周 群 中国社会科学院中国历史研究院

洪寅欣 宁波大学人文与传媒学院历史系

殷盼盼 陕西师范大学中国西部边疆研究院

郭 硕 四川大学历史文化学院

崔启龙 故宫博物院

楼 劲 中国社会科学院中国历史研究院古代史研究所

中国魏晋南北朝史学会会刊

—第四卷—

中国魏晋南北朝史学会 编

广西师范大学出版社
GUANGXI NORMAL UNIVERSITY PRESS
·桂林·

图书在版编目（CIP）数据

中国魏晋南北朝史学会会刊. 第四卷 / 中国魏晋南北朝史学会编. --桂林 ：广西师范大学出版社，2023.8
ISBN 978-7-5598-6212-9

Ⅰ. ①中… Ⅱ. ①中… Ⅲ. ①中国历史—魏晋南北朝时代—丛刊 Ⅳ. ①K235.07-55

中国国家版本馆 CIP 数据核字（2023）第 129116 号

广西师范大学出版社出版发行
（广西桂林市五里店路 9 号 邮政编码：541004
网址：http://www.bbtpress.com）
出版人：黄轩庄
全国新华书店经销
三河市三佳印刷装订有限公司印刷
（河北省三河市杨庄镇杨庄村 邮政编码：065200）
开本：710 mm × 1 000 mm 1/16
印张：20.5 字数：284 千
2023 年 8 月第 1 版 2023 年 8 月第 1 次印刷
定价：88.00 元

目　录

第四部分 会议综述

第五部分 书评